教師の仕事

編者 金 龍哲　深沢 和彦

三恵社

はしがき

　教育ほど身近な社会現象はない。人は、意識してか否かを問わず、誰もが教育を受け、また教育をする。制度としての教育に限定してても教育と無縁の人を見つけることは不可能であろう。すべての人が何らかの形で 9 年間の教育を受けているし、「学問の府」としての大学も入学希望者総数が入学定員総数を下回るという所謂「全入時代」が現実味を帯びるに至っているからだ。

　教育システムは他の社会制度に比べて確実に拡張し続けている。学校教育法に定めた学校（一条校）の人口は、総人口の 4 分の 1 を占めるといわれる。この巨大産業を支えるのは、いうまでもなく「教育をつかさどる」教師たちである。公教育制度の歴史は、教師の役割が「近代的職業」として定着し制度化した歴史でもあったのである。

　厚生労働省の職業分類では、職業は約 17,200 種に分類され、同省の「職業分類表」に採録されている。2011 年以降の 2 度の改訂によって職業種と名称は大幅に減少したとはいえ、17,200 種とは膨大な数である。しかし、そのほとんどが日常の生活とかかわりを持たないか、意識されない職業といわれる。同「職業分類表」において、教師は「専門的・技術的職業」という大分類項目の中の「保育・教育の職業」として分類されている。この「教育の職業」は 17,200 種類の職業の中でも恐らく誰もが身近に感じ、また誰もが「知っている」職業ではないだろうか。前述したように、誰もが教育を経験し、また何らかの形で教師とかかわりを持つからである。

　この誰もが「知っている職業」が、今、「危機的状況」にあるという。2023 年8 月、中教審の特別部会は「教師を取り巻く環境整備について緊急的に取り組むべき施策」を提言しているが、その中で教師を取り巻く環境が「わが国の未来を左右しかねない危機的状況にあると言っても過言ではない」と指摘している。この「危機的状況」を裏付けるデータは数多くあるが、ここでは次の 2 点を挙げておきたい。先ず教員採用試験の志願者の減少である。『朝日新聞』の調査によると、公立学校教員の 2024 年度採用試験の志願者は全国で計 127,855 人、前年度から 6,061 人（4・5％）減少している。採用試験を行う全国 68 機関のうち 6 割近い 38 機関で、

24 年度試験の志願者数がこの 5 年間で最低となった。次は、教員採用倍率の低下である。2023 年度公立小学校教員の採用倍率が 2.3 倍と過去最低記録を更新したことが文部科学省の調査より明らかになったのである。次世代の未来を支える職業が敬遠される現状からして「国の未来を左右しかねない危機的状況」とは決して大げさな表現とはいえない。

ドイツの社会学者ベックの「リスク社会論」によると、人類が創り出したあらゆる仕組みはリスクを伴うものであり、危機やリスクを背負うことは現生人類の宿命である。問題は如何にしてリスクを克服し、危機を乗り越えるかである。

国家的危機の克服に成功したモデルとして日本を挙げた学者がいる。『銃・病原菌・鉄』の著者として名を馳せたジャレド・ダイアモンドである。彼は著書『危機と人類』において、七か国を事例に国が陥った危機、そしてそれへの対応、特徴、個人的・国家的危機の枠組みについて明らかにしている。注目したいのは、その危機 12 要因説である。危機意識の合意と共有、行動を起こすことへの責任の受容、局面打開に必要な国家的課題の明確化、支援の受入れを含む国際的連携、他国をモデルに学ぶ姿勢、ナショナルアイデンティティの形成、地政学的制約の有無…などが含まれる。著者は、日本が幕末の国家的危機を乗り越えた背景には、危機の存在を認め共有し、危機対処の責任を担い、他国から解決モデルを取り入れ、客観的な自己評価を行い、自らの強みを生かして辛抱強く対処し、強いナショナルアイデンティティを維持し、自らの基本的価値観は譲らない、といった諸要因が働いたと指摘する。今日の教師を取り巻く「危機的状況」の打開にも示唆的な指摘といえよう。

近年、教育行政、教育研究者及び学校現場の教師を含む社会全体の世論をみると、「国の未来を左右しかねない危機的状況」について認識が共有され、改革の方向性を含めて教員政策が大きな転換期を迎えつつあるように思われる。本書の編集過程においても「危機意識の合意と共有」の重要性を実感した次第である。

教師があるように学校があり、教師があるように教育があるといわれる。学校を取り巻く社会環境が大きく変化していく中で、本書が教師という職業への理解を深め、教育の在り方を思索するきっかけの一つとなれば幸いである。

2024 年 3 月

金　龍哲

目　次

第1章　制度としての教師の歴史

　教師とは、一般的に資格等を持って人々を教え育てる人であり、教員とは、学校に
おいて未来を担う子どもや青年を教え育てる人である。いつの時代であっても社会を
発展させ、繁栄を維持していくためには質の高い人材の育成は不可欠であり、その役
割を担ってきたのが教師や教員であった。そこでこの章では戦前から現在に至るまで
の教員像とともに教員養成の変遷を概説する。その上で、現在の大学における教員養
成および教員の採用に関する現状をみていきたい。

1．教員養成の歴史的変遷
（1）戦前の教員像と教員養成
　江戸時代の教育は、階層社会の中、社会的地位や職業に応じて異なる形態・内容が
提供されていた。例えば武士階級は、近世社会において支配的役割を担っていたため、
それにふさわしい教養・人柄が必要とされ、その教育機関として「藩校」や「私塾」
が設けられた。藩校では、孔子に始まる中国古来の政治・道徳の学問である儒学を学
び、武士としての生き方やあり方を追求した。また、藩校は教員養成の機能も果たし
ており、幕末には洋学や医学なども加わり、総合的な教育機関としての性質を持つよ
うになった。代表的なものとして会津の日新館、水戸の弘道館、萩の明倫館があり、
江戸幕府直轄のものとしては昌平坂学問所がある。一方、私塾は、私宅に教場を設け、
師弟との密接な人間関係を築きながら、特定の学派等の奥義を伝授することを目的と
して設けられたものであった。自由に開設することができた私塾は、幕末になると庶
民も学ぶようになり、近代の学校へ発展する条件を備えていった。私塾の代表的なも
のとして吉田松陰の松下村塾、広瀬淡窓の咸宜園、シーボルトの鳴滝塾がある。
　一方、庶民の場合、共同体の一員としての道徳や日常生活に必要な教養を身につけ
るべきと考えられ、最低限の読み書き算盤といった教育が主に家庭生活や社会生活の
中でなされた。江戸時代後期なると寺子屋が発達し、庶民にとっての教育機関として

位置づくようになった。寺子屋の生徒は「筆子」と呼ばれ、9歳から18歳ぐらいまでの幅広い年齢層が通っており、筆子の実情に合わせた指導が行われた。寺子屋では、基礎的な文字の読み書き・習字・算数などの学習が行われ、『庭訓往来』のような往復書簡の形式をまとめた「往来物」と呼ばれる教科書を用いることもあった。ただし筆子の多くは男子であり、女子は学問による教育は必要ないものと考えられ、裁縫など生活に必要なことを家庭内で学ぶことが多かった。また、農村地域の庶民にとっての子どもは大切な労働力であったため、教養以上に農民として生きていくための生活スキルを身につけることが重要であった。

　明治時代になると、より高い水準の教育が求められるようになる。そこで明治政府は、1872（明治5）年に「学制」を公布し、我が国における近代学校制度の基礎を定めた。ここでの学校教育の目的は、近代日本建設のための人材づくりであり、「人々自ら其身を立て其産を治め其業を昌<ruby>昌<rt>さかん</rt></ruby>」にすることであった。つまり、国家を支える国民の育成とともに知識を身につけ、産業を振興することが目的であった。学制は、近代化が進められていた欧米の教育理念の影響を受けて成立しており、従来の儒学思想に基づくものとは異なるものであった。また、個人主義、実学主義の教育観と四民平等の立場を標榜する近代的な学校教育制度であった。そこでの教育を担う教員を養成する学校として開設されたのが師範学校である。師範学校はまず初めに東京に開設され、ここで教育を受けた教員を地方の教員養成にあたらせ、翌年各大学区に1校の師範学校を設立し、教員の養成が開始された。この当時、欧米の影響を受け、知識技能の習得に重点が置かれていたため，教員は高い規範意識と常識をわきまえ、読み・書き・計算といった基礎的なことを効率よく教授することが求められた。しかし、1879（明治12）年「教学聖旨」の公布によって教育の目的が、「仁義忠孝」を重視する儒教主義の修身が含まれ、さらに初代文部大臣の森有礼によって教育の目的が富国強兵政策の担い手としての良き臣民の育成へと変化していった。そこでの教員の役割は、知識の教授だけではなく、儒教を基本とする徳育も担い、聖職者的な使命感をもって教育に当たることであった。

　1890（明治23）年に「教育ニ関スル勅語」（教育勅語）が発布され、「天壌無窮ノ皇運ヲ扶翼」する国民、つまり、天皇のために生きる臣民の育成が求められ、教員は、天皇中心の国家主義教育の伝道者としての役割も果たすようになった。さらに戦時下において軍国主義が強まり、思想の統制や弾圧が進み、教師の役割は、戦争を遂行するための国家の代弁者としての役割を担うこととなった。

（2）戦後の教員像と教員養成

　1945（昭和 20）年、ポツダム宣言受諾を連合国に通告し、無条件降伏した我が国は
その後7年間にわたりアメリカ主力の連合国軍の占領下に置かれた。同年、連合国軍
最高司令官総司令部（GHQ）は四大指令と呼ばれる教育政策を打ち出した。その内容
は「軍国主義、国家主義的思想の教育等の禁止」「教育関係の軍国主義者、国家主義者
の追放」「神道教育の排除」「修身・日本歴史及び地理の授業の停止と教科書の回収」
であった。これによって民主的な国家の再建に向けた取り組みが行われた。この他、
文部省は総司令部の指導を受けながら、教師の手引書として「新教育指針」を作成し、
教師たちに対する民主教育の指針として配布した。また、「女子教育刷新要綱」が閣議
了解され、女子の高等教育に対する制限が解除され、男女における教育格差への解消
に向けた取り組みが行われた。

　1946（昭和 21）年には、民主主義社会の確立を目指し、国民主義、基本的人権の尊
重、恒久平和主義などを基本原理とする「日本国憲法」が制定され、翌年の 1947（昭
和 22）年には「教育基本法」が制定された。この教育基本法によって我が国の教育の
目的は、「人格の完成をめざし、平和的な国家及び社会の形成者として、真理と正義を
愛し、個人の価値をたつとび、勤労と責任を重んじ、自主的精神に充ちた心身ともに
健康な国民の育成を期して行われなければならない」とされた。また、教科書も国が
発行して使用を義務付ける国定教科書から、民間が発行し国が検定を行う検定教科書
に変わった。これにより教員は「教科書を教える」ことから「教科書で教える」こと
が求められ、そのための知識・技能が重要なものとなった。

　日本国憲法や教育基本法の制定によって戦後の教育改革が求められるようになった
ため、内閣に「教育刷新委員会（後に教育刷新審議会に改称）」を設置し、教育改革を
進めた。この委員会では学校教育、社会教育、国語改革、教育行政など教育に関わる
多くの問題を取り扱い、5年間で 35 の建議を内閣に提出し、戦後の教育改革に大きな
影響を与えた。なお、この内閣総理大臣の諮問機関であった教育刷新審議会は、廃止
される 1952（昭和 27）年に文部省（現文部科学省）の諮問機関として「中央教育審
議会」を設置し、その後の教育に関する基本的な重要施策についての審議や建議につ
いては中央教育審議会に引き継いだ。

　一方、GHQ は、戦前の国主導の学校教育を改革し、民主化を進めるための方策とし
て教員組合の結成を指令した。そこで各地で教員組合がつくられたが、組織を一本化
するため 1947（昭和 22）年に「日本教職員組合」が設立された。結成大会において

日本教職員組合の地位確立と教育の民主化、民主主義教育の推進といった綱領を公表し、教育復興に向けた取り組みが進められた。結成5年後の1952（昭和27）年には「教師の倫理綱領」を公表し、「教師は日本社会の課題にこたえて青少年とともに生きる」「教師は教育の機会均等のためにたたかう」「教師は平和を守る」「教師は労働者である」などの十箇条を掲げた。これによって教員の専門性や役割が示されるとともに、教師は聖職者ではなく、労働者の一人であることが宣言された。

　教員養成に関しては、戦前の師範学校で養成した教員が結果的に戦争に加担することになったことへの反省から、教員の養成として師範学校のような教員養成だけを目的とする学校は設けず、一般の大学で教員を養成する方向に変革された。1949年（昭和24）年に教育職員免許法が制定され、教員の資格を得るためには免許状が必要であるとし、教職の専門性を確立するため、所定の単位を取得した者に教員免許状を授与する「大学における教員養成」の原則へと変わった。これによって教育学部など教員養成を主な目的とする学部以外でも、教職課程を追加的に履修し、所定の単位を取得すれば、教員免許状を取得できる「開放性の教員養成」の原則も明確となった。この「大学における教員養成」と「開放性の教員養成」の成立によって教員養成の二大原則が確立された。

　その後、1984（昭和59）年には、教育改革を目的に設置された内閣総理大臣直属の諮問機関である臨時教育審議会が設置され、「二十一世紀を展望した教育の在り方」（第一部会）、「社会の教育諸機能の活性化」（第二部会）、「初等中等教育の改革」（第三部会）、「高等教育の改革」（第四部会）を議論する4つの部会が設けられた。この審議会での答申によって、新規採用教員に対して1年間の研修を課す初任者研修制度や大学院、大学、短期大学といった最終学歴別の3区分の教員免許状（普通免許状）、社会人の活用促進などさまざまな施策が実施された。

（3）近年の教員像と教員養成

　近年、グローバル化や情報化、少子高齢化、さらにはSociety5.0の到来など、社会構造の大きな変動期を迎えており、その変化も加速度的なものとなっている。そこで学校教育において従来の知識習得とともに、どの職業や分野においても必要となる「汎用的能力（キー・コンピテンシー）」の育成が不可欠となっている。

　そこでここでは、「汎用的能力（キー・コンピテンシー）」の育成が注目されはじめた2000年あたりからの教員像と教員養成等の変遷を4期に分けてみていく。

【Ⅰ期】1997（平成9）年の教育職員養成審議会答申「新たな時代に向けた教員養成の改善方策について」

　この答申における教員像として「1．いつの時代も教員に求められる資質能力」「2．今後特に教員に求められる具体的資質能力」「3．得意分野を持つ個性豊かな教員の必要性」といった3つの資質・能力が求められた。「2．今後特に教員に求められる具体的資質能力」については、「地球的視野に立って行動するための資質能力」「変化の時代を生きる社会人に求められる資質能力」「教員の職務から必然的に求められる資質能力」の3つの項目に整理され、それぞれ具体的な資質能力が例示されている。

　これを受け、1999年に出された「養成と採用・研修との連携の円滑化について」では、教員の研修として教員の自主的・主体的研修活動の奨励・支援体制の整備が検討され、ライフステージに応じた研修や教員の社会体験研修の充実などが取り上げられた。また、教員養成に関わる点では、大学が養成しようとする教員像の明確化や修士課程の修学を目的とした大学院修学休業制度が検討された。

【Ⅱ期】2005（平成17）年　中央教育審議会「新しい義務教育を創造する（答申）」

　この答申が出された時期は、子どもたちの生きる力をはぐくむ目的のもと、完全学校週5日制が実施され、教育内容の厳選、総合的な学習の時間の新設がなされるなど、これまでとは異なる教育のあり方が模索された時期でもあった。

　この答申で示された教員像として「1．教職に対する強い情熱」「2．教育の専門家としての確かな力量」「3．総合的な人間力」の3点が指摘されている。そこで教員の質の向上のため、養成、採用、研修、評価等の各段階における改革を総合的に進める必要があるとしている。具体的な改革として養成面では、専門職大学院制度の創設や教職課程認定の際の審査の在り方などが挙げられている。採用面では、人物評価を一層重視することや民間企業経験者や退職教員等、多様な人材の登用が挙げられている。また、2007年の教育職員免許法の改正により、2009年から教員免許更新制が導入さ

れ、教員は 10 年に 1 度の免許状更新講習が義務づけられた。

【Ⅲ期】2015（平成 27）年　中央教育審議会「これからの学校教育を担う教員の資質能力の向上について（答申）」

　この答申が出された背景として、教師の大量退職・大量採用、教師の多忙化、アクティブ・ラーニング型研修への転換など多様な課題の存在がある。

　この答申で示されている教師の資質能力としては、これまで教員として不易とされてきた資質能力に加え、自律的に学ぶ姿勢や生涯にわたって高めていく力、情報の収集・選択・活用能力などが求められた。また、多様な課題に対応できる能力とともに、「チーム学校」の考えの下、組織的・協働的に諸課題の解決に取り組む力の必要性も指摘されている。具体的方策として、養成の面では新たな課題やアクティブ・ラーニングの視点からの授業改善等に対応した教員養成への転換や学校インターシップの導入等が挙げられる。さらに現職研修を支える基盤として独立行政法人教員研修センターの機能強化などがなされた。また、採用段階の改革として教師塾等の普及による円滑な入職のための取り組みや特別免許状の活用などが行われた。

【Ⅳ期】2022（令和 4）年　中央教育審議会「『令和の日本型学校教育』を担う教師の養成・採用・研修等の在り方について〜『新たな教師の学びの姿』の実現と、多様な専門性を有する質の高い教職員集団の形成（答申）」

　この答申では、令和の日本型学校教育を担う教師として、「環境の変化を前向きに受け止め、教職生涯を通じて学び続けている」「子供一人一人の学びを最大限に引き出す教師としての役割を果たしている」「子供の主体的な学びを支援する伴走者としての能力も備えている」の 3 点が示された。さらに教職員集団の姿として、質の高い教職員集団が多様なスタッフ等とチームとなって学校を運営している姿が求められている。また、今後の改革の方向性として「『新たな教師の学びの姿』の実現」「多様な専門性を有する質の高い教職員集団の形成」「教職志望者の多様性や、教師のライフサイクルの変化を踏まえた育成と、安定的な確保」の大きな 3 つの項目を挙げ、それぞれ具体的な対応策を指摘している。

　さらに 2009 年から行ってきた教員免許更新制は、2022 年の教育公務員特例法及び教育職員免許法の一部改正によって規定が削除され、研修等に関する記録を作成するなどの新たな研修制度への実施へと発展的に解消されることになった。新たな教師の学びの姿として、個別最適な学びや協働的な学びの充実を通した「主体的・対話的で深い学び」の実現等が挙げられている。

2．大学における教員養成

（1）教育職員免許法

　教育職員免許法は，1949（昭和 24）年に制定され，「教育職員の免許に関する基準を定め、教育職員の資質の保持と向上を図ること」を目的に、全 23 条で構成されている。この免許法には、免許状の種類や授与の要件、失効、罰則などの基本的な事項が定められている。

　教員免許状には「普通免許状」「特別免許状」「臨時免許状」の３つがある。「普通免許状」は大学等の養成機関で所定の単位を修得した者に都道府県教育委員会から授与される免許状で、校種ごとの教諭の免許状、養護教諭の免許状、栄養教諭の免許状がある。また、それぞれ最終学歴等に応じて専修免許状（大学院卒業相当）、一種免許状（大学卒業相当）、二種免許状（短期大学卒業相当）の３つに区分されている。「特別免許状」は、優れた知識経験等を有する社会人等を学校現場に迎え入れるための免許状で、都道府県教育委員会の教育職員検定に合格したものに授与されるものである。「臨時免許状」は、普通免許状を有するものを採用することができない場合に限り、都道府県教育委員会の教育職員検定に合格した者に授与される助教諭または養護助教諭免許状である。なお、普通免許状はすべての都道府県で有効であるのに対し、特別免許状と臨時免許状は、授与を受けた都道府県内のみで有効となる。また、普通免許状と特別免許状の有効期限は、免許状更新制が廃止された 2022 年 7 月以降、無期限となっているが、臨時免許状の有効期限は 3 年間である。

　一種免許状の授与を受ける場合、大学において表 1−1 に示す単位数を修得することが必要となる。また、小・中学校の免許の場合、介護等体験が必要となっている。

表 1−1　小・中・高等学校の一種免許状の授与に必要な資格や科目や単位数

免許の種類	基礎資格	教職課程に関わる科目				教育職員免許法施行規則第66条の6に定める科目
		教科に関する科目	教職に関する科目	教科又は教職に関する科目	特別支援教育に関する科目	
小学校教諭一種免許状	学士の学位を有すること　※特別支援学校教諭の場合、さらに小学校、中学校、高等学校又は幼稚園の教諭の普通免許状を有すること	8	41	10		日本国憲法(2)、体育(2)、外国語コミュニケーション(2)、情報機器の操作(2)
中学校教諭一種免許状		28	31	8		
高等学校教諭一種免許状		20	23	16		
特別支援学校教諭一種免許状					26	

（2）教職課程コアカリキュラム

　教育職員免許法及び同施行規則に基づき、全国すべての大学の教職課程で共通に修得すべき資質能力を示したものとして「教職課程コアカリキュラム」がある。この教職課程コアカリキュラムは、大学の自主性や独自性を阻害することなく各大学が教員を育成する仕組を構築することで教職課程全体の質保証を目指すものである。ただし、教職課程は学校種や教科、免許の種類等多岐にわたるため、共通性の高い「教職に関する科目」だけが示されている。教職課程コアカリキュラムには、それぞれ「全体目標（履修することによって学生が修得する資質能力）」「一般目標（全体目標を内容のまとまり毎に分化させた目標）」「到達目標（一般目標を達成するために到達すべき個々の規準）」が示されている。教職課程コアカリキュラムに示されている，小学校、中学校、高等学校の免許に関わる科目は表1‐2の通りである。

表1-2　教職に関する科目（小学校，中学校，高等学校の免許に係る科目）

科　　目	授業名の例
教科及び教科の指導法に関する科目	
各教科の指導法(情報通信技術の活用を含む。)	○○科指導法、○○科授業論
教育の基礎的理解に関する科目	
教育の理念並びに教育に関する歴史及び思想	教育原理、教育原論
教職の意義及び教員の役割・職務内容(チーム学校への対応を含む。)	教職概論、現代教職論
教育に関する社会的、制度的又は経営的事項(学校と地域との連携及び学校安全への対応を含む。)	教育制度論, 教育の制度と経営論
幼児、児童及び生徒の心身の発達及び学習の過程	教育心理学
特別の支援を必要とする幼児、児童及び生徒に対する理解	特別支援教育論
教育課程の意義及び編成の方法(カリキュラム・マネジメントを含む。)	教育課程論, 教育課程
道徳、総合的な学習の時間等の指導法及び 生徒指導、教育相談等に関する科目	
道徳の理論及び指導法	道徳の指導法, 道徳教育の理論と方法
総合的な学習の時間の指導法	総合的な学習の時間の理論と方法
特別活動の指導法	特別活動論, 特別活動の方法と理論
教育の方法及び技術	教育方法論, 教育の方法と技術
生徒指導の理論及び方法	生徒指導論, 生徒指導の理論と方法
教育相談(カウンセリングに関する基礎的な知識を含む。)の理論及び方法	教育相談論, 教育相談の理論と方法
進路指導及びキャリア教育の理論及び方法	生徒指導の理論と方法(進路指導を含む)
情報通信技術を活用した教育の理論及び方法	情報通信技術を活用した教育の理論と方法
教育実践に関する科目	
教育実習(学校体験活動)	教育実習事前事後指導、教育実習、教職実践演習

（3）介護等体験

A　介護等体験とは

　介護等体験は「小学校及び中学校の教諭の普通免許状授与に係る教育職員免許法の特例等に関する法律」により、小学校・中学校の教諭の普通免許状を取得しようとする者に義務づけられた体験活動であり、1998年度から行われている。

　この介護等体験が義務化された背景には、少子高齢化時代への対応やいじめ問題などがある。介護等体験を通して、教師としての資質能力の向上を図るとともに人の心の痛みのわかる人づくりができる教師、一人ひとりの価値観の相違を認め合える教師を育成することが目的である。介護等体験は、特別支援学校や社会福祉施設、その他文部科学省令で定める施設で7日間の体験を行う必要がある。なお、この7日間については、社会福祉施設での高齢者や障害者に対する介護・介助を連続で5日間、特別支援学校での教育体験を2日間行うことが望ましいとされている。

　介護等体験は、対象施設の深い理解と厚意によって行われている貴重な学習の場であるとともに、さまざまな福祉サービスを利用しながら暮らす人々の生活・学習の場でもある。普段接することの少ない高齢者や障害者など、さまざまな人の生き方、生活のありように触れ、関わることを通して幅広い社会観・人生観を持ち、人間的に成長できるきっかけが得られるよう、真摯な態度で臨むことが大切である。

B　介護等体験の施設と内容

【社会福祉施設】

　社会福祉施設の種類　：　高齢者を対象とする施設（例：特別養護老人ホーム、デイサービスセンター）、障害のある人を対象とする施設（例：知的障害者更生施設、身体障害者更生訓練センター）、乳幼児を対象とする施設（例：乳児院）、子どもを対象とする施設（例：児童養護施設）など

　体験の内容　：　施設利用者との交流、レクリエーションや行事の補助、職員によるさまざまな介助の補助など

【特別支援学校】

　特別支援学校の種類　：　視覚障害を主とする学校、聴覚障害を主とする学校、肢体不自由を主とする学校、知的障害を主とする学校、病弱を主とする学校など

　体験の内容　：　授業参観・児童生徒との交流、学校行事への参加、登下校の指導の補助、教師の補助など

（4）教育実習
A　教育実習とは

　教育実習は、一定期間、学校教育の場において実地体験を行うもので、教育職員免許法第5条・別表第一および第6条で規定されている。文部科学省の教職課程コアカリキュラムでは、教育実習の全体目標は以下のように記されている。

　　　教育実習は、観察・参加・実習という方法で教育実践に関わることを通して、教育者としての愛情と使命感を深め、将来教員になるうえでの能力や適性を考えるとともに課題を自覚する機会である。一定の実践的指導力を有する指導教員のもとで体験を積み、学校教育の実際を体験的・総合的に理解し、教育実践ならびに教育実践研究の基礎的な能力と態度を身に付ける。

　教育実習は、学校教育現場における教育の実際を観察・体験し、教育実践に関わることを通して教育の意義についての体験的認識と理解を深め、教師としてのあり方を学ぶことを目標にしている。それは大学での学問研究を通して身につけた理論・技能を、学校教育の実践の場を通して再構成し、教育現場に適用させることである。

　この教育実習に関わる単位は，事前・事後指導として1単位、学校現場における実習として2～4単位が必要となる。教育実習の実施期間は、法令では明記されておらず、教員免許状の授与者である各都道府県の教育委員会によって異なる。一般的に幼稚園・小学校で4週間、中学校で3週間、高等学校で2週間とされる。

B　教育実習の実習先と実習時期・内容

　教育実習の実習先は、授与を受けようとする教員免許状の校種によって異なり、小学校の免許状取得希望者は小学校で行うといったように取得する校種での実習が原則である。ただし、中学校と高等学校の両方の授与を考えている場合は、いずれかの校種で3週間の実習を行うことが一般的である。また、小学校と中学校（および高等学校）の両方（または3つの）教員免許状の授与を考えている場合は、小学校で4週間かつ中学校または高等学校での実習を2週間の計6週間の実習が一般的である。

　教育実習の実習先については、大学によって異なり、実習校先を大学が調整するところもあれば、学生本人が母校等に直接個人で申し込む場合もある。また、自治体によっては教育委員会が大学と公立学校の間に入り、受け入れの調整を行うところもある。ただし、実習生の受け入れについては各学校の判断に委ねられており、受け入れる学校の厚意に支えられて実現しているものであるため、受け入れの基準や実施時期、内容は学校によって異なる。

3．教員採用試験の現状

（1）教員採用試験とは

　学校の教員になるためには、教員免許状を取得することと、教員採用試験を受験し採用されることが必要である。ただし、公立学校と私立学校ではそのルートが異なる。

　公立学校の教員になるためには、各都道府県や政令指定都市の教育委員会が実施する教員採用試験を受験しなければいけない。この教員採用試験の合格後、名簿登録者となり、その名簿をもとに採用校が決まる。近年、公立学校の教員採用試験については、年齢制限を緩和または廃止している自治体が増え、受験方法についても、社会人特別選考枠などといった特別枠も用意され、幅広い入職ルートが用意されつつある。

　一方、私立学校の場合、学校法人によって異なるが、大きく3つの方法がある。一つは私立学校の学校法人が求人情報を大学などに送ったり、ホームページに掲載したりして公募するもの。二つ目は都道府県の私立学校協会の私立学校教員適性検査の受験や履歴書委託預かりを行って学校から直接連絡をもらう方法。三つ目は教員希望者と私立学校のマッチングを行っているエージェントに申し込む方法である。

（2）教員採用試験の採用者数と採用倍率

　公立学校教員の採用者数は、大量退職により2000（平成12）年以降増加していたが、次第に横ばいになりつつある。教員の採用者数の増加によりこれまで臨時的任用教員や非常勤講師を続けながら教員採用試験を受験してきた層が正規採用され、既卒の受験者が減少したため、採用倍率は低下している。2022（令和4）年度採用選考では、全体の採用倍率は3.7倍（小学校2.5倍、中学校4.7倍、高等学校5.4倍）と過去最低であった（図1-1）。

　現在、見込み数以上の必要教員数の増加および臨時的任用教員のなり手不足により、教員不足が深刻化している。この対策の一つとして大学3年生からの受験や複数回受験の実施など、教員採用試験の早期化、複線化が進められている。また、現在、多面的な採用選考、教員免許の失効・休眠免許保有者に対する円滑な入職の促進なども検討されている。

（3）教員採用試験の試験内容と実施時期

　公立学校の採用試験の内容は、受験者の知識を問う「学力評価試験」と受験者の人物や教員としての適性や将来性を見る「人物評価試験」に分かれる。学力評価試験は、

教職教養、専門教養、一般教養の３領域に分類され、１次試験に行われることが多い。ただし、一般教養については出題しない自治体もある。また、人物評価試験は、論述試験と面接試験の２領域に分類され、２次試験で行われることが多い。なお、面接試験については個人・集団面接、模擬授業、集団討論、場面指導など、自治体によってさまざまなものが行われている。また、これらの試験以外に実技試験や適性検査が行われることもある。

　教員採用選考試験の実施時期はこれまで４〜５月に出願、７月に１次試験、８月に２次試験を実施し、９〜10月に合格発表・採用内定を公表するのが一般であった。しかし、2024年からは１次試験を約１ヶ月早い６月16日を基準日として実施することになった。これによりこれまで 20 年以上大きな変化が見られなかった教員採用試験の実施スケジュールは大きく変更することとなる。

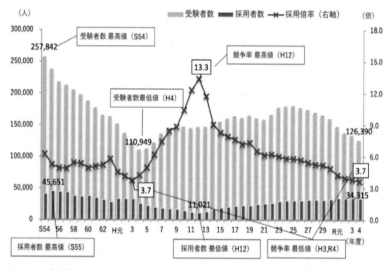

図 1-1　教員採用試験の受験者数・採用者数・競争率の推移
　（出典）　文部科学省ホームページ https://www.mext.go.jp/content/20231225-mxt_kyoikujinzai02-000024926_1.pdf

（熊谷　圭二郎）

参考文献
①　古屋恵太編著『教育の哲学・歴史』学文社、 2017 年。
②　羽田積男・関川悦雄編著『現代教職論』弘文堂、2016 年。
③　青木栄一編著『教育制度を支える教育行政』ミネルヴァ書房、2019 年。

第2章　教師に求められる資質と能力

はじめに

　教師に求められる資質や能力は、その時々の時代背景や国家の要請によって異なっている。戦争中には、国家に忠誠を尽くす屈強な兵士を育成することが教師に求められていた。したがって教師自身も忠君愛国を信じ、軍部の喧伝する「正義の戦争」のために教え子たちを戦場へ赴かせたのである。戦後の高度経済成長期には、優秀な人材を求める企業のために、一流といわれる高校や大学に何人の教え子を進学させたのかが教員のステータスとなった。そこで教師は、多くの教え子を志望校へ合格させることで保護者やマスコミなどから優秀な教員と称賛された。校内暴力やいじめ、不登校が増加すると、自分のことも顧みず、子どもと全力で真剣に向き合う、いわゆる「熱血先生」が人気を博した。そして、現在の社会は、情報化の進展により、これまでの社会システムが根底から変革されようとしている。それに呼応するかのように、疫病の世界的流行や自然災害、戦争の勃発など、予測不可能な社会が訪れている。また、教育を担う教師の多忙化も社会問題になっている。そのため、教職希望者数が減少し、いかにして質の高い教員を確保するかということが重要な教育上の課題となっているのである。このような時代における教師に求められる資質や能力とはどのようなものなのであろうか。この章では、最初に、国の求める教師像について学習したのち、具体的に「教師の仕事内容」とそれに見合った「教師として必要な能力」を確認した上で、教師の力量形成について考えていきたい。

1．「令和の日本型学校教育」を担う教師の在り方

　令和4年12月に文部科学省の諮問機関である中央教育審議会が次のような答申を発表した。少し長い名称になるが、『「令和の日本型学校教育」を担う教師の養成・採用・研修等の在り方について　〜「新たな教師の学びの姿」の実現と、多様な専門性を

有する質の高い教職員集団の形成〜 』である。この答申は、学校教育全体の改善と発展のための方針を示したものである。今後、教育の質の向上を図るためには、教員の資質と能力の向上を重視し、教員の養成段階から、採用、研修制度に至るまで教員のライフスタイル全体を通して大胆な改革をするように求めている。また、ウェルビーイングという言葉を用いて、教師自身が生涯を通して安心して職務に専念できる環境を整備するように求めている。

答申の概要について

　答申では、「令和の日本型学校教育」を担う教師の在り方が示されている。その項目は、「1　教師に求められる資質能力の再定義」「2　多様な専門性を有する質の高い教職員集団の在り方」「3　教員免許の在り方、教員免許更新制の抜本的見直し」「4　教員養成大学・学部、教職大学院の機能強化・高度化」「5　教師を支える環境整備」が挙げられている。教師に求められているものは、主に次の3つである。1つ目は、新しい知識・技能を学び続ける教師の姿であり、2つ目は、多様な人材の確保や教師の資質能力の向上により、質の高い教職員集団を実現することが必要だとしている。3つ目は、教師が創造的で魅力ある仕事であることが再認識され、教員志望者が増加し、教師自身も志気を高め、誇りを持って働くことができる環境を構築することが必要だとしている。

教員に求められる資質能力とは

　答申では、教師像について「①環境の変化を前向きに受け止め、教職生涯を通じて学び続けている、②子供一人一人の学びを最大限に引き出す教師としての役割を果たしている、③子供の主体的な学びを支援する伴走者としての能力も備えている。」の3点が挙げられている。また、以上に加え、いろいろな異なる資質や能力、個性を持った教員集団こそが「質が高い」集団として機能すると述べている。そのために様々な経歴を持つ社会人が教員として学校で働けるように制度改革を行うとしている。答申では、この他に、教職大学院制度や、研修にも言及しているが、ここでは省略する。

教師に求められる5つの要素

　教師は、児童生徒たちの成長を支え、未来の社会に向けた貢献を果たすための重要な職業であり、そのために教師には多様な資質と能力が求められている。「令和の日本

型教育を担う教師」では、具体的に、以下の5つの要素が重要であると示されている。

(1) 基礎的な素養

(2) 専門知識と教育スキル

(3) コミュニケーション能力

(4) 問題解決能力

(5) リーダーシップとやる気

それぞれの項目について具体的に以下に説明する。

(1) 基礎的な素養

　基礎的な素養とは、社会人として「職場や地域社会で多様な人々と仕事をしていくために必要な基礎的な力」のことを指している。それは、「失敗しても粘り強く取り組む能力」や「疑問を持ち、自律的な思考力を発揮する能力」そして、「チームで働く力」つまり、目標に向けて協力する能力のことを指す。

(2) 専門知識と教育スキル

　専門知識と教育スキルとは、教育者として必要な専門的な知識と教育スキルを指す。これは、文字通り、教育分野における専門知識があり、幅広い知識と教養が必要であることを示す。

(3) コミュニケーション能力

　教師として、児童や保護者、上司や同僚、地域の人々などと、円滑にコミュニケーションをとる能力を指している。そのためには、自分の意見をわかりやすく伝える力や相手の意見を理解する能力、また、状況に応じて適切にコミュニケーションする柔軟性が必要である。

(4) 問題解決能力

　問題解決能力とは、問題を見つけ、解決のためのプロセスを考える能力のことである。具体的には、現状を分析し課題を明らかにする能力や、解決プロセスを明確にし準備する計画力や新しい解決方法を考える創造力が必要である。

（5）リーダーシップとやる気

　リーダーシップとやる気とは、目標に向けて協力し、自己・他者を鼓舞する力を指す。そのために必要なのは、前に踏み出す力、粘り強く目標に向かって行動する力、多様な人々と協力するチームで働く力などが必要となる。

　これらの資質能力は、教師が日々の教育活動を通じて児童生徒の成長を最大限に引き出すための重要な要素である。教師自身が学び続け、自己成長を遂げることで、より良い教育を提供し、社会全体の発展に寄与することが期待される。教師の資質と能力の向上は、教育の質の向上と児童生徒の成長を支えるための重要な要素であるといえる。

答申の課題

　この答申には、改革が「いつまでに」「どの程度まで」達成できれば完了とするのか肝心な具体的な見込みが示されていない。見通しが不確実なまま、実際の改革にあたる教育委員会や大学法人等が果たして具体的な対策を実現することが可能なのかという問題がある。また、社会全体から広く教員を募り教育の多様性を促すことについても、かつて学校経営の切り札として採用された民間人校長採用が良い面ばかりでなく、ハラスメン等による免職者や自殺者まで出す不祥事があり、結果的に学校現場に課題と混乱を残した反省からも、今後、プラス面だけではない、様々な課題が生じる可能性があることに対する危機管理体制の構築の必要性や、これまでの教職員集団と新たな軋轢が生じる可能性への対策や、新たな教員養成に対して発生するリスクに対してもほとんど考慮されていない点などに課題が残る。

指針が求める教員の資質能力

　日本の教育制度は、国が直接学校に働きかけるのではなく、各自治体の教育委員会が地域の実情を踏まえたうえで、各学校への指導がなされるという制度になっている。そのため、国が求める「教員の資質能力」においても、国の意向を受け、各自治体が必要とする「教員の資質能力」を策定し、それを各学校へ通達するという仕組みになっているのである。それでは、国が各自治体に示す「教員に求められる資質能力」とは、どのようなものであろうか。令和4年8月に文部科学省は、「公立の小学校等の校長及び教員としての資質の向上に関する指標の策定に関する指針」を改正し、教師に必要な資質能力の再整理を行っている。その中で、各自治体が指標の内容を定める際の柱

を、次の5項目に整理している。

(1)教職に必要な素養

(2)学習指導

(3)生徒指導

(4)特別な配慮や支援を必要とする子供への対応

(5)ICTや情報・教育データの利活用

　例えば「東京都の教育に求められる教師像（令和5年2月改定版）」では、最初の「教職に必要な素養」とは、「教育に対する熱意と使命感を持つ教師」、「豊かな人間性と思いやりのある教師」と示されている。(2)の学習指導と、(3)の生徒指導、(4)の特別な配慮や支援を必要とする子供への対応は、すべてまとめて、「子供のよさや可能性を引き出し伸ばすことができる教師」であるとしている。(5)については、特別に項目を立てて言及はせず、「教科等に関する高い指導力」という言葉でまとめている。

　一方、群馬県が求める教師像（令和3年3月）では、「教職に必要な素養」として、「教育的愛情・情熱」、「使命感・責任感」、「規範意識・人権感覚コミュニケーション能力」、「学び続ける姿勢」を挙げており、(2)、(3)、(4)、(5)は、「社会人としての優れた識見を有する教員」「幅広い視野と高い専門性を有する教員」「豊かな人間性とコミュニケーション能力を有する教員」の中の要素としてまとめている。このように各自治体によって教師像の表記方法は異なっているので、都道府県の教育委員会のHPで確認してみると興味深い。

２．大学生の考える理想の教師像

　教職を目指す大学生は、教師に対してどのような理想像を持っているのだろうか。教職を目指す学生は、資格取得の関係で一般の学生よりかなり多くの単位（約60単位）を取得しなければならない。このように教員資格取得という目的意識を持っている大学生の教職観について調査を行ってみた。調査対象は、東京都内私立大学に通う教職資格取得を目指す教育実習経験のない1、2年生124人である。調査方法は、「理想の教師像」をテーマとして、800～1000字程度の自由作文を書いてもらい、その原稿をテキストマイニング技法により分析した。（調査時期：2021～2022）（文字数114,904）分析には、株式会社ユーザーローカルが無償で提供するユーザーローカルテキストマイニングツールを用いた。（ https://textmining.userlocal.jp/ ）

テキストマイニングの結果

図1は、単語出現頻度（文章中に出現する単語の頻出度）を図示したものである。単語ごとに表示されている「スコア」の大きさは、与えられた文書の中でその単語がどれだけ特徴的であるかを表している。（「言う」や「思う」など、どの文書にもよく現れる単語については低めに処理）。教師や児童・生徒、授業という言葉が大きいのは当然だが、いじめや不登校なども大きく、大学生の関心も高いということが分かる。また、この年代では、教職に関して教師と児童生徒の関係が大きい割合を占めており、教師が社会的責任の重い職業であるということにはあまり関心がないようである。

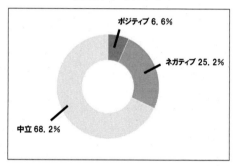

図1.ワードクラウド

感情面からの分析

そこで、さらに学生の教職に対する感情面を単語からAIにより分析してみた。方法は、「良い」「悪い」「厳しい」などのポジティブな感情とネガティブな感情の単語が含まれる表現を文書全体から分析し、感情の傾向を可視化した。「ポジネガ」は、文章に含まれるポジティブな感情の文とネガティブな感情の文の存在比を示している。「感情」は、文章に含まれる各感情の度合いを数値に換算した。（各感情の数値は、全ての感情の平均値を50%とした偏差値。）図2のポジネガグラフを見ると「理想の教師像」というテーマであるにもかかわらず、ネガティブな表現が多いことが分かる。さ

図2.ポジネガグラフ

ポジティブ 6.6%

ネガティブ 25.2%

中立 68.2%

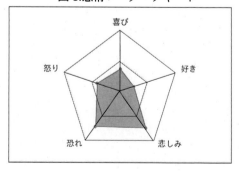

図3.感情レーダーチャート

喜び

怒り

好き

恐れ

悲しみ

らに、図 3 の感情レーダーチャート図でも、「喜び」や「好き」という表現よりも「悲しみ」「恐れ」といった表現のほうが多いことが分かる。

ChatGPT による要約

　次に、人間の手では到底処理できない 124 人分の文章をまとめるために ChatGPT を用い、全文章の要約を行った。その結果、「私の理想の教師像は、生徒一人一人に寄り添い、信頼関係を築きながら、いじめや不登校の問題を解決することです。また、教師としての役割を果たしつつも生徒に近い存在でありたいと考えています。教師になるためには学力やコミュニケーション能力の向上が必要であり、また、教師の在り方も時代に合わせて柔軟に変化していく必要があります。私は生徒の個性を尊重し、生徒一人一人に向き合いながら、いじめや不登校の問題を解決する教師になりたいと考えています。」という内容が抽出された。この文章には、授業等で学んだ内容も記述されており、優等生としての回答であると思う。

まとめと考察

　以上から、教職を目指す現在の大学生は、「子供が好き」とか「先生は楽しそう」などという夢を描いて教職を目指すというよりも、いじめや不登校がはびこる現在の学校をどうにかしたいという思いで教職を希望しているということが類推できる。それを裏付けするように、例えば、「生徒に寄り添うことで、いつもとは違う小さな変化に気づいてあげることができるかもしれない。」、「子どもたちだけではなく保護者にも寄り添い、理解する心を持たなければならない。」、「どんな変化にも柔軟に対応し、生徒を正しく導くことができる教師を目指したい。」、「私は、このような現状を少しでも救えるような教師になりたいと考えている。」、「誰にでも居場所があり、来たくなる学校を提供することができる教師」という文章を記述していることからも推察できる。以上の分析から、教職を目指す多くの大学生は、決して教職が楽な仕事だとは考えておらず、大変な仕事であることを自覚したうえで教職を目指していることが分かる。

3．教師の仕事環境

　教師の多忙化については、例えば、小学校の「プログラミング」や「英語科」の導入など、学習指導要領に示された新しい教科への対応を含め、コロナ感染症対策や、

ICT 環境の整備や授業への取り組みなど、仕事量の増加が大きく影響している。また、増加しつつある不登校児等への対応を含め、外国籍児童生徒・障害児童生徒への個別の対応、それに加え、貧困家庭の増加もあり、明らかに生徒指導上の負担増にもつながっている。さらに「免許更新研修（現在は廃止）」や「中堅教諭等資質向上研修（十年経験者研修）」などの悉皆研修への負担もある。にもかかわらず、教員や学校事務職員の定数は 40 年間変わらなかった。ここにきて、ようやくではあるが、令和 3 年度から、小学 2 年生から段階的に 35 人学級を実施していくという法改正が実現している。

国際比較を通した日本の教師の職場環境について

OECD の教員の職場環境の国際調査結果（TALIS 2018）によると、日本の教員の仕事時間は、他国と比べて突出して長いとされている。しかし、その内容を見てみると、日本の小中学校教員が授業や児童生徒指導のために子どもと過ごす時間は、国際的に見て決して長い訳ではなく、標準的なものである。しかし、その一方で、「一般的な事務業務」「学校内での同僚との共同作業や話し合い」「学校運営業務への参画」等の子どもと接しない時間や、中学校の課外活動における業務が特に大きいことが報告されている。海外では「教材購入の発注・事務処理」「校内巡視，安全点検」「国や地方自治体の調査・統計の回答」「学納金の徴収」「学校広報（ウェブサイト等）」等について、事務職員等が担当することが多いのだが、日本の小中学校では、多くの場合、教員が担当

図 4. 我が国の教員の現状と課題

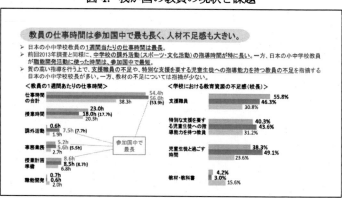

TALIS 2018 結果より（文部科学省）

している。実際、日本の小中学校の事務職員は各学校の規模に応じて 1 名か 2 名しか配置されていない。

以上から、日本の教員の負担を軽減するためには、中学校の部活を外部委託とし、

事務的な業務をはじめ、学校運営に関連する様々な業務を ICT の活用やサポートスタッフを充実させ、教員の主な業務である、「学習指導」や「生徒指導」に専念させることが重要であると考えられる。

教師の勤務時間と残業

　教師の勤務時間について考える際、小中学校の教師は大部分が公務員であり、法を守る義務が厳しく求められている。そのため、基本的には 8 時間（正確には 7 時間 45 分）の勤務時間が守られるべきである。しかし、教育公務員には超過勤務手当の代わりに 4％の調整手当が支給されており、法令上は問題ないとする考え方が存在している。その根拠は、「公立の義務教育諸学校等の教育職員の給与等に関する特別措置法（給特法）」にあり、「教育職員については、時間外勤務手当及び休日勤務手当は、支給しない。」と記されている。しかし、同法令では、「教育職員の正規の勤務時間を超える勤務等」についても言及しており、「教育職員を正規の勤務時間を超えて勤務させる場合は、政令で定める基準に従い条例で定める場合に限るものとする。」と記されている。これらをまとめると、教育公務員に超過勤務手当がつかないのは、原則、勤務時間以外は仕事をする義務はなく、校外学習や修学旅行、職員会議、緊急時以外は超過勤務を命じられることはないという建付けになっている。しかし、現実には、多くの学校で、超過勤務を命じられなくても、超過勤務をしなければ仕事が進まない状態が続いており、"定額働かせ放題"と揶揄されている。このように教員の時間外勤務に関しては「法令違反」の状態が続いているのだが、これを長年にわたって放置してきた責任は極めて重いといえる。働き方改革は、教員自身の努力も必要だが、それだけではなく、教育行政を担う立場の者が責任をもって真っ先に解決しなければならない課題でもある。

図 5．教員の勤務時間（筆者作成）

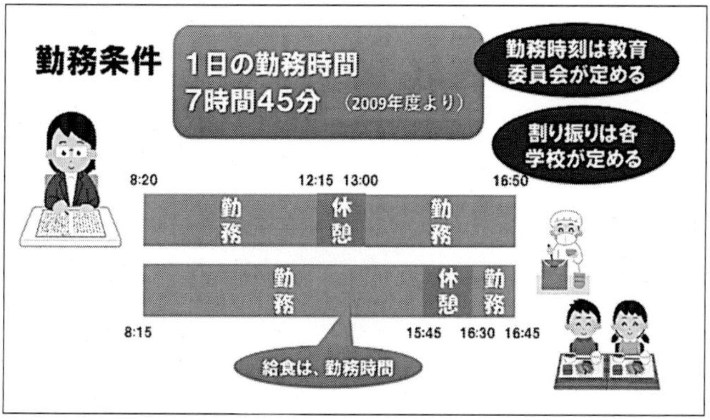

教師の仕事内容

　文部科学省によれば、「校務」は学校の全体的な仕事を指し、「職務」はその中で教職員が担当する任務を指す。教師の主な仕事は「児童生徒の教育」、「教務」、「生徒指導」、「会計」等だが、「時間外の部活指導」は本来教師の仕事ではなく、慣例として行われてきただけであったことが分かる。また、「教務や会計」は海外では主に事務職員が行うのだが、日本では教師がこれを担当している。これは法令上問題ないのだが、「教務事務」や「会計事務」は教師から見れば「余分な仕事」と映ってしまい、これが教師の負担感を増大させ、望まない時間外勤務を強いる結果となっている。また、事務仕事が正確さと効率性を重視するのに対し、教育や生徒指導は時間をかけ、効率性を度外視することも多いため、一人の教師が「事務」と「教育」という異なる価値観で仕事を行うことに違和感を持つこともある。学校教育法では「教諭は児童の教育をつかさどる。」とあるが、「教育」の解釈と仕事量には幅があり、これまで中央教育審議会が示した教師に求められる資質・能力の中で「教務力」や「事務力」について触れられたものはなく、この部分に対する教員の負担感が大きいといえる。教師の仕事をまとめると、感染症対策やICTなどの新しい課題への対応、さまざまな課題を抱える児童や保護者への対応などに時間が割かれ、最も必要な「子どもとのふれあい」や「教材研究」に時間が十分使えない一方で、本来教師の仕事とは見なされない「部活指導」や「各調査への回答事務」「教務事務」などに多くの時間が使われており、その時間の多くがサービス残業となっている。これらの問題を解決するためには、教師の仕事の再定義と、それに伴う教育制度の見直しが必要となるであろう。

働き方改革

　学校における働き方改革は、時間外勤務の改善傾向が見られる一方で、依然として長時間勤務の教職員も多く、引き続き取組を加速させる必要があると指摘されている。また、教育職員のメンタルヘルス対策に関する原因分析や効果的な取り組みの研究が求められている。

教育委員会の体質

　教育委員会は、公立学校の設置者であり、予算権・人事権を握っているので各学校に対して強力な権限を持っている。教育委員会で働く職員は、自治体の首長に任命された教育長以外に、事務局として大多数の当該自治体（役所）から出向した職員と学

校から出向した少数の教員で構成されている。教員の労働環境の悪化は、学校管理職や教育委員会の長年の放置によるもので、その責任は重大である。その背景のひとつに、教育委員会の意思決定は、学校の価値観ではなく行政としての価値観が優先される傾向にあるということが考えられる。行政の特色である上意下達のシステムや文書主義、前例主義、横並びの体質が影響して、学校から教育委員会への情報伝達が困難となる傾向がある。具体的な例を挙げると、学校の状況を把握するために教育委員会が直接学校を訪れるのではなく、文書による回答を求めたり、校長を教育委員会に呼び、質問したりするのが通常である。このような方法では、どうしても都合の悪い情報は隠そうとする傾向が出てきてしまう。このように主に間接的な情報から教育委員会は学校の実態を把握しているにしか過ぎない。したがって議会などの場で問題が指摘されるまで、教育委員会が本当の学校の課題に気付くことは稀である。教育委員会の職員が直接学校に出向く場合は、学校行事の来賓としてや、また、大きな事件が発生した場合くらいである。これらの問題を解決するためには、教育委員会が学校現場の声を直接聞く機会を増やし、各学校の課題に応じた対策を講じることがこれまで以上に必要である。

4．教員に求められる資質能力とは

　教員に必要とされる技術や能力は、「これができれば完成」というものではなく、「学び続ける姿勢」が必要だとされている。そのため、大学教育等での「教員養成課程」と、教員になった後に実施される「教員育成課程」を通じて、教員の資質能力の向上が図られている。そののための研修は、例えば、指導する各教科の専門性を高める研修や、授業研究の研修、また、生徒指導や学級経営研修、さらに、主任・主幹としての研修や、管理職研修など、多岐に渡る。また、最近では、感染症の理解や、ICT への対応など、さまざまな教育課題に対応するために多くの研修が必要とされている。

教員養成について

　2012 年の中央教育審議会答申で、教員の資格要件を大学院卒に引き上げるという方針が示されている。この答申を遡る 41 年前の 1971 年に、中央教育審議会が、現職教員の研修等を目的とする大学院の設置を内容とした「今後における学校教育の総合的な拡充整備のための基本的施策について」を答申し、1978 年に兵庫教育大学大学院など 3 校が設立されている。さらに、2018 年に中央教育審議会により「今後の教員養

成・免許制度の在り方について（答申）」が出され、教職大学院制度が開始されているが、現状の小学校教員の大学院卒率は 5%、小学校校長では 13% に留まっている。しかし、アメリカや韓国、教育先進国といわれるフィンランドでは、教員の 90% 以上が大学院卒である。日本の教員の学歴は、世界的に見ても低い水準にあるといえる。(IEA 国際学力調査「TIMSS 2019」による) また、大学での教育実習期間についても、日本の 4 週間程度と比較して、イギリス 32 週、フランス 12 週、ドイツ 7 週間など、諸外国では長期間にわたっていることが示されている（文部科学省 2006）。特に、オランダでは、教師教育学で有名なコルトハーヘンによる「ALACT モデル」と名付けられた「大学教育」と「学校現場での実習」を行き来することで振り返り（反省）を重視した実践的な教員養成に挑戦している。以上から、日本の教員養成については、諸外国に遅れを取っているという実態があると同時に、今後、「社会人教員」を学校現場に導入していくなど、教職の専門性と一見矛盾した方針を推し進めている。いったい、日本の教員養成はどうあるべきなのか、今後とも、国の方針を注視していく必要がある。

教員研修について

　研修については、教員の多忙化もあり、全員が受けなければならない悉皆研修を含め、個々人の教員が希望する研修すら、消化しきれなくなってきているのが現状である。そこで、研修制度を根本的に改め、教員の研修も子供の学習と同様に「個別最適化」を図ったものに変更された。例えば、いろいろな経験を積んだベテラン教員と、教職経験の浅い教員では、必要とする研修内容は異なっているであろうし、同じ経歴の教員でも、その得意分野の違いによって、必要とする研修内容が個々で異なってくるはずである。そこで個々の教員に応じて研修が図られるという方法が実施されることになった。新たな研修方法については、具体的には、それぞれ個々の教員が、自身の資質向上について「研修履歴」を活用し、校長と教員が協議する中で、教員自身の意向や校長の指導助言等を受け、その教員にとっての個別最適な研修計画を策定するという形式になった。新しい制度では、研修の際に、それぞれの教員個々の特性に合わせて研修方法を選択することができる。例えば、校内の仕事が多くてなかなか学校外での研修が受けられない場合など、「現場の経験」を重視した学び（校内研修・授業研究等）を選択したり、必要に応じて、校外研修教育委員会、教職員支援機構、教員育成協議会などの機関を選択したり、大学等の作成した様々な学習コンテンツを活用したりすることもできるようになっている。研修スタイルについても、対面・集合型

研修、同時双方向型オンライン研修、オンデマンド型研修など、その教員に合った最適な組合せによって具体的に構想していくことが可能となった。同様に、協働的な学びへの課題、また、課題のある教師へ職務命令による研修受講などを実施していくということも謳われている。研修の成果についても、特にオンデマンド型コンテンツは知識・技能の習得状況の確認方法を予め設定しておくことで、定期的な授業観察等を受けることにより、研修の成果を実証することができるようになる。

　これらの改革は、教員の資質能力の向上と教育の質の向上に寄与することが期待される。教員の研修制度の改革は、教育の未来を拓く重要な一歩といえるであろう。

学校組織の力

　教育課題は多岐にわたり、優れた教員であっても一人で解決することは不可能である。多様な専門性を持つ質の高い教職員集団を構築し、他の教員や支援スタッフと協働しながら、組織的に対応することが必要である。ここで、そのための実例を紹介する。コミュニケーションを取るのが困難な小学1年生が入学してきたのだが、その児童の世話を担任一人に任せるには負担が大きく、担任がつぶれてしまう可能性があった。そこで、毎月開催される特別支援の校内委員会を通し、保護者対応は担任ではなく養護教諭が担当するようにし、保護者からの要望は、養護教諭を通して行うようにして、担任の保護者対応の負担を減らした。それと同時に、当該児童への指導について、教育委員会の協力を得て、介助員を派遣してもらうと同時に、発達障害児を専門とするカウンセラーからの助言を得る機会を設けた。そして、担任には、できるだけ当該児童の頑張っている様子を保護者に伝えるよう指示し、子供の実態について毎月校内委員会で校長を含む主だった教員が共通理解を図るように心がけた。最初は不安から苦情や疑問を養護教諭に伝えていた母親も、良い聞き手である養護教諭の対応に徐々に心を開くと同時に、子供の良い面を報告する担任に対しても信頼感を持ち始めた。実際のところ、当該児童は突然教室から飛び出したり、授業中大声を出したりして、なかなか対応には苦慮していたのだが、事情を知っている他の教員たちの協力もあり、大変な教室環境下でも、担任は、落ち込むこともなく、学級経営を行うことができた。その甲斐があってか、幼い1年生たちもまた、当該児童にかかわりを持つようになり、多少教室内でも適応ができるようになっていった。その後、授業参観などで母親が大人しくしている当該児童を見たことで、とても感動して、当該児童の指導について担任に感謝を述べるまでになったということがあった。このように校内組織

を活用して教員同士が連携することによって良い効果を得る確率は格段に上昇する。

　この例が示すように、他者との協働を通じた学びは、課題の解決を促進するだけでなく、外部からの新しい風を入れることによって、旧態依然とした学校組織全体の改善をも図ることができると考えられる。

（後藤　泰博）

参考文献

① 中央教育審議会『「令和の日本型学校教育」を担う教師の養成・採用・研修等の在り方について～「新たな教師の学びの姿」の実現と、多様な専門性を有する質の高い教職員集団の形成～』、2022 年。

② OECD『教員環境の国際比較：OECD 国際教員指導環境調査（TALIS）』報告書、2018 年。

③ 中央教育審議会『初等中等教育分科会教員養成部会審議まとめ』（第 10 期）、2020 年。

④ 文部科学省『改正教育公務員特例法に基づく公立の小学校等の校長及び教員としての資質の向上に関する指標の策定に関する指針の改正等について』、2022 年。

⑤ 文部科学省『公立の小学校等の校長及び教員としての資質の向上に関する指標の策定に関する指針』、2022 年。

⑥ 中央教育審議会『今後の教員養成・免許制度の在り方について（答申）基礎資料 2.（9）諸外国における教員養成・免許制度』2006 年。

第3章　全体の奉仕者としての教師
—その身分と服務—

1.「全体の奉仕者」という位置づけ

　「全体の奉仕者」とは、通常、公務員について用いられる用語である。憲法、国家公務員法と地方公務員法、そしてその特例法である教育公務員特例法ではいずれにおいてもすべて公務員は「全体の奉仕者であって、一部の奉仕者ではない」と定められている（下表を参照）。

　「全体の奉仕者」という用語が公務員以外に者について用いられた「唯一の例外」は1947年に制定された教育基本法である（浅井、1970、p.46）。教育基本法の6条2項では、「法律に定める学校の教員は、全体の奉仕者であつて、自己の使命を自覚し、その職責の遂行に努めなければならない。このためには、教員の身分は、尊重され、その待遇の適正が、期せられなければならない」と定められ、国公私立の別を問わず、法律で定める学校の教員、すなわち公務員でない私立学校の教員をも含むすべての教員を「全体の奉仕者」として規定したのである。法案作成の当初から、教員を「公務員としての性格をもつもの」という表現で審議が始まったが、最終的には内閣の修正が加えられ、憲法で用いられた「全体の奉仕者」の用語に置き換えられた経緯がある。実定法上の公務員を念頭にお

「全体の奉仕者」関連規定

憲法
　すべて公務員は、全体の奉仕者であって、一部の奉仕 者ではない（ 第15条第2項）

国家公務員法
　すべて職員は、国民全体の奉仕者として、公共の利益のために勤務し、且つ、職務の遂行に当つては、全力を挙げてこれに専念しなければならない（第九十六条）。

地方公務員法
　すべて職員は、全体の奉仕者として公共の利益のために勤務し、且つ、職務の遂行に当つては、全力を挙げてこれに専念しなければならない（第三十条）。

教育公務員特例法
　この法律は、教育を通じて国民全体に奉仕する教育公務員の職務とその責任の特殊性に基づき、教育公務員の任免、人事評価、給与、分限、懲戒、服務及び研修等について規定する（第一条）。

いて定められた憲法 15 条 2 項の「全体的奉仕者」と法律上公務員の身分をもたない私立学校の教員を含むすべての教員を対象とした教育基本法 6 条 2 項の「全体の奉仕者」を巡っては、様々な法解釈がみられる（晴山、2019, pp.151-176）。ここで注目したいのは以下の 2 点でらる。

①国公私立の設置形態を問わず、学校の役割、そして教員の職務が本質的に同一である意味において、公務員か否かの違いは単なる行政的監督系統の違いに過ぎず、法律で定める学校の教員である限り身分的には同一であるとする解釈。

②国民全体への奉仕という教員の使命に国公私立の違いを超えた教員の共通性を見出すことから、私立学校教員を含む教員全体の公務員的性格を導くことが可能であるとする解釈。

共通しているのは、設置形態を超えた学校教育の公共性と教員が担う国民全体への公共的職務への理解と肯定である。ところが、「全体の奉仕者」という用語は 2006 年の教育基本法改正によって削除されることになった。新しく改定された教育基本法では教員について次のように定められている。

「法律に定める学校の教員は、自己の崇高な使命を深く自覚し、絶えず研究と修養に励み、その職責の遂行に努めなければならない。

前項の教員については、その使命と職責の重要性にかんがみ、その身分は尊重され、待遇の適正が期せられるとともに、養成と研修の充実が図られなければならない」（第 9 条）。

「全体の奉仕者」という用語の削除について、政府は答弁において、現行の教育基本法の「全体の奉仕者」に関する規定は「公務員を想起させる文言」であること、「全体の奉仕者」の文言が削除されても「学校教育が公の性質を持つものであること」や、「学校教育を担う教員の職務の公共性は従来と変わるものではない」との見解を示した（教育基本法研究会、2007、pp.131－132）。この答弁に加えて注目したいのは、新教育基本法が新たに私立学校に関する条文（第八条）を設け、「私立学校の有する公の性質及び学校教育において果たす重要な役割」を評価し、国及び自治体が「その自主性を尊重しつつ、助成その他の適当な方法によって私立学校教育の振興に努めなければならない」と定めた点である。こうした文脈から判断すると、「全体の奉仕者」の削除が直ちに私立学校が担う教育の公共性への否定、あるいは私立学校教員が果たす職務の公共性への否定につながるものと解されるべきではない。更に私立学校教員を含む学校教員の「全体の奉仕者」としての位置づけが新しい教育基本法においても踏襲

されているとみることが出来よう。

　一方、日本の公教育を担う教師の絶対多数が実定法上の公務員の身分を有しているのが実態である。文科省の調査〈2020年〉によると、義務教育諸学校に占める国公立学校の割合は小学校 98.8%、中学校 92.3%、義務教育学校 99.2%と高い。このことは義務教育に従事する 76.7 万人の教師の絶対多数が公務員の身分で国公立の学校に勤務していることを意味する。従って、以下では国公立学校の教師に適用される国家公務員法、地方公務員法、教育公務員特例法に依拠しつつ、教師の服務と教師に課される諸義務について考察することとしたい。

　なお、日本では教員が法律用語なので、本章では法規関連で論述する際は「教員」を用い、その他では「教師」を用いることとしている。

２．服務基準と職務上の義務

　教職員が勤務するうえで基本的に守らなければならない事項を「服務」といい、法律で定められている。地方公務員法第30条には「すべて職員は、全体の奉仕者として公共の利益のために勤務し、且つ、職務の遂行に当たっては、全力を挙げてこれに専念しなければならない」とある。これを「服務根本基準」という。これに基づいて3つの職務上の義務と5つの身分上の義務が定められているが、本節で言及する3つの職務上の義務には、①宣誓の義務、②法令及び上司の職務命令に従う義務、③職務に専念する義務が含まれる。

（1）宣誓の義務

　地方公務員法31条に「職員は、条例の定めるところにより、服務の宣誓をしなければならない」と定められているように、宣誓は義務であり、教職員は所定様式の宣誓書を任命権者に提出することが求められる。つまり、教師としての人生は「服務への宣誓」から始まることになる。

　宣誓書の様式と内容は、国家公務員の場合は「政令」、地方公務員の場合は「条例」で定められているが、自治体によっては微妙な違いがみられるものの、凡そ次に挙げた東京都の教育公務員の宣誓書のように「全体の奉仕者」として自覚と職務執行への決意を主な内容としている。

　新任の教師にとって、宣誓は教育基本法が定めた「人格の完成を目指し、平和で民主的な国家及び社会の形成者として必要な資質を備えた心身ともに健康な国民の育成」

という目的の実現を目指し、

```
                    宣 誓 書
   私は、ここに主権が国民に存することを認める日本国憲法を尊重し、かつ、擁護すること
 を固く誓います。
   私は、地方自治及び教育の本旨を体するとともに公務を民主的かつ能率的に運営すべき責
 務を深く自覚し、全体の奉仕者として、誠実かつ公正に職務を執行することを固く誓います。
   年  月  日
                                     氏  名
```

　教育公務員としての「崇高な使命」を改めて自覚する機会でもある。この宣誓は教育公務員としての職にあり続ける限り、また、一部の服務規程については職を離れた後も義務に服することを求めているので、しっかり受け止めることが大事である。

（2）法令及び上司の職務命令に従う義務

　「職員は、その職務を遂行するに当つて、法令、条例、地方公共団体の規則及び地方公共団体の機関の定める規程に従い、且つ、上司の職務上の命令に忠実に従わなければならない」と定めたのが地方公務員法第32条である。

　国の定める法律や政令、省令、規則等及び地方自治体の定める条例や規則では、公教育の執行に対して様々な規定がなされているが、教職員はそれらの規定に従って職務を遂行しなければならない。教職員にはその職務を遂行するに当たって、上司の職務上の命令（職務命令）に従うことが義務として課されている。ここでいう「上司」とは、職員の職務上の直系の上位者として職員を指揮監督する権限を有する者を指すが、学校の教職員についていえば、校長はすべての職員に対して職務上の上司であり、教頭は校長以外の職員に対して職務上の上司となる。 また、学校を管理する教育委員会は、学校の全職員の職職員の職務上の上司であり、その権限に基づいて職務命令を発することができる。

　上司のすべての指令が「職務命令」に該当するとは限らない。職務命令として成立するためには、 ①権限のある上司の発したものであること、②その命令が職員の「職務」の範囲内であること、③手続・内容に違法性がないこと、などの要件を満たす必要がある。職務命令は、書面によるものでも口頭によるものでもその効力に違いはないとされる。日常の業務で最も身近な命令として「出張命令」がある。出張は遂行の必要から通常の勤務地である学校を離れて行う業務であり、校長からの命令によって

遂行される。出張業務が終了した場合には、出張の内容について速やかに校長に復命しなければならない。

　また、職務命令とは区別されることもあるが、日々の業務の中で上司から出される指示や指導・助言も職務を円滑に遂行するために発せられるものなので、しっかり受け止めて業務に携わることが求められる。

（3）職務に専念する義務

　教職員は特別の定めによって例外が認められる場合を除き、勤務時間中は職務上の注意力のすべてを自己の職務遂行のために用い、勤務している学校がなすべき職務にのみ従事しなければならない（地方公務員法第35条）。これを「職務専念義務」という。

　「職務上の注意力のすべて」とは、判例（最高裁昭57・4・13）によると、職員が有する体力、知力のすべてを指し、有する能力を最大限に発揮することと解釈されている。教師は、勤務中は学校で行われる児童・生徒への教育活動にかかわるすべての職務を優先し、正当な手続きを経て職務専念義務が免除されないまま私用を行ってはならない。

　勤務時間中に私用を済ませる必要がある場合には、有給休暇等を申請して所属長の許可を得なければならない。例えば、出張命令を受けて校外での会議に出席した後に、その日の昼食の用意をしていなかったことを思い出し、学校に戻る途中で昼食を購入したとする。その時間帯が休憩時間にあたらない勤務時間内であれば、昼食の購入という私的行為は職務専念義務に違反したということになる。出張先から勤務校に戻る時間は出張業務の途中であり、速やかに勤務校へ戻ることに専念しなければならない。

　「職専免」という言葉がある。「職務専念義務の免除」の略語で、「法律又は条例に特別の定めがある場合」は職務専念義務が免除される。例えば、休憩時間、休日、育児休業、夏季等の長期休業期間中に校長の承認を得て実施する「職専免による研修」（教特法第22条第2項）などがある。しかし、研修の場合、「勤務場所を離れて」行うことが認められたとしても、あくまでも研修のために認められたものなので、研修に専念しなければならない。私用や休養に使ってもいい時間帯でないことを認識すべきである。研修は職務の一形態なのである。

3．五つの身分上の義務

　教師には、前述した3つの職務上の義務のほかに、地方公務員法に定められた5つ

の身分上の義務が課されている。その5つの義務とは、①信用失墜行為の禁止、②秘密を守る義務、③政治的行為の制限、④争議行為の禁止、⑤営利企業等の従事制限である。

　前述した職務上の義務が教育公務員としての勤務時間内の服務に係る規定であるのに対して、身分上の義務は、勤務時間の内外を問わず、その立場にある限り常に守らなければならないという特徴がある。中には教師という職を辞した後も生涯をかけて守らなければならない義務もある。

（1）信用失墜行為の禁止

　地方公務員法第33条では「職員は、その職の信用を傷つけ、又は職員の職全体の不名誉となるような行為をしてはならない」と定められている。「全体の奉仕者」としての教師は、その職務の特殊性、とりわけ児童生徒に与える影響が大きいため、一般の公務員より高い倫理性が求められている。犯罪行為はもとより、社会的に避難を受けるような言動はあってはならない。体罰やセクシャルハラスメント、飲酒運転など、いわゆる教師の不祥事を巡るメディアの報道からも明らかなように、教育公務員に対する社会の視線には厳しいものがある。

　教師が学校の内外において非行を犯した場合、教師自身の信用を損なうだけでなく、その教師が担っている職務と学校の信用を傷つけ、更には教育全体の信用を損なうことになる。「職員の職全体の不名誉な行為」には、職務に関連する行為のみならず、直接に職務とは関係のない行為も含まれる。また、法令違反ではないものでも信用失墜行為に該当すると判断される場合もある。例えば交通事故等の事案で減給や停職1月程度の比較的軽い処分の場合も、その根拠が「信用失墜行為」となっている事例が多い。

　職務に関連する信用失墜行為として、公務員倫理違反（収賄等）、体罰、職場内秩序を乱す行為（暴行、暴言等）、パワー・ハラスメント、政治的目的を有する文書の配布、違法な職員団体活動、虚偽の報告、個人情報の紛失・流出、不適切な公金公物の処理、コンピュータの不適切な使用、無断欠勤、繰り返しの遅刻・早退、休暇の虚偽申請、勤務成績不良などがある。職務とは関連のない行為として、放火、殺人、傷害横領、窃盗、強盗、賭博、詐欺、恐喝、麻薬等の所持、交通事故、飲酒運転、不適切な性的行為などがある。

（2）秘密を守る義務

　教師にとって最も身近でかつ重要な義務が「秘密を守る義務（守秘義務）」であると言ってよいであろう。この義務は、職務上知り得た秘密を守ることを義務づける規定であるが、条文にもあるように、これは「その職を退いた後も、また、同様」（地公法第34条）に守らなければならない義務である。

　教師は、その職務を遂行するにあたって、担当する児童・生徒に関する様々な個人情報を入手し活用する。それには現在の情報だけでなく、過去の情報（前籍校での状況、成育歴、病歴等）も含まれる。生徒に関する情報を入手し、児童・生徒の状況を的確に把握することは、教育活動を展開するための前提条件といえる。例えば、児童・生徒の病歴やアレルギー体質等は、養護教諭だけでなく学級担任や関係者全員が情報を共有することが必要であり、そうでなければ発症・発病や緊急時に適時適切な対応をすることが期待できない。また、保護者等と連絡・連携を取る必要から、家族の構成、居住環境、居住地、電話番号などを把握することが必要だが、これらは個人情報に該当するものなので慎重に扱わなければならない。個人情報保護法では「個人情報データベース等」上の個人情報が保護の対象であるのに対して、教師に課せられる「守秘義務」は「職務上知りえたすべての秘密」や情報を対象としているからだ。

　個人情報保護法は、これまでに3度の大きな改正が行われ、2021年の改正を経て全国的な共通ルールが定められている。個人情報保護法以外に各地方自治体が定めた様々な条例や規則がある。教師が行う情報の収集や保管、そして破棄等はこうしたルールに則って行わなければならない。個人情報を日常的に扱う教育現場では、常に緊張感を以って情報管理を行うことが求められる。守秘義務意識の低下や一時の油断が重大な事故や不祥事につながるのである。

　教師が使用する「教務手帳」には、児童・生徒の名簿、出欠記録、学習活動の記録、談話記録や試験の素点等、様々なデータが記録されることが多い。教師に日常の教育活動を支える重要な資料であるが、紛失したり、他人の目に触れたりすることがないよう細心の注意を払う必要がある。

　近年、「ＵＳＢメモリの盗難や紛失に伴う情報流出」といった不祥事が後を絶たない。帰宅して学期末の成績処理等を行おうとして、学校から持ち出したメモリが盗難にあったり、生徒の成績や名簿が入ったカバンを電車の中に置き忘れたりして、個人の情報が流失する事件が多発している。現在、原則としてデータの校外持ち出しを禁止し、やむを得ず持ち出す場合のルールが定められているのが一般的であるが、メディ

アによって報道される不祥事の多くはこうした学校のルールに従わなかったケースがほとんどである。危機感の欠如が不祥事につながっていくのである。

　校内では、職務上の必要性から児童・生徒の情報を同僚と共有することがあるが、このことによる情報流出のリスクについてもしっかりと認識しなければならない。また、通勤中や飲食店での同僚との会話が情報流失につながるケースもある。たとえ自分の家族に対しても、職務上知り得た秘密や個人情報を口にすることがあってはならない。また、デジタルデータは、一度流出すると、回収廃棄が出来ない特徴を持つ。教師にはネット社会におけるデータの危険性を十分に理解し、慎重に行動することが求められるのである。

（3）政治的行為の制限

　公務員は、公共の利益のために勤務する「国民全体の奉仕者」として、政治的に中立な立場を維持することが必要であるとともに、その地位は政治勢力の影響又は干渉から保護されて、政治の動向の如何にかかわらず常に安定したものでなければならないという視点から、公務員に対しては法律に基づいて一定の政治的行為の制限が課されている。教師に対しても同様である。

　教育基本法第14条は、「良識ある公民として必要な政治的教養は、教育上尊重されなければならない」としつつ、「法律に定める学校は、特定の政党を支持し、又はこれに反対するための政治教育その他政治的活動をしてはならない」と、教師に対する政治的行為の制限を定めている。

　教師は、政治的に一党一派に偏することなく、厳に中立の立場を堅持して、職務の遂行に当たることが求められている。例えば、職員室で特定政党の機関誌を配布したり，特定候補者のポスターを掲示したり、PTA等の会合で特定の候補者へ投票するよう依頼したり、特定の政党を支持しまたは反対するためのデモ行進をおこなったり、または特定の政党や候補者を支持し又は反対する意見を述べたり、ビラを配布したりするようなことは禁止されている。

　ここでまず確認が必要なのは、教師が教育活動を通して心身共に未成熟な児童・生徒に対して強い影響力を持つという観点から、教師に対して一般公務員以上に厳しい制限が課されている点である。例えば、地方公務員に対しては勤務地域内における政治的行為が制限されるが、教師に課す政治的行為の制限は勤務地域だけでなく全国に及ぶのである。一個人として、思想の自由や政治的信条を持つことは保障されるが、

そのことを教師という職務において明らかにすることは認められていない。しかもその制限は勤務地域を問わず全国に及ぶのである。

　また、政治的行為の制限は、公務員としての身分に基づく制限であるため、勤務時間内外を問わず禁じられるとともに、年次有給休暇や休職中、育児休業等、職務に従事していない時であっても守らなければならない義務である。

（4）争議行為等の禁止

　争議行為とは、通常、労働組合が労働者の要求の実現や抗議を目的として行われるストライキなどの集団行動をいい、憲法により保障された団体行動権に由来する。

　地方公務員法では公務員の争議行為(同盟罷業「ストライキ」や怠業「サボタージュ」等）を全面的に禁止している（地公法第37条）。その根拠は全体の奉仕者である公務員という位置づけの特殊性と職務の公共性にある。教師によるストライキによって教育活動が中断すると、児童・生徒の教育を受ける権利が侵害され、公共の利益を受けることができないので、憲法や地方公務員法の規定に違反することになる。とはいえ、公務員も勤労者であるから、憲法第28条に規定されている勤労者の3つの権利（労働基本権）は保証される。その制約の代償機能を果たし、人事管理の公正中立を確保する目的で、国においては人事院、多くの地方自治体には人事委員会という行政機関が置かれている。労働者のように争議権を行使して「労働条件の改善（給与、休暇）を目指した要求ができない代わりに、教師の身分や勤務条件に関する利益が制度的に保障されている。教師にも団結権や団体交渉権があり、職員団体を結成することはできるが、この場合でも民間企業の労働組合とは異なり、その目的が「勤務条件の維持改善」に限定され、争議権は認められないのである。

（5）営利企業等の従事制限

　地方公務員は、勤務時間の内外を問わず、営利企業等に関わることが制限されている（地公法第38条）。全体の奉仕者が、一部の利益を追求する営利企業の活動に関与した場合、一部と全体との利害関係が発生すると共に、公務員としての公正な勤務の執行を妨げることになるからである。制限される行為としては、①営利を目的とした私企業等の役員等を兼任すること、②自らが営利を目的とする私企業を経営すること、③報酬を得て事業や事務に従事することの3点が規定されている。このうち、3点目の制限に関して問題が生じやすいので、注意を要する。

教育公務員は特例として兼職・兼業ができるという規定がある。教特法第 17 条に、本務の遂行に支障がないと任命権者が認める場合には「教育に関する他の職を兼ね、又は教育に関する他の事業若しくは事務に従事すること」ができるとされている。教特法にいう兼職・兼業は、学校教育や社会教育等に関して非常勤の職に就くことや、教育委員会で教育事務に従事したりすること等をいう。

　いずれにしても、任命権者が認めた場合に初めて可能になるのであり、事前に兼職・兼業届等の申請を行って承認を得る手続きが必要である。優れた教育実践者や、教科指導等に関して優れた識見を有している教員に対して、教育関係の講演依頼や、教科書等の執筆依頼が来る場合がある。その場合、必ず所属長に報告・相談の上、任命権者への必要な手続きを取らなければならない。「1 回限りのことだから」とか「知人から個人的に依頼されたことだから」といった理由で無届けのまま依頼を受けるといったことがあってはならない。

4．教職員の不祥事の根絶を目指して

（1）教師による不祥事の原因

　近年、教師の「幼児児童生徒に関する理解が不足していたり、教職に対する情熱・使命感が低下していたりしている」ことが指摘され、「一部の教員による不祥事も依然として後を絶たない状況」にある。こうした問題は、たとえ一部の教員の問題であっても、保護者や国民の厳しい批判の対象となり、「教員全体に対する社会の信頼を揺るがす要因」となっている（中教審、2008 年）。

　現在、教師による不祥事の防止は、学校運営のみならず、教育行政においても大きな課題となり、各自治体は様々な対応策を打ち出している。自治体から出された報告書に注目すると、教師の不祥事の原因等について、教師個人の資質などによる要因と教師を取り巻く管理体制の要因を挙げて分析することが多い。

　教師個人の資質などの問題としては、「規範意識の欠如」「社会人としての常識の欠如」「教師としてのおごりの意識」「教師としての力量不足」「精神面の脆さ」などが指摘されている。一方、学校運営または教育行政など教師を取り巻く管理体制側の問題として、「管理職の意識の低さ」「新任教師への指導不足」「研修制度の不整備」「多忙によるストレスの蓄積」「悩みなどの相談体制の不整備」「職場風土」「リスク管理意識の欠如」などが指摘されている。

　教師の不祥事は個人の資質に起因するところが大きいが、周囲が予兆を把握し、表

面化または事件化する前に何らかの働きかけをすることによって未然に防いだケースは少なくない。現場における緊密なコミュニケーションと連携は不祥事発生の有効な防止策となる。児童、生徒を守り、学校が社会の信頼を勝ち取るためには、職場の連帯感を醸成し、学校が一つのチームとして機能することが求められるのである。

（2）義務・規律違反者に対する処分

　絶対多数の教師が専門職としての使命感と倫理観を持って日々の教育活動に従事し、日本の教育を担っているが、中には教員にあるまじき行為などの理由で懲戒処分を受ける者もいる。懲戒処分とは、義務違反や服務規律違反に対して科せられる処分のことである。

　文科省の調査（2021年）によると、懲戒処分を受けた教育職員は4,674人（0.50%）で、前年度より573人増加している。その内訳をみると、体罰により懲戒処分等を受けた者が343人、性犯罪・性暴力等により懲戒処分等を受けた者が216人（0.02%）となっている。その中に児童生徒等に対する性犯罪・性暴力により懲戒処分を受けた者が94人である。

　懲戒処分には、程度が軽い順に「戒告」「減給」「停職」「免職」の4種類があり、懲戒処分の対象となる行為については国家公務員法（第82条1項）と地方公務員法（第29条1項）に定められている。

懲戒処分等の種類

○免職…職員の身分を失う。
　　　　※原則として退職手当の支給なし
　　　　※教員免許状は失効又は取り上げ
○停職…1日以上6月以下。職務に従事させず給与の支給もなし。
○減給…6月以下の間、給料月額の10分の1以下相当額を減額。
○戒告…服務義務違反の責任を確認し、その将来を戒める。
　　　　※法律上の処分ではないが、人事上の措置として「文書訓告」「口頭訓告」
　　　　　「厳重注意」等がある。

　公務員の処分には懲戒処分のほかに分限処分というものがある。公務員については、身分が保障され、法や条例に定める事由による場合でなければ、その職員は意に反して、降任、休職、降給、又は免職されることはない。懲戒処分が服務規程に違反した者や「全体の奉仕者たるにふさわしくない非行」のあった者に対して下されるのに対

して、分限処分は適格性に欠けると判断された公務員に課される処分のことである。つまり、公務員の身分保障にも限界があり、一定の事由が認められる場合には当事者の意に反して身分上の不利益である「分限処分」が行われるのである。懲戒処分も分限処分も

任命権者によって科せられる職員の意に反する処分である。

分限処分は「勤務実績が良くない」「心身の故障のため、職務の遂行に支障があり、又はこれに堪えない」といった理由、及びその他の理由により職に必要な適格性を欠く場合に行われる。近年、「指導力不足」などのような抽象的で主観的な事由により教師の分限免職処分が可能となったことを憂い、教師の身分保障は「教育の独立」ないし「教育の自主性」という観点から、一般の公務員以上に手厚く保障されるべきとする主張も見られる（高橋、2019、p.227）。処分が恣意的にならないように適切かつ合理的な判断が求められる。

教師という職務は、児童・生徒、保護者、そして広く国民からの信頼があって初めて成立する仕事である。教職の持つ社会的責任を深く自覚すると共に、私生活も含めて自らを律していくことが常に求められるのである。

（金龍哲）

参考文献

①　浅井清『国家公務員法精義』（新版）学陽書房、1970 年。

②　兼子仁『教育法』（新版）有斐閣、1978 年。

③　教育基本法研究会編『逐条解説改正教育基本法』第一法規、2007 年。

④　下村哲夫『新版　教師のための法律相談 12 か月』学陽書房、2000 年。

⑤　永井聖二、古賀正義編著『教師という仕事＝ワーク』学文社、2000 年。

⑥　中谷彪、浪本勝年編著『現代の教師を考える』北樹出版、2004 年。

⑦　晴山一穂「教員の法的身分に関する一考察」『専修ロージャーナル』第 15 号、2019 年。

⑧　宮盛邦友著『現代の教師と教育実践』学文社 2019 年。

⑨　高橋寛人 著『教育公務員特例法制定過程の研究―占領下における教員身分保障制度改革構想』春風社、2019 年。

第4章　学習者中心の授業を創る

はじめに

　学習者中心の授業は、児童・生徒の主体性を尊重し、自己評価や自己効力感を向上させ、積極的な学びの姿勢を醸成し、生きる力を身につけることを目指している。そのために教師は、児童・生徒の個性を尊重し、教師の役割や指導方法の改善に努力し、学習者中心の授業の実現を目指す必要がある。また、ICT の活用との組み合わせで、個に応じたより効果的な学習環境を創出することが期待される。

　この章では、学習者中心の授業を実践するための方法について、文部科学省の動向についても踏まえながら、学校現場における具体的な実践方法について論じていく。

1．学習者中心の授業が求められる背景

　現行学習指導要領解説では、「主体的・対話的で深い学び」の視点に立った授業改善が必要であるとされている。「学習者中心の授業」が成立するためには、学習者の主体性が重要な要素となってくるのは明らかである。つまり、「主体的な学習」と「学習者中心の授業」とは、表裏一体の関係であるといえる。それでは、今、なぜ、「学習者中心の授業」が必要なのだろうか。その背景について考察してみよう。

社会構造の変化

　昭和の大量生産時代、中産階級の増加とともに、多くの消費者は、生活の向上を目指し、三種の神器「電気洗濯機・白黒テレビ・電気冷蔵庫」から、３Ｃ「カラーテレビ・クーラー・自家用車」を求めて、がむしゃらに働いていた。当時、「モーレツ社員」などという言葉が流行したように人々は競争社会を生き抜いていたのである。その時に必要とされたのは、厳しい競争社会で生き残る人材であり、学校は、そのための人材の供給源となっていた。中小零細企業にとっては、すでに当時少なくなっていた「中

卒」は人件費が少なくて済む「金の卵」であり、成長しつつあった大企業は、大量の管理職を必要とし、「大卒」であることがその要件とされた。このように学校は産業社会の必要に迫られ、人材育成を大量生産方式で行っていたのである。つまり、個々の個性や特性などには着目せず、社会から求められる学力、いわゆる偏差値教育と称されるテストの点数のみで学力の評価を行い、それによって進学先を決め、人材を世に送り出していたのである。しかし、1970年代後半を過ぎる頃になると、学校では「校内暴力」や「不登校」「いじめ」などが頻発するようになり、これまでの教育方法では、学校が成り立たなくなってきたのである。

　そして、情報化社会が到来する。産業構造は変換することを余儀なくされ、これまで成功していた日本式の経営は、バブル経済の崩壊とともに崩れ去り、それ以降、日本の産業は周知のとおり低迷することになる。これまでの「大学さえ出れば明るい未来が約束されている」という神話は過去のものとなった。現在、大学進学率は5割を超え、「大学ぐらいは出ておかないと」という時代となり、日本は少子高齢化が進み成熟社会を迎えようとしている。このような現代社会は、AIを用いた技術革新とともに、個に応じた様々なきめ細かなサービスが世界中のあらゆる企業から提供されている。学校の役割も「社会に役立つ人材育成」から、「個々それぞれのニーズに応じた教育」へと変わろうとしているのである。

教科中心の授業から子供中心の授業への転換

　コロナ禍で自宅学習を余儀なくされたときに、果たして子供たちは自ら進んで学習することが十分にできたのだろうか。また、令和4年度に約30万人と過去最多となった小中学生の不登校の理由として「無気力・不安」の割合が大きいことが指摘されている。彼らが必要とするものを学校は本当に提供できているのだろうか。国際比較によれば、日本の子供たちの学力は一定水準以上だが、その反面、自己肯定感が低いという結果が出ている。このことからも学校は、子供たちが受け身でなく、個々の興味や関心に沿った学習を推し進め、充実感にあふれた学校生活を実現するよう改革していかなければならない。このような現状を受け、文部科学省では、「令和の日本型学校教育」の構築を目指し、「全ての子供たちの可能性を引き出す，個別最適な学びと，協働的な学び」を実現するとしている。また、そのための手段としてICTが必要不可欠だとしている。その理由を以下に示す。

(1) 未知の課題への対応

　これからの社会は未曾有の激しい変化が予想される。環境問題や自然災害・疫病対策、国防、エネルギー・資源問題、少子高齢化対策など、これまでにない新たな課題に直面している。ただ、知識が豊富なだけでは、これらの課題を解決することはできない。自ら情報を収集し、フェイク・ニュースなどに惑わされず、主体的に判断し、学び、行動することで問題解決ができる資質や能力が求められている。

(2) 生涯学習

　人生 100 年時代を迎え、刻々と変化する社会において、学生時代に学んだ知識が陳腐化し、絶えず、知識のヴァージョンアップが必要とされる時代となった。このように生涯にわたって学び続けるためには、心も体も健康で、人間が本来持っている旺盛な好奇心と、未来を切り拓くたくましい力を育成することが必要である。

(3) 個性の発揮

　これからの世界は、SDG s の目標にもあるように、異なった立場の人々が、互いを尊重し合うとともに、偏見や差別をなくし、平等で平和な持続可能な社会を構築することが求められている。近未来社会の市民として必要な能力は、人権を尊重するとともに、それぞれが個性や特性を発揮し、人類の可能性を広げ、主体的・創造的に生きていく力である。

　以上から子どもたちの現状を考えると、現在の学校のシステムより、子供たちのほうが未来への変化を先取りしているのではないかということが見えてくる。学校現場こそ、一刻も早く、未来を生きる子どもたちのための変革を行わなければならないのではないだろうか。

「学習者中心の授業」の特徴

　「学習者中心の授業」を実践するためには、学習者が主体的に活動するという長所を生かすと同時に、共通した一定の学力水準が得られるようにする工夫が必要となる。そのためには、ただ学習者の自由な学習を期待するだけでなく、教師の具体的な方法論も必要となる。以下にある 3 つの方法に留意することで、より効果的な学習者中心の授業が実現すると考えられる。

（1）学習者の自主性や個性の尊重

　学習者中心の授業を実践するためには、第一に、学習者の興味や関心に基づいたテーマの設定が必要である。教師は学習者とのコミュニケーションを通じて、彼らの興味や関心を把握し、それに合ったテーマを設定することが求められる。個々の学習者は異なる興味や能力を持っているため、それぞれに合わせたアプローチが必要である。第二として、学習者は、自ら課題や目標を設定し、その達成度を振り返るという学習者自身の自主性が求められる。学習者は自分で計画、実行、評価、管理、調整などを行い、自己の学習に責任を持つことを意識する必要がある。

（2）教師の役割と姿勢

　学習者中心の授業において、教師は指導者や知識の伝達者だけでなく、サポーターやコーチとしての役割を果たし、学習者の進捗状況の確認やフィードバックを通じて、自己評価や自己効力感を促進していく必要がある。また、教師は意図的にペアワーク、グループワークなどの異なる授業形態を設定し、学習者中心の授業を展開させるための工夫を行わなければならない。その際、個人差や学習者のニーズ、学習スタイルを十分に把握し、個別最適化した授業への配慮が必要となる。また、教師は、学習者が自己評価や自己効力感を促進するよう学習者をサポートすることも重要である。

（3）グループワークやディスカッションの活用

　学習者中心の授業では、グループワークやディスカッションを活用することで、学習者が自分の意見や考えを表現し、協働して学びを進めることができる。これにより、学習者は相互に助け合いながら主体的な学びを促進し、課題の発見と解決のために他者と積極的にかかわることで、他者との協力やコミュニケーション能力も向上させ、対話的な学びを実現することができる。また、「GIGA スクール構想」によって整備された 1 人 1 台の端末は、個別に最適化された学習者中心の教育を実現させる重要なツールであるので、積極的に活用することが求められる。

2．学習者中心の授業の系譜

　現在の学校では当たり前のように行われている子供を年齢ごとに学年で区切り、教師が教科書中心で教えるという学校教育制度は、18 世紀後半にプロイセン（現在のドイツ）から始まったとされる。その目的は、国家の安定・発展のため若者を兵士とし

て育成することにあった。プロイセン国王フリードリッヒ 2 世が 1763 年に発した法令により、5 歳から 13・14 歳までを就学期間と定め、学校の授業時間、授業料、教科書、教育課程などが規定され、国家への服従が強調された。プロイセンの教育制度は、あらかじめ決められたカリキュラムを時間割で管理し、学年単位で教授するという教育方法が採用されており、「プロイセン・モデル」と呼ばれていた。当時、この仕組みは、とても優れた教育制度として評価されたため、アメリカをはじめとした西欧諸国の学校教育に多大な影響を与えることとなった。これが現代の義務教育制度の原型となったのである。しかし、その後、19 世紀末から 20 世紀初頭において世界各地で学習者中心の転換を目指した新教育運動が展開されるようになった。例えば、イギリスのセシル・レディによって設立されたアボッツホルム・スクールに始まる新教育運動は、アメリカではパーカーやデューイの「進歩主義教育」として世界中に広がっていった。日本では、「子供中心主義」の教育思想は、実は、幼児教育では明治期から取り入れられており、我が国の伝統的な教育方法として幼児教育では定着していたのだが、義務教育段階では、男女別学、愛国主義に基づいた一斉画一的な教育が中心であった。進歩主義教育は、大正期に流行し、沢柳政太郎の成城小学校をはじめ、羽仁もと子の自由学園、「窓際のトットちゃん」で有名なトモエ学園や、野口援太郎の池袋子供の村小学校、木下竹次の奈良女子大学附属小学校の合科主義教育など、多くの実践が紹介され、「大正新教育運動」が盛んになっていったが、昭和になると軍部の台頭により、自由主義的な新教育運動は影を潜めるようになっていった。

アクティブ・ラーニング

　そもそも、学習者中心の主体的な学習が文部科学省で本格的に取り上げられるようになったのは、義務教育段階ではなく大学などの高等教育についてであった。平成 20 年 8 月に文部科学省の諮問機関である中央教育審議会が取りまとめた「新たな未来を築くための大学教育の質的転換に向けて〜生涯学び続け、主体的に考える力を育成する大学へ〜（答申）」の中で「アクティブ・ラーニング」という言葉が使用された。この報告書では、「従来のような知識の伝達・注入を中心とした授業から、教員と学生が意思疎通を図りつつ、一緒になって切磋琢磨し、相互に刺激を与えながら知的に成長する場を創り、学生が主体的に問題を発見し解を見いだしていく能動的学修（アクティブ・ラーニング）への転換が必要である」という表現が出てきている。しかし、「アクティブ・ラーニング」の用語自体は、2017 年の学習指導要領改訂案では、定義が曖昧

な外来語は法令には適さないという理由などから、より明確な、「主体的・対話的で深い学び」という表現に変更された。したがって、それ以降は、アクティブ・ラーニングを示す「主体的・対話的で深い学び」という用語が使用されている。平成29年（2017年）の学習指導要領の改訂において、学習指導要領の目標及び内容が「知識・技能」、「思考・判断・表現」、「主体的に学習に取り組む態度」の3つの柱で再整理された。これにより、児童・生徒が自分自身で積極的に学習に取り組むことが強調されるようになったのである。

3.「教師主導型」と「学習者中心」の授業の比較

　「学習者中心の授業」と反対の意味の授業は、「教師主導型の授業」だといえる。それでは、なぜ、「教師主導型の授業」から、「学習者中心の授業」に変えなければならないのだろうか。実は、「教師主導型の授業」が悪いわけではない。「学習者中心の授業」と「教師主導型の授業」は、それぞれの特徴があって、それぞれに長所と短所がある。例えば、「教師主導型の授業」は、「特定の知識」を多くの学習者に「効率良く」学ばせるためにはとても有効な方法である。その反面、学習者個々の興味や関心は無視され、受動的な学びになってしまう傾向がある。一方、「学習者中心の授業」は、学習者が課題に対して主体的に学べるのが良い点だといえる。しかし、学習者の個人差によって基礎的・基本的な内容など、必要とされる一定の学力水準にまで到達できなかったり、共通の知識が得られなかったりするという課題もある。それでは、「教師主導型の授業」と「学習者中心の授業」のどこがどのように違うのかを具体的に考えてみよう。まず、学力を達成する方法である。「教師主導型」の授業では、「子供の学力は、学んだ時間量に比例する」と考える。つまり、「多く学べば、学力は高くなる」と考えるのが基本の考え方である。勿論、個々の子供の適性や能力差も大きな要素に違いないのだが、その差はあまり考慮せず、「みんなが同じようにできる」ということを目標にするのである。一方、「学習者中心」の授業では、学習の達成度を他者との比較ではなく、学習者自身の満足度や達成感で評価する。つまり、「みんな違ってみんないい」という発想なのである。

　具体的に考えてみよう。例えば、算数の掛け算の問題を解くとすると、教師主導型の授業でよくある方法は、最初に教師が子供たちに教科書の例題を見せ、解き方を教え、次に、例題と似たような問題を解かせ、慣れたところで、少しずつ難易度が上がる応用問題を提示して解かせていくのが一般的な授業の進め方である。この場合、問

題の難易度は教師が調整したもので、難易度が上がるにつれ、学習者がどこでつまずいたのかが分かるようになっていて、つまずいたところを繰り返し練習し、できるようにしていくという指導方法が取られる。その結果、どの子も同じような知識が得られるということになるのである。それでは、この学習を学習者中心のスタイルで実施するとどうなるであろう。まず、教師は、子供たちが掛け算に興味を持つようにしなければならない。最初から高い興味を示す子もいれば、あまりやる気のない子供も出てきてしまうのが実態である。高い興味を示す子にはヒントを与えず問題を提示し、自分たちで努力して解決するよう促す。あまり興味を示さない子に対しては、二つの可能性とそれぞれに対するアプローチが考えられる。一つは、掛け算に至る前の足し算などの概念が不十分だったりする場合である。その場合は、もう一度、足し算の復習を行わなければならない。そして、例えば、「2＋2＋2」が、「2×3」のことだと理解させることで「わかった！」という満足感を味わわせ、徐々に興味を持たせていくのである。もう一つは、理解はできるが、やる気が起きないというタイプである。そういう子供には、掛け算九九表の規則性を発見させたり、ゲーム的に問題を取り扱ったりして、「不思議だな？」とか「解けた！」という他の側面から感情に訴えかけ、興味を持って課題に取り組めるよう工夫をする必要がある。子供は一旦興味を持つと、自分からどんどん主体的に問題を解こうとするものである。一人で解けているうちはいいのだが、そのうち、どうしても解けない問題に出会ってしまうことになるだろう。そのとき、教師に聞くのも解決法の一つだが、まずは、子供たち同士でその問題について話し合わせ、子供たちの出すさまざまなアイデアをお互いが参考にして問題解決の方法を探らせる。このようにして正解が得られたとき子供たちの心は充実感で満たされるのである。

　このようにして「教師主導型の授業」と、「学習者中心の授業」を比較すると、「教師主導型の授業」の場合は、子供たちは、解き方は教わっているので、問題をいかに早く正確に解くかということが評価の中心となる。一方、「学習者中心の授業」では、早く正確にできるということはそれほど重要ではなく、分からないものに挑戦して「自分で解けた」「分かった」という学習者自身の満足度が評価となるのである。また、「学習者中心の授業」は、「教師主導型」の単線型の授業と比べ、複線型の授業であり、教師一人では実践が難しい。そこで、ティームティーチングとして複数の教員で行うか、個々にパソコンなどを提供し、自学自習を可能にすることが実施の前提となる。

学習者中心の授業の事例

　ここでは、実際の事例を紹介する。この事例は、筆者が 1998 年に実践した文部科学省の科研費研究の一部抜粋である。研究の中で行った授業は、「総合的な学習におけるボランティア活動の実践」で、今から 20 年以上も前のものである。現在では、地域の特色を盛り込んだ優れた実践も多くあるのだが、総合的な学習の黎明期である当時の実践は、実験的な内容としての要素が強く、シンプルで分かり易いのと同時に、いろいろな課題も隠さず示しているので紹介することにする。

（1）対象

　東京都内区立小学校 5 年生 1 学級、在籍 33 名（当時）

（2）実施時期・期間

　平成 10 年 10 月下旬より、約 1 か月間に渡り、13 時間の授業実践と 4 時間の校外での活動を行った。（合計 17 時間）

（3）事前準備

①導入時において、学習者の興味に応じ 3 つの学習コースを設定し、個々の興味や関心に応じた授業構成とした。

②活動内容を自由に決定できるよう工夫し、学習者中心の授業展開を可能にした。

③グループ活動を通して 2 回の実践を行うことで、学習者が反省（リフレクション）を伴う体験活動を行うことを容易にした。

（4）学習者の実態

　事前の調査によると、学習者の考えるボランティア活動の具体的なイメージは、「募金活動」が 33 人中 18 人（55％）と圧倒的に多く、次いで、「体験無し」が 10 人（30％）、「ごみを捨てる」2 人（6％）、「植物の水やり」、「道を教えてあげる」、「電車の席を譲る」がそれぞれ 1 人ずつ（3％）という結果であった。また、学習者のボランティア活動に対する興味・関心については、「とても学習したい」が、2 人（6％）、「普通」が、22 人（67％）、「あまり興味がない」が、9 人（27％）であった。以上の結果から、調査対象の 5 年生にとって、ボランティア活動はそれほど身近でもなく、既有知識もあまりないことが分かった。また、具体的な行動に対する意欲も低いという結果が得ら

れた。このような状態のままで体験的な学習を開始しても、多くの学習者にとって学習効果は期待できない。したがって、ボランティア活動に対する期待を高めるための事前の学習が必要であると考えた。

(5) 話し合い活動1

　そこで、最初の授業では、「個々の学習者が自分自身のボランティア観を明確にするとともに、それぞれのボランティア観が微妙に異なっていることを相互に意識させる」ことをねらいとしてボランティアの事例を記述した資料を参考にし、話し合い活動を行った。その結果、ボランティア活動に対して、「とてもやりたい」が2人（6%）、「やりたい」が22人（67%）、「あまりやりたくない」が7人（21%）、「やりたくない」が2人（6%）という結果になった。事前と事後の変化を見てみると、「とても学習したい」と答えていた2名はそのまま、「とてもやりたい」という結果であった。また、最初、「普通」と解答した学習者22人中、18人が「やりたい」に変化し、「興味がない」と答えていた9人のうち、4人も「やりたい」に変化している。一方、最初「普通」と答えていた学習者のうち、4人は、「あまりやりたくない」、「やりたくない」とマイナスに変化している。そして、事前調査で「興味ない」と回答していた9人のうち5人は、「あまりやりたくない」、「やりたくない」のままであった。授業後の感想を子供たちに聞くと、「今日この授業をやってボランティアがすごく大切なんだと思いました。」とか、「環境を守れるんだったらやってみたいなぁと思った。」という積極的な意見と「私は意見を聞いてとても感動したけど、やっぱり、やりたいということとはまた違うと思います。」、とか「空き缶拾いとかはやるけど、募金やお金を送るのは、逆にこっちが貧しくなるから嫌だ。」という意見や、「自分のことで精一杯。」、「あんまり楽しそうじゃない。」という否定的な意見もあった。確かに全体的にはこの授業によって学習者の意欲は増したが、全員がそうなったという訳ではなく、考えれば当然のことであるが33人の学級において子供たちは、多種多様な考えや思いを持っていて、一つの方向にまとめるなど難しいということが分かる。むしろ、その違いを肯定的にとらえ、活動を進めていくことにした。

(6) グループ作りとボランティア活動1

　学習活動は、第2次へと展開し、グループ作りと具体的な活動内容が決定した。グループの作り方と活動内容は学習者自身に考えさせ、教師は、学習者の質問に答える

などの援助者の役割に徹した。出来上がったグループの内訳は、「空き缶拾い」が2グループ（7人）、「ユニセフ募金」5グループ（21人）、「使用済みの切手集め」1グループ（5人）であった。最初、大半のグループが「世界の困っている人たちのために」と考え、そのためには募金活動がよいということから、募金活動をすることに決めていた。しかし、実際には、募金活動をするにも、それぞれが放課後は塾や習い事で計画が成り立たず、具体化する段階で行き詰ってしまった。グループを作って、1週間後、「空き缶拾い」と「使用済みの切手集め」のそれぞれ1グループが放課後を利用して活動しており、また、1人で募金を行ったという学習者も現れた。しかし、他のグループでは、活動が停滞してしまっていた。経験上、この年代の学習者は、必ずしも自分で計画を立て、プラン通りに実行するという方法がうまく出来るわけではない。その打開策として、自ら立てた学習計画を十分理解させることが必要となってくる。そこで、教師が直接アドバイスするのではなくて、既に順調に実践を進めているグループと、自分たちの計画の足りない部分が見えていないグループを交えて学級全体で話し合い活動をすることで計画をより具体化することとした。

（7）話し合い活動2

　学習者の話し合いを整理するために、教師は、学習者Aの「世界のことは大切だけど、やるのは難しい。私たちにできるのは身近なこと。」という発言を受けて、「世界」と「身近」を対立軸にして、話し合い活動を進めていこうとした。ところが、予想外にもある学習者から、「どの子も、身近なことは普段やっているけれども、両方をやるほうがみんな幸せになると思う」という意見が出て、「身近なことと世界のことを両立する」という方向に議論は進んでいった。その結果、停滞していたユニセフ募金の4グループ（14人）は、それぞれ、「空き缶拾い」グループ（4人）、と「それをリサイクルして募金する」グループ（4人）、「公園の掃除」グループ（4人）グループではないが「お地蔵さんの掃除」1人（近隣に大きなお寺があり宗教的な意味合いもある）、「ごみの分別をしてユニセフについて調べる」1人という結果になり再出発となった。

（8）ボランティア活動2

　以下に、各グループが得た結果をいくつか紹介する。

①空き缶拾いから得た知識

　学習者は、2回の空き缶拾いの結果、最初は、空き缶を捨てる大人がいること自体が許せないという様子だったが、2回の活動をしていくうちに、冷静な視点も育ち「空き缶を捨てる人も、少しくらいは人のことを考えて、隅っこに捨てているらしい。」ということに気が付いた。

②募金活動のグループ

　近隣のスーパーの前で募金活動を行って、成功体験を得たグループは、今度は、学区域外の大きな駅前で募金活動を行おうとするが、「許可」が必要なことを知り、断念してしまう。近隣では、子供であるということで自由が許されるが、公の場では何をするにも許可が必要だという普段は意識していない暗黙の社会ルールに気が付いたのである。

③グループ活動の効果

　意欲が低かった学習者も、グループで行動を共にすることにより意識や態度が向上した。ある学習者は、最初は、「やる気がしない、意味が分からない」というようにボランティア活動そのものを認めようとはしなかったが、友人とのグループ活動を行った結果、相変わらず、「手が汚れて嫌だった」という感想ではあったが、しかし、「やりたい人がいても、それは好みで、人によると思う」というように他者理解の視点が現れるようになった。

(9) 考察

　今回、学習者が実践した内容は、募金活動や公園の清掃、道路の空き缶拾いといったある意味、誰でも思いつくようなものであったが、その結果ではなく、そこに至る過程を重視したい。課題解決のために自主的に計画を立て、それを実行に移すには、「企画力」「リーダーシップ」「コミュニケーション力」等、いろいろな能力が必要となる。この総合的な能力が、いわゆる「実践力」を身に付けさせることにほかならず、自立した市民を育成するための確実な方法であると考えられる。このような能力を身に付けた学習者が、将来成長したときに、優れた市民として、社会で活躍するようになるという可能性を信じたい。

　以上が、実践内容のあらましである。この授業の後、学習者の多くは、「はじめは、

ごみを拾うのは手が汚くなるからいやだなぁと思っていたけど、そのうちいいことをしているんだなぁと思って楽しくなってきた」という肯定的な意見を持ったようであった。研究自体の結果としては、質問紙による調査で、事前と事後では、「国際感覚」に有意な変化がみられた。当時流行していた外国人との交流をしなくても国際感覚が磨かれることが示唆されたのである。

4．学校の実態と学習指導要領が求める改善

　学習指導要領の改訂のポイントである「社会に開かれた教育課程」が、大きな改善点として挙げられている。ここでは、「よりよい学校教育を通じてよりよい社会を創るという目標を学校と社会とが共有し、それぞれの学校において、必要な教育内容をどのように学び、どのような資質・能力を身に付けられるようにするのかを明確にしながら、社会との連携・協働によりその実現を図っていく。」と述べられている。このことは、これまで一般的に考えられていた「学校は社会に出る前の準備期間であり、社会とは切り離された存在、若しくは、社会から守られた存在である」という考えを大きく転換するものである。というのは、これまでの学校では、体験学習を除き、社会そのものを直接体験させるのではなく、子供たちが学びやすいように社会の一部を切り取ったり、モデルに加工したりして学ばせるという方法が取られていたのだが、それを改め、直接、社会の中にある問題や矛盾点も含めて、地域や市民と一緒になって

図1．社会に開かれた教育課程への転換

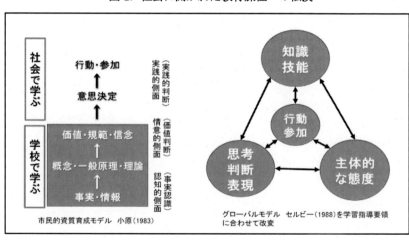

考え、問題解決していこうという方針に改まったのである。（図1）これまでは、教材を教師が作成する段階で、「これを学ばせたいので強調しよう」とか、「これは難しいから省略しよう」といった教師の意図が入り込むため、どうしても教師の思いが中心となり、教師が授業の主導的な役割を担ってしまっていた。そして、実践は応用なのだから社会へ出たときに行うものだとする考えで、学校は社会に対しては閉ざされていたのである。そうではなくて、現実の社会の中で子供たち自身が直接、自ら課題を見つけ、自分たちで解決していこうとするようにしなければならないというのである。ここでの教師の役割は、教えるという立場ではなく、子供たちと一緒に学ぶ姿勢であり、ファシリテーターや、サポーターという役割が要求されているのである。

学校の現状と課題

　それでは、今度は、現在の学校の状況を考えてみよう。学校は保守的で、変化を受け入れにくいという特徴がある。その理由は、そもそも学校自体が変化を好まないという体質があるのと同時に、保護者や地域住民も新しいことに対して批判的になりがちであるという環境もある。例えば、今でも、教室の掃除は、電気掃除機ではなく、ホウキと雑巾であるし、「マッチを擦って火をつける」のは学校の理科室でしかやっていない。また、「靴箱」が、「下駄箱」で通用してしまう。授業開始の挨拶である「起立、気を付け、礼。」も、戦前の軍隊方式のままで現在まで通用している。このように中身は変わっているのに形だけ残っているというものが学校には案外多いのである。制服も、また、本来は、生徒を管理し、学校への帰属意識を高めるためのものであったのだが、現在では、そういった機能よりも、学校の特色を表すシンボルとしての機能が大きくなってきている。私立学校や、新設の学校では、生徒の管理や伝統のための制服というよりも、学校のイメージ戦略として生徒の意見も取り入れたりしながら制服のデザインを新しくする場合が多い。

　このように学校は、形を変えず、その機能の方を変化させることで社会の変化に適応してきたという経緯がある。『「令和の日本型学校教育」の構築を目指して』では、これまでの学校教育を見直し、大胆に改革する内容が沢山盛り込まれている。したがって、学校は大きく変革する必要があるのだが、日本の学校の体質を意識してか、「これまで日本型学校教育が果たしてきた，…本質的な役割として重視し，継承していく」という文言も付け加えられているのである。このように考えると、「学習者中心の授業」も、これまで学校が培ってきた効果的な授業方法を一切なくして、新たに取り組むと

いうことではなく、これまでの方法を改善しつつ、新たな授業方法へと転換することが求められていると考えるのが妥当であろう。

「学習の個性化」・「指導の個別化」・「公教育の目的」

　「学習者中心の授業」とは、文字通り、「学習者が中心」の授業ということだが、この言葉は、複数の意味を含んでいる。例えば図形の面積問題を解くときなどに「公式を使って計算で解く方法」と「図形を組み合わせて解く方法」とが考えられるが、それぞれ学習者の好みや得意不得意を配慮してどちらの説き方がよいかを学習者に選択させるという意味での「学習の個別化」としての学習者中心という考え方がある。その一方で、この種の問題に関しては、最終的にはより汎用性が高い公式によって面積を求める方法に全員が移行していく必要がある。そのため、どちらの方法もわかる学習者には必要ないのだが「図形を組み合わせて解く方法」しかわからない学習者については、個別、若しくは学習者同士の話し合いによって個々に理解させていく必要がある。そのためには、全員に対してではなく、わからない学習者だけを個別に指導していく必要性が出てくる。これが「指導の個別化」であり、学習者個々の理解度に合わせて指導するという意味での「学習者中心」という考え方である。このように、「指導の個別化」と「学習の個性化」を合わせた個別最適化の教育は、各学習者の個々の

図2. 学習の個性化（筆者作成）

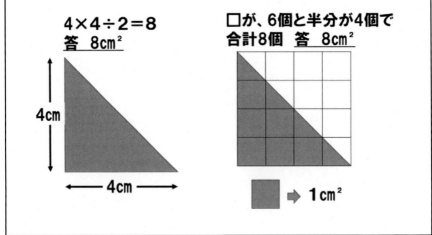

能力や興味、学習スタイルに合わせて教育を提供することを目指しているということが分かる。しかし、その一方、学習の個別化を進めすぎると、学校が担っている公教育の目的である「国民全体に一定の知識や技能を提供し、社会的な価値観や規範を共有することで、社会の一員として機能することができるようにすること」という事項と矛盾が生じるように思える。確かに、公教育の目的と個別最適化の教育との間には、一見すると矛盾があるように見えるかもしれない。しかし、図2の例からも、これら二つの概念は必ずしも相反するものではない。「公教育と個別最適化」は、教育が個々の学習者に対してどれだけ柔軟に対応できるか、そして社会全体としてどれだけ一貫した価値観を共有できるかという、二つの異なる視点から教育を捉えているのである。したがって、公教育の目的と個別最適化の教育は相反するものではなく、むしろ互いに補完し合う関係にあるといえる。それぞれが重要な役割を果たし、両者の立場に立ち、高品質な教育を提供することで、より良い社会を形成する個性的で意欲的な人材を輩出していくことが可能になると期待できるのである。

ICT の活用について

　一人一台のタブレット端末の提供に示されるように、ICT 機器の活用については、文部科学省だけでなく、国家をあげて重要視している。それには多くの理由が考えられる。まず、日本における IT 人材の育成と確保である。日本の IT 産業における人材不足は深刻なものでその担い手の多くが外国の人材や企業に頼っているという現実がある。早急な人材育成が必要である。また、学校に PC を導入することで、直接授業改善に役立ったり、仕事の効率化に繋がったりして、それが教師の意識改革にもつながっていく。例えば、校務の情報化により教師は面倒な事務作業から解放され、残業をしなくて済むようになることで子供と向き合う時間が確保されることが予想される。また、PC は、個別学習に最適なツールである。立体図形の展開図など、苦手な児童も多いが、PC 上でシミュレーションを行うことで、視覚的に理解しやすくなり、個々の特性に応じた学習が可能になる。このようにして、教師は一斉授業を行う必然性もなくなっていき、「指導者」という立場から「ファシリテーター」としての役割転換が起きてくる。これは決して教師にとってマイナスではなく、学習者が自学自習を好んでするようになれば、実際に教師の授業自体の負担も減少していく。まさに winwin の関係である。また、授業時間の効率化にもつながってくる。例えば、これまで学習発表させるのに、大きな模造紙を使って子供が何時間もかけて作業していたものが、そ

のような手間をかけなくてもタブレット PC 上で全員が全員の発表内容を閲覧出来るので、時間が大幅に節約できる。また、それと同時に教師が取り上げなかったり、見落としたりした個々の意見をそれぞれの学習者自身が見て、「こんな考えもあるのか。」とか、「A さんがこう考えているなんて意外だ。」というように学習者自身の深い学びに繋がっていく可能性もある。このように学習者中心の授業には PC の活用が欠かせないのである。

（後藤　泰博）

参考文献

① 　文部科学省『学習指導要領解説総則編』、2017 年。
② 　文部科学省『「令和の日本型学校教育」の構築を目指して〜全ての子供たちの可能性を引き出す，個別最適な学びと，協働的な学びの実現〜 (答申)」』、2021 年。
③ 　厚生労働省『労働経済の分析―世代ごとにみた働き方と雇用管理の動向―』、2011 年。
④ 　『三訂版　資料で考える　子ども・学校・教育』学校図書出版社、2022 年。
⑤ 　田村学『深い学び』東洋館出版社、2018 年。
⑥ 　日本教育方法学会編 『アクティブ・ラーニングの教育方法学的検討』図書文化、2016 年。
⑦ 　後藤泰博『「小さな知の冒険―国際理解教育（ボランティア活動）における創発的カリキュラム開発―」文部科学省奨励研究(B) 』、1998 年。
⑧ 　グラハム・パイク、ディヴィッド・セルビー著、阿久澤麻理子訳『地球市民を育む学習』　明石書店、1997 年。
⑨ 　David Kolb : Experiential Learning, Second Edition、2014 ; Pearson。
⑩ 　稲垣忠、佐藤和紀『ICT 活用の理論と実践』北大路書房、2021 年。

第5章　教育課程の編成とカリキュラム・マネジメント
―開く・つなげる・ともに―

　「あなたの学校の特色は、何ですか。」と問われた時、みなさんは、どんな答えをもつだろうか。その問いに答えるために、外すことのできない教育課程という言葉について考え、教育課程が何のためにどのように編成されるのかを考えるのが、本章の役割である。

1．教育課程とは何か
（1）教育課程の定義
　教育課程とは何かを明確にするために、最初に「前文」を取りあげる。今回改訂された 2017（平成 29）年告示『小学校学習指導要領』には、新たに「前文」が設けられており、学習指導要領は時代の変化や子どもたちの状況、社会の要請等を踏まえ 10 年ごとに改定されてきたが、「前文」が設けられているのは今回が初めてである。
　それは、学習指導要領改訂の理念をより一層明確にし、社会で広く共有していくためである。
　「前文」には、「これからの学校には、（教育基本法が掲げる）教育の目的及び目標の達成を目指しつつ、一人一人の児童が、自分のよさや可能性を認識するとともに、あらゆる他者を価値のある存在として尊重し、多様な人々と協働しながら様々な社会的変化を乗り越え、豊かな人生を切り拓き、持続可能な社会の創り手となることができるようにすることが求められる。」とある。
　その上で、教育課程について「このために必要な教育の在り方を具体化するのが、各学校において教育の内容等を組織的かつ計画的に組み立てた教育課程である。」と、その意義について述べている。
　また、『小学校学習指導要領』解説・総則編（以下「総則編」）では、教育課程を「学校教育の目的や目標を達成するために、教育の内容を児童の心身の発達に応じ、授業時数との関連において総合的に組織した学校の教育計画」であると定めている。

これらの規定を踏まえて、学校教育法施行規則（第50条第1項）において、小学校の教育課程では、国語、社会、算数、理科、生活、音楽、図画工作、家庭、体育及び外国語の各教科、特別の教科である道徳、外国語活動、総合的な学習の時間並びに特別活動によって編成することとしており、学習指導要領においては、各教科等の目標や指導内容を学年段階に即して示している。

ここからも分かるように、教育課程とは、各学校の教育目標や育成したい児童・生徒像などを含めた組織的にかつ計画的に組み立てた教育活動の全体計画のことである。

（2）教育課程の基本的な要素

教育課程にとって最も大切なことは、教育の目的と目標である。教育基本法第1条では、「教育は、人格の完成を目指し、平和で民主的な国家及び社会の形成者として必要な資質を備えた心身ともに健康な国民の育成を期して行われなければならない。」と教育の目的を定めている。各学校では、この教育基本法の教育の目的や教育課程を編成する場合の大綱的基準である学習指導要領を踏まえた上で、どんな子どもに育てたいのかを全職員で協議を積み重ねて学校の実態に応じた学校教育目標を設定している。

この学校教育目標を実現するためには、子どもたちに必要な学習経験の意図的計画的な営みが必要となってくるのであり、それが教育課程の編成なのである。そして、各学校が設定した学校教育目標は、目指すべき児童・生徒像とともに、子どもたちや保護者に地域住民とも共有し周知している。

それでは、教育課程編成の基本的な要素として、教育の目標を含めてどのようなものがあるのだろうか。大きく以下に示した4点が考えられる。

① 教育理念・目標

    （教育目標、育てたい児童・生徒像、育てたい資質・能力等）

② 組織配列した教育内容（各教科等、年間指導計画・評価計画等）

③ 配当した授業時数

    （日課表、週時程、月間行事計画、年間行事計画等）

④ 教材・教具、施設・設備、ICT環境等

これらは、あらゆる教育活動を支える基盤となる重要な基本的な要素となるものである。教育課程は学校の教育目標を達成するために、これらの基本的な要素を考慮し新たな学校における基盤的なツールとなるICT環境も最大限活用しながら、多様な児童・生徒の心身の発達に応じて総合的に編成していくこととなる。

２．教育課程の編成権

（１）教育課程の編成権の主体

　次に、教育課程の編成権はどこにあるのだろうか。教育課程の編成の主体については、「総則編」で「各学校においては、教育基本法及び学校教育法その他の法令並びにこの章以下に示すところに従い、児童の人間として調和のとれた育成を目指し、児童の心身の発達の段階や特性及び学校の地域の実態を十分考慮して、適切な教育課程を編成するものとし、これらに掲げる目標を達成するよう教育を行うものとする。」と述べた上で、教育課程の編成権が各学校にあることを示している。具体的には、学校の長たる校長の責任において、全職員の協力の下で創意工夫を生かした教育課程を編成していくこととなる。しかも、学校として統一性のある一貫性をもった特色ある教育課程を編成するためには、より一層学級や学年の枠を超えた職員同士の連携協力が重要となってくる。

　ここで、教育課程に関する法令の視点から整理してみると、以下のようになる。

　①　　文部科学大臣・・・教育課程の基準を定める。

　　　　　　　　　　　（学校教育法第 33 条）

　②　　教育委員会　・・・教育課程を管理・執行する。

　　　　　　　　　　　（地方教育行政の組織及び運営に関する法律第 21 条）

　③　　各学校の校長　・・・教育課程を編成する。（学習指導要領　総則編）

　各学校においては、こうした法体系の全体を理解した上で、学習指導要領を「学びの地図」としながら、教育課程の編成及び実施に当たっていくこととなる。

（２）教育課程を編成する留意点

　次に、各学校が教育課程を編成する留意点とは、何であろうか。『小学校学習指導要領』の「前文」には、以下のように学習指導要領の役割とともに学校の役割について示している。

　「学習指導要領の役割は、教育課程の基準を大綱的に定めるものであり、その役割の一つは、公の性質を有する学校における教育水準を全国的に確保することであるとしている。各学校がその特色を生かして創意工夫を重ね、長年にわたり積み重ねられてきた教育実践や学術研究の蓄積を生かしながら、児童や地域の現状や課題を捉え、家庭や地域社会と協力して、学習指導要領を踏まえた教育活動の更なる充実を図っていくことが重要となってくる。」

同じく「前文」には、「教育課程を通して、これからの時代に求められる教育を実現していくためには、よりよい学校教育を通してよりよい社会を創るという理念を学校と社会とが共有し、それぞれの学校において、必要な学習内容をどのように学び、どのような資質・能力を身に付けられるようにするのかを教育課程において明確にしながら、社会との連携及び協働によりその実現を図っていくという、社会に開かれた教育課程の実現が重要となる。」と述べ、「社会に開かれた教育課程の実現」という理念が示され強調されている。

　各学校においては、教育基本法や学校教育法等に定める教育の目的や目標の実現を目指して、社会の変化を見通し、学校の実態に応じた教育活動全体の基軸となる教育課程の在り方を改善して学校教育を進めていくことが何よりも重要なのである。

　それでは、どのようにして「社会に開かれた教育課程の実現」に向け、各学校の教育活動の質の向上を図ればよいのであろうか。

3．カリキュラム・マネジメント
（1）カリキュラム・マネジメントの定義

　今回の改訂では、改訂の趣旨が教育課程編成の方針や実施に生かされるようにする観点から、「総則編」において以下の3点の改善を示している。

　　①　資質・能力の育成を目指す「主体的・対話的で深い学び」の実現に向けた授業
　　　　改善
　　②　カリキュラム・マネジメントの充実
　　③　児童の発達の支援、家庭や地域との連携・協働を重視する

　上記に示した②のカリキュラム・マネジメントとは、「学校教育に関わる様々な取組を、教育課程を中心に据えながら組織的かつ計画的に実施し、教育活動の質の向上につなげていくこと」（総則編）と定義している。「総合的な学習の時間」が創設された1998年学習指導要領の改訂以降、各学校においては創意工夫を生かした特色ある教育活動の展開が推奨されてきたが、より一層の創意工夫を生かした特色ある学校教育の全体的な改善・充実のため好循環を生み出していく方策としてカリキュラム・マネジメントの充実が、今回位置付けられたのである。

（2）カリキュラム・マネジメントの3つの側面

　さらに、このカリキュラム・マネジメントには、同じく「総則編」で、以下の3つ

の側面があることを示している。

① 　児童や学校、地域の実態を適切に把握し、教育の目的や目標の実現に必要な教育の内容等を教科横断的な視点で組み立てていくこと

② 　教育課程の実施状況を評価してその改善を図っていくこと

③ 　教育課程の実施に必要な人的又は物的な体制を確保するとともにその改善を図っていくこと

　この３つの側面を通して、学校教育の質の向上を具体的に図り、カリキュラム・マネジメントの充実に努めることとなる。

　要するに、カリキュラム・マネジメントとは、教育課程の編成権をもつ学校が、校長のリーダーシップの下、組織としての教育活動に取り組む職員体制を整備し、内外の経営資源を効果的に活用して自校の教育課程を編成（Plan）・実施（Do）・評価（Check）・改善（Action）の PDCA サイクルを回しながら、教育活動の質の向上を図る営みのことなのである。その上で、各学校の教育課程の編成が適切であったかどうか、どの程度教育課程の目指している目標が実現されたのかを点検・評価しなければならない。

　また、教育課程を評価していく際には、年間計画等に評価の手順や職員の合意形成に至るまでの方法とスケジュールを明確に位置付けておく必要がある。職員間で検討した結果、明日からでも改善が可能なのか、その改善が短期なのか、または長期にわたって検討すべき課題であるのかも同時に見極めていく必要がある。

　そして、このカリキュラム・マネジメントの充実のためには、校長のリーダーシップとともに、各学校に所属する職員集団の熱量と創意工夫の力に負うところが極めて大きいことは言うまでもない。

　職員一人ひとりが、個別に教育活動に取り組むのではなく、学校組織の一員としての責任と自覚を深めて、自ら学校経営に参画しているという実感と誇りから生み出される豊かな創造性が不可欠な要件となる。

　それでは、カリキュラム・マネジメントの充実に努め、創意工夫を生かしたどのような特色ある教育実践が考えられるのであろうか。

　次に、その具体的な事例の１つとして、筆者が校長として勤務した公立 A 小学校における創作紙芝居『思いやりの山』を柱として「社会に開かれた教育課程の実現」が図られた教育実践事例を紹介する。

４．教育実践事例『思いやりの山』

（１）創作紙芝居『思いやりの山』の動画の誕生

　公立Ａ小学校は、全校児童数が450名弱の中規模校であり、創立130年を迎えた地域に根差した学校の１つである。市学力・学習状況調査の生活意識調査の結果からは、挨拶は自分からとの意識が高い一方、人と関わることについては好きという児童が全体的に少なく、高学年ではさらに少なくなる傾向があった。人の気持ちを考えて行動することには学年によって差があり、相手の気持ちを考えて行動したり話したり聞いたりしながら進んで関わるということには、課題があったのである。そのため、自分の思いを分かりやすく相手に伝えることができずに、言葉でのコミュニケーション不足からトラブルになってしまう児童の実態があった。

　そこで、「豊かにかかわり、じっくり考える子ども」を学校教育目標として、豊かに関わる場面を意図的に設定し全職員がICTを有効活用しながら学級・学年・異学年での関わりを増やした。日々の授業においては、教科等の特性に応じて友達と話したり聞いたりする場の設定を工夫し、心の交流を増やしていくことを重点項目としたのである。

　また、学校としては「開く・つなげる・ともに」を合言葉に、一人ひとりが人、もの、ことと豊かに関わりじっくりと考えながら、学ぶ喜びを感じられる学校づくりを目指すことを年度当初の教育方針として明確に打ち出していた。この「開く・つなげる・ともに」の３つの言葉は、筆者の小学校校長としての経験から導き出したものであり、カリキュラム・マネジメントの充実に通底すると考えたものである。筆者から、職員にこの３つの言葉を手掛かりにそれぞれの立場で何ができるか自らの教育活動を構想し、カリキュラム・マネジメントを充実させながら学校経営に参画して欲しいことを機会あるごとに伝えてきた。

　さて、このＡ小で展開することとなる筆者の創作話『思いやりの山』は、いじめをつくりださない学校づくりや、自分や友達の幸せをともに願える子どもに大きく育ってほしいとの願いから、前任校の職員やPTA会長との協働で紙芝居になったものである。（『思いやりの山』のストーリーは、思いやれない山に住む自分勝手な動物たちが、山火事を乗り越えて他者を思いやることの大切さを知るというものである。）その後、筆者が卒業証書を授与した中学１年生の有志が集まり、約１か月間かけて『思いやりの山』の歌詞が生まれ、音楽専科教員による『思いやりの山』の歌が誕生した。

　そうした中、コロナ感染拡大の渦中となったのである。こうした今だからこそ、こ

の『思いやりの山』で子どもたちや社会に希望と勇気を届けることができないかと、学校教育の良き理解者であったフリーナレーターの力添えで出来上がったのが動画『思いやりの山』である。コロナ禍で一人の命の重みを再認識することが痛切に問われている中、何よりも自他を尊重し人の思いに想像力を働かせ共感できる豊かな心の教育の推進が急務ではないかと考えたからである。

　また、この『思いやりの山』が互いを支え励まし合えるような「協働のネットワーク」をつくる「心の架け橋」の一助になればとの共通の思いからでもあった。

《学校ホームページから》

『思いやりの山』の歌（作詞：中学1年有志）
みんなが わるさする山を いい山に変えよう
みんなが 心を入れかえて
思いやりの山に しよう
そのために わざと きつねに姿を変えた
すると みんな 自分を見直して 気がついた
誰でも 優しい心 誰でも 勇気があること
その気持ちを忘れずに 生きてゆこう
思いやりの山で

（2）創作紙芝居『思いやりの山』から生まれたエピソード
《エピソード1》「コロナ手洗い替歌」

　小まめな手洗いが日常生活に欠かせないことから、音楽専科教員が「手洗い替歌」に可能な曲を探し出し、ポスターを作成して全校児童に呼びかけた。数日後の休み時間に、3年児童が綺麗に折り畳まれた小さな手紙を筆者に手渡してくれた。そこには「わたし手洗い歌にぴったりな言葉を思いつきました。それは、『A小はコロナに負けない小学校』です。ぜひ手洗い歌に入れてみてください。」とイラスト付きで書かれていたのであった。その後、続々と手洗い替歌が校長室前に設置していた「思いやりボックス」に届けられた。その都度学校ホームページ（以下HP）や学校便りに掲載し、昼の給食時間には、職員が子どもたちのつくった手洗い替歌を繰り返し全校放送で紹介した。

　そんなある日、5年生の児童3名が校長室に現れた。コロナ収束のための『思いやりの山』の替歌をつくったから、ぜひ聴いてほしいとのことだった。隣接する職員室にいた職員から大きな拍手を受けて、その音源は学校HPに掲載された。まさに先行き

の見えない閉塞した社会状況だからこそ、子どもたちが自分たちで考え積極的に行動していく機会を子どもたち自身が求めていたのである。

《エピソード2》保護者との連携

　『思いやりの山』の替歌「コロナ収束のため」の音源を視聴した一人の保護者から、以下のような手紙が学校に届いた。

校長先生へ
　早速、学校HPから音源を聴き、学校便りも拝見しました。収束のために大事なことが歌詞となり、素敵なメロディーのおかげでとても良い替歌となっていて、JKK（自分たちで考えて行動すること）ができたことを嬉しく思います。また、『思いやりの山』の歌は、授業参観の時に聞き、とても良い歌、心に響く歌詞だと感じていました。子どもの時、そして大人になっても、思いやりの心は本当に大切なことだと思います。ぜひ、これからも『思いやりの山』の紙芝居を、「歌」を子どもたちに伝えていってほしいと思います。そして、思いやりの心がいっぱいの子どもたちになってほしいと思います。

　筆者からは、電話でこの保護者に直接お礼を伝え、この手紙を学校HPに掲載することの了承を得て配信した。筆者が日頃子どもたちに呼びかけていた言葉「J・K・K（自分たちで・考えて・行動する）」を保護者が引用したことが物語るように、職員との協働で生み出された教育活動が、子どもたちの主体性を引き出し保護者の心をも変容させる波動を引き起こしたのである。

《エピソード3》劇『大きなかぶ？思いやりの山』

　コロナ禍で、筆者から学校司書に協働で何かできないかと相談したところ、学校司書が自作の脚本劇を持ってきた。その内容は、みんなで大きなかぶを引き抜こうとしていたものは、実は大きな「かぶ」ではなくてコロナという大きな「壁」であり、思いやりの心があれば乗り越えられると、最後には『思いやりの山』の歌をみんなで歌っていこうと呼びかけるという脚本であった。

　早速6年の学年主任から演じてくれる児童に声をかけ、この劇を全校朝会で披露した。その後、この劇『大きなかぶ？思いやりの山』を筆者の卒業生（高校生）にマン

ガにしてくれるように依頼し、図書館前や学校 HP に紹介して大きな反響を呼んだ。こうした学校司書との協働連携等の実践が高く評価され、令和 3 年度には読書活動優秀実践校として文部科学大臣表彰を受賞した。

《エピソード 4》児童会活動と子どもたちの姿

　特別活動である児童の図書委員会が、『思いやりの山』の読み聞かせの動画を作成して全校に紹介した。同じく児童会の交流委員会委員長であった 6 年児童は、卒業アルバムの漢字一文字で表すページで「交」を選び、「卒業文集」には「交流が互いを笑顔にする」と題して 1 年生との嬉しい交流や、将来は人と関わる立場となって互いを笑顔にしていきたいと自分の夢を綴っていた。また、校長室前の「思いやりボックス」に 1 年と 4 年児童から手紙が届いていた。 1 年生は「全国の小学校に思いやりを広げよう」と書き、4 年生は「学校を幸せにするのは自分たち、みんなの笑顔で思いやりのある幸せな学校にしよう」と自分たちの箇所に下線を引いて自分の思いを強調していた。

　以下の資料は、休み時間での 3 年生の子どもたちと筆者との対話を伝えた「学校便り」（2022 年 7 月号）の一部である。

```
ある日の休み時間のこと。2 人の 3 年生が校庭で遊んでいた。
　（今、何をやっているの。）
「思いやりの山をつくっているの。」（ええ）
そうすると、1 人増えて 3 人になりました。
「これを山に植えるの。」（1 本の草をもって）（そうなんだ）
さらに、1 人増えて 4 人になりました。
「これは、『思いやりの川』だよ。」（ええ）
「ここは、『思いやりの国』『思いやりの世界』だよ。」（ええ）
「どんどん思いやりの言葉でつながっていくんだよ。」
ここで、ちょうどチャイムが鳴りました。
「明日もつくるから、見に来てね。」　　　　　　　　　（　）は筆者
```

　また、休み時間の音楽室では、『思いやりの山』をピアノで弾いていた 6 年生と他学年の児童 10 数人が情感豊かに合唱するという姿が見られた。さらに、6 年の修学旅行最終日には、お世話になった宿泊先で『思いやりの山』の歌を全員で歌い、運動会で 6 年が演じるソーラン節の最後のポーズで決めるセリフは「思いやり日本一」であっ

た。こうした子どもたちの姿から、『思いやりの山』は確実に子どもたちの心深くに浸透していったのである。

（3）地域社会に広がる『思いやりの山』

学校HPに掲載していた動画『思いやりの山』を視聴した地域の連合会長から、以下の感想が学校に届いた。

> 「なんとも言えない温かみのあるやさしさが心の底から込み上げてくる気持ちになりました。子どもたちや幅広い世代に励みや希望、勇気を与える作品だと思います。政治など国内でも世界でも何かと対立を煽るような、そして、批判の応酬や差別などが報道されており、残念な主張や行動が多すぎますね。世界中の人々が『思いやりの山』の気持ちになって、コロナと向き合い安心して心豊かに暮らせるようになりたいものです。」

その後、学区内の町内会のHPにも、『思いやりの山』の動画がリンクされ、コロナ禍で差別や偏見が生まれないようその思いが地域社会に共有されていった。また、幼保小連携の視点から、『思いやりの山』の紙芝居が1つの有効なツールになると考え、近隣の保育園・幼稚園に筆者自ら出向き『思いやりの山』の読み聞かせを行ってきた。

そうしたこともあり、保護司会が主催する「社会を明るくする運動 地区の集い」で、区の保護司会会長から講演の依頼があった。その会で、地区内の小・中・高の校長、PTA会長、自治会役員、企業や区行政職員に、これまでの『思いやりの山』を柱とした教育実践を紹介した。

《「社会を明るくする運動 地区の集い」で報告する筆者》

（4）学校評価の結果から

以下の資料は、保護者向けに実施した「令和4年度学校評価アンケート」の結果の一部である。

令和4年度　学校づくり（保護者）アンケート結果　（%）				
項　　目	A	B	C	D
1 授業の内容を理解している	36	54	9	1
2 生活科・総合などの授業を通して、問題解決能力がついている	31	59	9	1
3 交流活動を通して、互いに助け合い支え合い協力している	50	46	3	1
4 運動の楽しさや健康を意識して過ごしている	54	36	10	0
5 自分や友達を大切にしようとしている	73	24	2	1
6 安心して学校に通うことができている	65	29	5	1
7 心も体も元気にすごすことができている	47	45	7	1
8 いじめ防止や不登校など問題発見・解決に努めている	37	55	7	1
9 授業参観、学校便り、個人面談などで子どもの様子を伝えている	59	36	4	1

＊Aそう思う　Bややそう思う　Cあまりそう思わないDそう思わない　回答数217回答率50%

　「5の項目」の「自分や友達を大切にしようとしている」が、昨年に引き続き、その肯定的割合が97%（昨年97.8%）と高評価を得た。校内の評価部会では、その大きな要因として①「自分づくり教育」の取組②生活科・総合的な学習の時間の取組③ICT活用での多様な人との関わりを深める取組が大きな成果に繋がったと分析した。

　その上で、筆者が朝会等で思いやりの大切さや努力し挑戦することの大切さを繰り返し伝えたことや、この筆者の言葉に全職員がベクトルを合わせて、目の前の児童に互いに思いやりながら活動することの楽しさとその喜びを味わえるよう丁寧な指導を積み重ねてきたからだと総括していたのである。

　また、教育課程編成の校内組織の核となる教務部会で、区内14校の小学校の教務主任が集まる月例の教育課程に関する学校行事研究会で自校の学校経営改善の課題について記述した内容をKJ法で考察した。その結果、主題を「持続可能な学校組織マネジメント」とし、副題を「子どもも保護者も職員もHappy」とした。この作業の過程から浮き彫りとなったことは、何のための教育課程の編成・実施・評価・改善なのか、何のためのカリキュラム・マネジメントなのかに改めて気付かされたことであった。

　と言うのは、そもそも学校組織は持続可能であってこそ成立するものであり、"Happy"と言う平易な副題が示す自他共の幸福を目指す学校の姿こそ、働き方改革を同時に推進する中で、職員自身が教育課程を編成する際には外せない判断基準であることを教えてくれていたからである。

　この考察結果を区学校行事研究会に伝えた後、今後教育課程の改善を行っていく際には、この自他共の幸福を目指す持続可能な学校経営という視点が、すべての人々に

深く関わる重要な判断基準であることを、改めて校内にも発信し職員の共通理解を図った。

　ここまで辿り直してきた『思いやりの山』を柱とした教育実践は、「総則編」で示したカリキュラム・マネジメントの３つの側面を通して学校教育の質の向上を図ることができた「社会に開かれた教育課程の実現」の１つの実践例ではあるが、各学校にあっては、教育の目標を明確化し ICT も最大限活用しながら多様な特色ある教育課程を編成・実施していくことが求められているのである。

５．終わりに　—希望をともにつくりだす

　冒頭にあった「あなたの学校の特色は、何ですか。」と問われた時、全職員が在籍する児童・生徒とともに自信と誇りをもって自校の教育課程について語れるようになることが、カリキュラム・マネジメントを行う醍醐味であろう。

　デューイは、かつておよそすべての浪費は孤立に帰因するとし、「組織とは、事物が具合よく、屈伸性をもって、じゅうぶんにはたらくように、それらの事物を相互にむすびあわせることにほかならない。」と鋭く指摘していた。この言葉は、持続可能性を追究する学校組織にあって、教育課程の編成とカリキュラム・マネジメントの充実を考える上で本質を突いているように思われる。

　前述した学習指導要領「前文」にある「多様な人々と協働しながら様々な社会的変化を乗り越え、豊かな人生を切り拓き、持続可能な社会の創り手」と言う姿は、それはそのまま職員の姿に置き換えることができるだろう。

　今、教育現場には眼前に「社会に開かれた教育課程の実現」という挑戦すべき大きな舞台が広がっている。誰一人取り残すことなく未来に生きる子どもたちが、自分の未来に希望を抱き自分の夢を語っていくことができる時代をつくっていかなければならない。

　そのために、各学校の全職員が校長のリーダーシップの下、持続可能な社会の創り手として子どもたちや保護者、地域等を相互に結び合わせて協働でつくりあげていく「社会に開かれた教育課程」の編成とカリキュラム・マネジメントのより一層の充実が求められているのである。

（垣崎　授二）

参考文献

① 　『小学校学習指導要領』（平成 29 年告示）「前文」

② 　『小学校学習指導要領』（平成 29 年告示）「解説　総則編」

③ 　垣崎授二「中学生との共創－創作紙芝居『思いやりの山』の歌」
　　『未来を拓く教育実践学研究第 4 号』共創型対話学習研究所編　三恵社 2020

④ 　垣崎授二「コロナ禍の中での学校組織改善に関する一考察」『未来を拓く教育
　　実践学研究第 5 号』共創型対話学習研究所編　三恵社 2021

⑤ 　垣崎授二「自他共の喜びの共有で持続可能な学校組織の構築へ」
　　『未来を拓く教育実践学研究第 7 号』共創型対話学習研究所編　　三恵社 2023

⑥ 　デューイ、J／宮原誠一訳(1957)『学校と社会』岩波書店 72 頁

⑦ 　垣崎授二「「思いやりの山」から思いやりの心をつなぐ」『心とからだの健康 8
　　月号』学校保健教育研究会編　健学社 2022

⑧ 　中央教育審議会「教育課程部会における審議のまとめ」2021

第6章　生徒指導の基本原理と仕組み

　あなたは「生徒指導」という言葉にどんなイメージをもつだろうか。服装・頭髪検査、校則違反、別室指導、注意叱責などの記憶から、管理的で威圧的なものをイメージする人も多いのではないだろうか。しかし、本来の生徒指導の目的はそうではない。生徒指導提要（文部科学省，2022）には次のように示されている。生徒指導とは、「児童生徒が、社会の中で自分らしく生きることができる存在へと、自発的・主体的に成長や発達する過程を支える教育活動のこと」である。時には厳しさを伴う場合もあるが、生徒指導は断じて教師が子どもたちを懲らしめるために行うものではない。子どもたちが、自分で気が付き、自分でよりよく成長しようとするのを支え、応援するという教師たちの活動なのである。本章では、我が国の生徒指導における基本的な考え方と仕組みついて解説していく。その理解によって、生徒指導の捉え方が変わっていくことを期待する。

1．日本の学校教育の特徴
（1）日本と諸外国では学校教育が異なる
　日本の学校教育は「日本型学校教育」（中央教育審議会，2021）とも呼ばれており、教師が学習指導と生徒指導のほぼすべてを担当するのが特徴である。子どもの人格形成にまで関わる日本の学校教育は、世界的に見ても珍しい制度といえる。欧米の学校では教師の主な業務は児童生徒に勉強を教えることであり、児童生徒の生活に関わる指導や部活動指導は基本的に行わない。日本と欧米の学校システムを比較してみると、アメリカやドイツ、フランスなどの学校教育では、教師の役割は児童生徒に教科を中心とした授業を行うことを指す。そのため、それらの国では日本の学校教育のように、部活動や生活の仕方の指導を行うことはほとんどない。諸外国では「学校の役割は教科教育」に限定され、「生活マナーやクラブ活動、身だしなみは各家庭で考える」というように、学校と家庭の役割分担がはっきりしている。

（2）義務教育の教育課程

　義務教育の年数も国によって異なっている。イギリスは 11 年間、フランスは 13 年間、アメリカは州により 9〜12 年間、の義務教育期間が設定される。日本では初等教育にあたる小学校に 6 年間、中等教育の前半過程である中学校 3 年間の計 9 年間が義務教育となっている。韓国や中国の義務教育の年数は日本と同じく 9 年間である。義務教育を 9 年以上行う国は世界的に見ても多く、年数だけでいえば日本は標準的な時間をかけて教育を行っていると考えられる。

　日本の学校教育には、ナショナル・カリキュラム（国が定める教育課程）が存在し、その基準として学習指導要領が設けられている。学習指導要領には、学校教育を通して、生きる力や豊かな人間性を育むことが目的として示され、その目的を達成するために、各教科の授業に加えて、特別の教科道徳、総合的な学習の時間、特別活動（学級活動・児童生徒会活動・学校行事・クラブ活動）、といった領域が設定されている。日本では、多くの場合、これらの役割を一人の教師が重複して受け持つ。

　アメリカの学校教育には、ナショナル・カリキュラムは存在せず、州ごとにカリキュラムが作成されているのが特徴である。アメリカでは、教師は主として学習指導に従事し、個々の多様性に対応することを目的とした個別化された学習プログラム（例えば、能力別指導、発展学習、補償学習）を実施する。多様性への対応（特別なニーズ教育、ギフテッド教育、バイリンガル教育など）は、教科担当教師とは別の専門教師が配置される。アメリカでは、児童生徒一人一人の学習成果を上げることが教師の力量として評価されるのである。

　このように国の教育に対する考え方によって、教育期間やカリキュラムは異なっている。アメリカの学校教育では、児童生徒の能力に適した教育を行い、児童生徒個人の才能や可能性を引き出すこと主眼が置かれている傾向があるが、日本の学校教育は、個人の能力を伸ばすだけでなく、社会の中でよりよく生きるための社会性を身につけさせることも重視したカリキュラムになっているといえよう。

（3）生徒指導に関する違い

　日本の学校教育は大きく括って「学習指導」と「生徒指導」から成り立っており、それは、学習以外の部分でも「人格の完成を目指す」（教育基本法 1 条「教育の目的」）ことが目的とされているからである。それゆえ教師が行う日々の授業の中にも生徒指導の要素が多分に溶け込み、学習指導と生徒指導が完全に独立していないのが特徴で

ある。生活におけるルールやマナーを守るように指導したり、児童生徒の身だしなみをチェックしたりするのもごく一般的な指導であり、教育の一部である。この全人的な育成システムをとる日本型学校教育は、海外からは評価されており、2016年度からは日本型学校教育の海外輸出事業（EDU-Port ニッポン）も始まっている。学習指導案や教材の作成、教員への授業ノウハウの伝授、授業研究による研修など、36の国や地域でのパイロット事業が実施される。特に、エジプトでは、日本の学校教育の特徴の一つである学級会や日直・当番活動などの特別活動も取り入れ、全教育活動を通して生徒指導を行う日本型学校教育を取り入れる試みがスタートした。このように、学

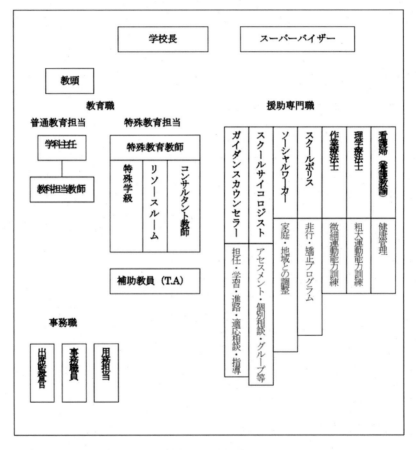

図1 アメリカの学校における専門職と職域（文部科学省，2016）

習指導だけでなく生徒指導も統合させて行う日本型学校教育は、人格面や道徳面で優れた人材を育てられると海外からも高く評価されるが、その一方で、学習指導と生徒指導の両方を担当するため、日本の教師の労働時間は他国の教師と比較して群を抜いて長く、教師の「働き方改革」の取組が求められる要因にもなっている。

　アメリカも「学習指導」と「生徒指導」によって成り立っているが、日本とはその展開の仕方がずいぶん違う。生徒指導に関する仕事は、その専門の資格を有するガイダンスカウンセラーが担当する。学校には、常勤のガイダンスカウンセラーが複数在籍し、そのほかにも教師以外の援助専門職が多数在籍して生徒指導の領域を担当している。例えば、心理的な問題が顕著であればスクールサイコロジストが担当し、福祉にかかわる家庭や地域との調整はスクールソーシャルワーカーが、病気やけがの手当てはスクールナースが、治安維持や犯罪防止への対応はスクールポリスが、それぞれ担当している。さらに、アメリカには、学級をまとめ上げて合唱や学校行事などの集団活動に取り組ませるような教育プログラムは学校にはなく、部活動や課外活動を担当することもない。つまり、アメリカでは、学習指導と生徒指導が明確に区分され、専門性のある担当者の分業体制で行われているのである（図1）。こうした日本の学校教育の特徴を踏まえたうえで、生徒指導について考えていく。

２．生徒指導（guidance）の意義と原理
（1）生徒指導は機能概念

　学習指導については、教科指導と教科外指導の目標、各学年の学習内容や授業時間数などの基準が学習指導要領に示されている。しかし、生徒指導については「学校の教育活動全体を通じて行われる」機能概念であり、学習指導要領の中に、内容や指導学年や時間数が示されてはいない。おそらく大多数の教師たちは生徒指導の重要性を認識しつつも、その理論・考え方や実際の指導方法等についてまとめた基本書等が存在しなかったことにより、何をどのように指導すればよいのかと戸惑いを感じたであろう。また、生徒指導の組織的・体系的な取組が十分ではないことも指摘されたが、その理由も同様である。機能概念であるがゆえにその扱いが各学校や各教師の裁量にゆだねられ、学校間、教師間で生徒指導の捉え方に差が生まれやすいのである。そこで、学習指導の基準として学習指導要領があるように、2010年に生徒指導の基準として生徒指導提要がまとめられた。これは、広範にわたり、かつ教科書の存在しない生徒指導において、教師たちの実践の拠り所となるものであった。

（2）生徒指導の定義

　2022 年に改訂された「生徒指導提要」によると、生徒指導とは、「児童生徒が、社会の中で自分らしく生きることができる存在へと、自発的・主体的に成長や発達する過程を支える教育活動」と定義されている。初版に示された定義は大きく変更され、「（教師が）人格を尊重し、個性の伸長を図る」「（教師が）社会的資質や行動力を高める」といった教師を主語とする表現から、児童生徒が主語となる表現に変更され、「児童生徒の自律性を支援する」という教師の役割が強調されている。

　生徒指導の目的は「児童生徒一人一人の個性の発見とよさや可能性の伸長と社会的資質・能力の発達を支えること」「自己の幸福追求と社会に受け入れられる自己実現を支えること」である。目的達成のためには、児童生徒一人一人が「自己指導能力」を身に付けることが重要である。自己指導力とは、児童生徒が、深い自己理解に基づき、「何をしたいのか」、「何をするべきか」、主体的に問題や課題を発見し、自己の目標を選択・設定して、目標の達成のために自発的、自律的、かつ、他者の主体性を尊重しながら、自らの行動を決断し、実行する力のことである。端的に言えば、教師が前面に立って教え導くのではなく、教師は、児童生徒自身が気付き、自分で変わっていくのを下からあるいは後ろから支えるのである。

　さらに、生徒指導提要では生徒指導の実践上の視点として次の点も強調されている。

●自己存在感の感受

・「自分も一人の人間として大切にされている」という自己存在感を、児童生徒が実感することが大切である
・「ありのままの自分を肯定的に捉える」自己肯定感や「他者のために役立った、認められた」という自己有用感を育むことも極めて重要である

●共感的な人間関係の育成

・ 失敗を恐れない、間違いやできないことを笑わない、むしろ、なぜそう思ったのか、どうすればできるようになるのかを皆で考える支持的で創造的な学級・ホームルームづくりが生徒指導の土台である

●自己決定の場の提供

・授業場面で自らの意見を述べる、観察・実験・調べ学習等を通じて自己の仮説を検証してレポートする等、自ら考え、選択し、決定する、あるいは発表する、制作する等の体験が何より重要である

●安全・安心な風土の醸成

・お互いの個性や多様性を認め合い、安心して授業や学校生活が送れるような風土を、教職員の支援の下で、児童生徒自らがつくり上げるようにすることが大切である

（3）生徒指導と学習指導の相互作用関係

　学習指導の成果を上げるためには生徒指導の充実が不可欠であり、生徒指導の効果を上げるためには学習指導の充実が必要である。いわば、両者は相互作用関係にある。

　授業中に、話を聞こうとしない、学習用具がそろわない、友達の失敗を冷やかす…というような態度の児童生徒が多かったら、どうだろうか。生徒指導上の問題行動はそのまま学習指導の効果に悪影響を及ぼすことになる。学習集団に良好な人間関係と意欲的な学ぶ姿勢がつくられたのなら、学習効果は上がっていくだろう。

　作用の逆方向も同様である。授業中の学習によって児童生徒は、実に多くの資質・能力を身につける。知識や技術もさることながら、友達と関わり合いながら、物事を深く、多面的にとらえられる思考力や、自己決定の判断力を身につけていく。協力する力や粘り強く目標に向かう力、柔軟な発想力等、いわゆる非認知能力も、学習によって身につけられる部分が大きい。学習によって身につけた資質・能力は、生徒指導の目的達成のために必要とされる自己指導力を支えるものとなる。つまり、学習が充実したのならば、自己指導力が高まり、生徒指導の目的は達成に向かうはずである。

（4）集団指導と個別指導の相互作用関係

　生徒指導は、児童生徒自身が「社会の中で自分らしく生きることができる存在」となるように自己指導していくのを援助する働きかけのことである。その手段としては、集団指導と個別指導の両方が必要となる。集団指導と個別指導は「集団の中で個が育ち、個々の成長が集団を成熟させるという相互作用により、児童生徒の力を最大限に伸ばし、児童生徒が社会で自立するために必要な力を身に付けることができるようにする」という指導原理に基づいて行われる。

① 集団指導

　「人の中で人は育つ」という言葉が意味するのは、自己実現を図るには、建設的な人間関係の中に身を置いての、集団生活、集団活動の体験が不可欠であるということである。集団での体験を通して、自分らしさを発見できたり、自分のよさや可能性に気付くことができたり、また、他者と関わるにはどうすればよいのか、社会にどう参

加していけばよいのかと試行錯誤しながら社会性を身につけることができたりする。つまり、社会の一員としての自覚と責任、他者との協調性、集団の目標達成に貢献する態度の育成は集団での体験を通して育成されるものなのである。学校や学級は、子どもにとって「小さな社会である」（Dewey, J.や Durkheim, E.）と言われる。集団指導の最適な場だといえよう。したがって、指導においては、児童生徒同士が人として平等な立場で互いに理解し信頼した上で、集団の目標に向かって励まし合いながら成長できる集団をつくることが大切になる。

② 個別指導

個別指導には、①集団から離れて行う指導と、②集団指導の中で個に配慮する指導、の2つがある。①は、集団に適応できなかったり、発達的な指導・援助が特に必要とされたりする場合の個別指導である。②は、授業など集団で一斉に活動をしている場合において、全体の活動の中で個別の児童生徒の状況に応じて配慮するという個別指導である。昨今では、外国籍児童生徒、通常の学級に在籍する障害のある児童生徒、貧困の問題等により多様化する児童生徒の数が増加する中で、教師には誰一人取り残さない生徒指導が求められ、個別指導の一層の充実が期待されている。集団指導の力量とともに、教師個々の児童生徒理解と個別指導の力量を向上させる必要がある。

（5）生徒指導と教育相談の関係

生徒指導が主に集団に焦点を当て、集団としての成果や発展を目指し、集団に支えられた個の変容を図ることをねらいとしているのに対し、教育相談は主に個に焦点を当てて、個の内面の変容を図ることをねらいとしている。教育相談とは、「一人一人の児童生徒の教育上の諸課題について、本人又は保護者などにその望ましい在り方について助言をすること」であり、教育相談は生徒指導から独立した教育活動ではなく、生徒指導の一部として位置付けられる。

社会の急激な変化とともに、児童生徒の発達上の多様性や家庭環境の複雑性も増している。例えば、深刻ないじめ被害のある児童生徒や長期の不登校児童生徒への対応、障害のある児童生徒等の特別な配慮や支援を要する児童生徒への対応、保護者に精神疾患などがある児童生徒への対応、性的マイノリティの児童生徒への対応、児童虐待・貧困・家庭不和等の家庭の問題を抱える児童生徒への対応、などが求められる。その意味で、生徒指導における教育相談は、個々の児童生徒の多様性・複雑性に対応する生徒指導の中心的な役割を為す教育活動である。

　生徒指導と教育相談の枠組とほぼ同様の枠組に、ガイダンスとカウンセリングがある。現行学習指導要領（2017）において、学級経営の充実に関して、ガイダンスとカウンセリングの双方による支援の重要性が次のように明記された。「主に集団の場面で必要な指導や援助を行うガイダンスと、個々の児童生徒の多様な実態を踏まえ、一人一人が抱える課題に個別に対応した指導を行うカウンセリングの双方により、児童生徒の発達を支援すること」、これに従えば、ガイダンスは集団対応を主とする生徒指導であり、カウンセリングは個別対応を主とする生徒指導であると捉えることができる。

　従来、教育相談やカウンセリングは事後の個別対応に重点を置いていたが、昨今では、不登校、いじめや暴力行為等の問題行動、貧困、児童虐待等の問題ついては、事態が深刻化してからでは遅いという認識が一般的である。未然防止、早期発見、早期支援・対応、さらには、事案が発生した時点から事案の改善・回復、再発防止まで一貫した支援に重点を置くことが求められるようになっている。そのためには、生徒指導部と教育相談部、ガイダンス担当とカウンセリング担当といった区分を決めることなく、両者が連携したチーム支援体制で臨む必要がある。生徒指導と教育相談、ガイダンスとカウンセリングは、教師、スクールカウンセラー（以下 SC）、スクールソーシャルワーカー（以下 SSW）、その他専門機関等が協働して行う生徒指導の両輪なのである。

3．生徒指導のしくみ[1)]

（1）3段階の援助サービス

　学校心理学では、子どもの援助ニーズの程度に焦点を当てて、3 段階の心理教育的援助サービスを提唱している（石隈，1999）。

　図2のように一次的援助サービスとは、すべての児童生徒を対象とし、一般の発達過程に起こりうる問題への対処能力の向上を援助する予防的・発達促進的援助サービスである。すなわち、問題発生の未然防止や、子どもの個性・自尊感情・社会的スキルの伸長に力点を置いた生徒指導のことである。主に学級集団に焦点を当てて、集団の中で個を育てる生徒指導として、現在、多くの学校で非行防止教育や犯罪被害防止教育、構成的グループエンカウンター、ピア・サポート、ソーシャルスキルトレーニング、キャリア教育などが行われている。一次的援助においては、教師には特に集団指導の力量が求められる。

　二次的援助サービスとは、問題を抱え始めている児童生徒をスクリーニングし、そ

の問題が重大化しないように早期発見、早期介入を目指す援助サービスである。すなわち、登校をしぶる、保健室に頻繁に行く、早退や欠席が目立ち始めるなど、一部の気になる児童生徒に対して、初期の段階で問題解決を図り、深刻な問題へ発展しないように予防する生徒指導のことである。二次的援助においては、教師には特にアセスメントとカウンセリングの力量が求められ、問題の兆しを早期に発見し、個別の教育相談的な対応を行うことに重点が置かれる。

　三次的援助サービスとは、特別なニーズをもつ児童生徒を対象とし、個別の教育計画を立て、援助チームを組み、対応していくことである。すなわち、いじめ・不登校・暴力行為・薬物乱用・摂食障害・不安障害など深刻な問題行動や悩みを抱えている児童生徒に対して、学校や関係機関が連携して対応する生徒指導のことである。三次的援助においては、教師には不登校対応、非行臨床も含めたカウンセリング、特別支援教育の知識と技能が求められ、専門性の発揮と学校内外の専門家との連携を図るコーディネーション、ソーシャルワークに重点が置かれる。

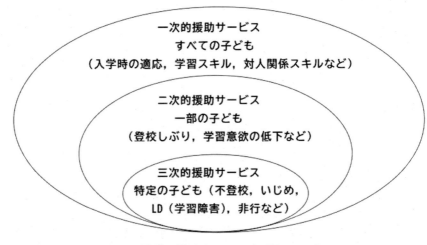

図2　3段階の援助サービス（石隈，1999）

（2）3段階の援助サービスの連続性
　各段階が明確に分かれているわけではなく、実際の指導においてはスペクトラム様

に連続している。例えば、集団活動で全体の動きについていけない子ども、友達とのトラブルが多い子ども（二次的援助の段階）への対応が見過ごされてしまったり、適切な対応がとられなかったりした場合、その後に不登校に至る、非行行為を行うようになる（三次的援助の段階）、というケースも多くみられる。援助段階が上がらないよう、予兆を見逃さず、早期に対応していくことが重要である。

　つまり、一次的援助サービスが充実することにより、二次、三次サービスにかかる比重は小さくなっていくという特徴をもつため、問題が発生した後で行う治療的・問題解決的な生徒指導に対して、問題が発生する前に行う予防的・開発的な生徒指導の充実が強調されるのである。

４．生徒指導の方法

（１）児童生徒理解

　生徒指導の基本は教師の児童生徒理解であるが、その出発点にあるのは教師の気付きである。しかし、授業や部活動などで、日常的に児童生徒に接していても、児童生徒の感情の動きや児童生徒相互の人間関係を把握することは容易ではない。さらに、SNSの発達によって周囲からはうかがい知ることができない交流が行われている。教師の敏感な気付きが鍵となるが、意識して変化を捉えようとしなければ気付くことが難しいものであることを心得ておきたい。

　特に、学校で継続的に関わっている学級・ホームルーム担任の日頃のきめ細かい観察力が、指導・援助の成否を大きく左右する。また、学年担当、教科担任、部活動顧問等による多様な視点からの児童生徒理解に加えて、養護教諭、栄養教諭、SC、SSWの専門的な視点からの児童生徒理解を行うこと、さらに、アンケート、検査等の調査データに基づく客観的な理解も取り入れ、多くの視点から総合的に理解しようとすることが重要である。

　また、個別指導では、児童生徒の声を、受容・傾聴し、相手の立場に寄り添って理解しようとする共感的理解が求められる。

（２）チーム支援が基本

　深刻化、多様化する生徒指導の諸課題を解決するためには、学級・ホームルーム担任が一人で問題を抱え込まずに、生徒指導主事等をリーダー役とした支援チームによ

る組織的対応が求められる。リーダー役は支援チームにどのようなメンバーが必要かを考え、コーディネートする役割がある。組織的対応によって、早期の課題解決を図り、再発防止を徹底することが重要である。また、予防的支援、開発的支援においても、チームを編成して学校全体で取組を進めることが求められる。

① アセスメント

　担任一人ではできないことも、他の教師、専門家、関係機関がチームを組み、協働してアセスメントを実施し、それに基づいて役割分担をすることで、指導・援助の幅や可能性が飛躍的に広がる。ここではアセスメントモデルとして、生物・心理・社会（Bio-Psycho-Social：BPS）モデル（図3）を紹介する。

　学校現場は、分離別学のシステムをとっていた特殊教育から特別支援教育へと移行し、多様な発達課題への対応が求められるようになった。それにより、従来の心理・社会モデルに、新たに生物的側面を加えたアセスメントモデルが必要になってきたといえる。1977年にエンゲル（Engel, G.）によって提唱された生物・心理・社会モデルでは、人間は生物的側面・心理的側面・社会的側面が相互に影響して成り立っているとの考えに基づき、疾病や不適応などの問題も、これら3つの側面の相互作用として出現していると捉える。そのため、問題をアセスメントするに当たっては、一つの側面だけでなく、生物・心理・社会それぞれの側面から判断することが求められる。端的に言えば、人間を生物的側面（Biological）、心理的側面（Psychological）、社会的側面（Social）から総合的に捉えようとするモデルである。

●生物的側面…細胞や遺伝、発達障害、神経、細菌・ウィルス、不適切な生活習慣などが問題の要因となる。主に医師や看護師、薬剤師などによる医療的なアプローチ（薬物治療、リハビリ、食事療法など）。

●心理的側面…認知や信念、感情、ストレスなどが問題の要因となる。臨床心理士や公認心理師などによる心理的アプローチ（カウンセリング、心理療法や心理教育）。

●社会的側面…社会的ネットワーク（家族、地域）や経済状況、人種や文化などが要因となる。SSWなど社会福祉士や児童福祉司などによる社会福祉的なアプローチ（家族のサポート、福祉サービスの提供）。

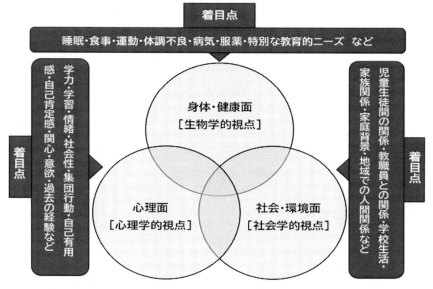

図3　東京都（2019）.「児童・生徒を支援するためのガイドブック」

　三つの側面には重なりの部分がある。例えば、児童生徒が腹痛を訴えるとき、「身体・健康面」から捉えれば「朝食は食べた？排便の状態は？」と、「心理面」から見た時には「今なんの授業時間？数学がきらいなのかい？」と、「社会面」から見た時は「友達とうまくいっている？」と尋ねるであろう。要因は一つだけでなく、複数の要因が重なっている場合が多い。アセスメントを行う際は、多様な要因を可能性に入れて、理解しようとすることが大切なのである。

②チーム支援のプロセス

　R-PDCA（Research→Plan→Do→Check→Action）の実践と改善のプロセスをたどる。

●アセスメントの実施とチーム支援の判断

　児童生徒の課題解決に向けて、アセスメントをするためのケース会議を開催する。ケース会議では、当該児童生徒の問題状況や危機の程度等についての情報を収集・分析・共有する。課題解決に有効な支援仮説を立て、大まかな支援方針や方法について意見を出し合う。そのうえで、チーム支援の必要性と方向性について判断する。

●課題の明確化と情報の共有

　アセスメントに基づいて、課題を明確化し、具体的な目標（方針）を共有した上で、それぞれの専門性や持ち味を生かした役割分担を行う。

●援助計画の作成

　問題解決のための具体的なチームによる指導・援助の計画を作成する。

●援助の実施

　チーム支援計画に基づいて、チームによる指導・援助を組織的に実施する。

●チェック、評価に基づく支援計画の終結または継続

　チーム支援計画で設定した長期的、短期的な目標の達成状況について定期的に評価を行い、その後の支援計画について考える。

③チーム支援の留意点

　チーム支援においては、児童生徒の学習情報、健康情報、家庭情報等、極めて慎重な取扱いを要する個人情報を扱うため、守秘義務や説明責任等に注意を払わなければならない。以下は、チーム支援時だけでなく、生徒指導全般にも共通する留意事項である。

●支援対象との合意

　支援に関して事前に、保護者や児童生徒と「何のために」「どのように進めるのか」「情報をどう扱い、どこまで共有するのか」という点に関して合意を得る。

●守秘義務と説明責任

　参加するメンバーは、個人情報を含めチーム支援において知り得た情報を守秘しなければならない。チーム外には漏洩しないという集団守秘義務が重要である。また、学校や教職員は、保護者や地域社会に対して説明責任を有する。「なぜ、この支援を選択したのか」根拠をもって説明できるようにする必要がある。

●記録保持と情報セキュリティ

　会議録、各種調査票、心理検査の記録、チーム支援計画シート、教育相談記録等は、役割を決めて作成し、規定の期間保持することが必要である。これらの情報については、自治体が定める教育情報セキュリティポリシーに準拠して、漏洩には十分注意を払い、慎重に取り扱うことが求められる。

５. 児童生徒の権利の尊重

　教師による児童生徒への配慮に欠けた言動、暴言や体罰等が人権侵害に当たること

は言うまでもないが、生徒指導の在り方としての問題として、いわゆる「ブラック校則」の問題も人権侵害に当たる。

　なかには生徒の靴下の色や下着の色まで決めている校則や、また、もともとの自分の髪が茶色だったりくせ毛だったりする児童生徒は、学校に「毛髪証明書」を出さなければならないという校則もあると聞く。日本の学校に通う外国にルーツをもつ子どもが増えているにもかかわらず、人種や宗教、文化による日本人との違いが認められず、日本人の文化を前提にした校則やルールを押し付けようとするのは人権侵害に当たるだろう。個性や多様性を認め合い、安心して学校生活が送れるような風土を、教師の支援の下で、児童生徒自らがつくり上げるようにすることが大切である。児童生徒の基本的人権に十分配慮し、一人一人を大切にした教育を行うためには、「児童の権利に関する条約（子どもの権利条約）」（1994年批准）や「こども基本法」（2022年公布）について、基本理念の理解を深める必要がある。

　生徒指導を実践する上で、子どもの権利条約の4つの原則は肝に銘じておきたい。

　① 児童生徒に対するいかなる差別もしないこと

　② 児童生徒にとって最もよいことを第一に考えること

　③ 児童生徒の命や生存、発達が保障されること

　④ 児童生徒は自由に自分の意見を表明する権利を持っていること

（深沢　和彦）

注1）　生徒指導提要では学校心理学の3段階モデル(石隈, 1999)を踏まえたうえで、生徒指導の構造をより厳密に整理し、「2軸3類4層構造」として示している。

参考文献

①　中央教育審議会「令和の日本型学校教育の構築を目指して（答申）」、2021年。

②　石隈利紀著『学校心理学:教師・スクールカウンセラー・保護者のチームによる心理教育的援助サービス』誠信書房、1999年。

③　勝野頼彦著「諸外国における教育課程の基準－近年の動向を踏まえて－」『国立教育政策研究所報告書』、2013年。
　村茂雄著『生徒指導・進路指導の理論と実際－改訂版－』図書文化、2019年。

④　文部科学省「アメリカの学校における専門職と職域」『子どもを守り育てる体制づくりのための有識者会議資料』、2016年。

⑤　文部科学省『生徒指導提要（改訂版）』、2022年。

⑥　東京都『児童・生徒を支援するためのガイドブック』、2019年。

第7章	生徒指導の実践と課題

　生徒指導の目的は、「児童生徒一人一人の個性の発見とよさや可能性の伸長と社会的資質・能力の発達を支えると同時に、自己の幸福追求と社会に受け入れられる自己実現を支えること」である（文部科学省、2022）。しかし、社会の大きな変化によって子どもたちを取り巻く環境が大きく変わり、生徒指導上の課題も多様化・深刻化している。そこで本章では、現代の子どもを取り巻く環境の変化を確認し、生徒指導上の課題となっているいじめや不登校、暴力行為・非行などの現状と対応を『生徒指導提要』（文部科学省、2022）を参考にしながら見ていきたい。最後に校則や懲戒、体罰などについても触れる。

1．現代の子どもを取り巻く問題

（1）生徒指導に関わる社会の変化

　近年、社会の変化とともに、我が国の子どもたちを取り巻く環境が大きく変化している。生徒指導に関わる変化として以下のようなことが挙げられる。

【多様な人々と関わる機会の減少】

　家族のあり方を見た場合、少子化、高齢化、核家族化が進むとともに、親の共働きやひとり親世帯が増加し、学童保育などの利用や孤食が増え、家族とのコミュニケーションの機会が減っている。また、地域の教育力の低下により、子どもたちが地域の大人など、世代の異なる人たちと関わる機会が少なくなってきている。さらに、豊かで便利な社会は、人との直接な関わりがなくても生きていける社会を生み出した。その結果、子どもたちが家庭や学校以外において、他者とかかわる機会が減少している。

【テクノロジーの進化と普及】

　スマートフォンやパソコンなどの普及により、子どもたちはインターネットを介して簡単に情報を得たり、コミュニケーションを取ったりすることができるようになった。これにより子どもたちの交友関係や情報のやりとりが見えにくいものとなり、人との関わり方にも影響を与えている。また、教育活動においてもパソコンやインター

ネットの利用は、より重要なものとなってきているため、経済格差や教育格差等から生じるデジタルデバイト（情報格差）が懸念される。

【自然環境の変化と都市化の影響】

　大気汚染により気候が変動し、自然環境が大きく変化し、生態系の破壊や自然災害の発生が起こっている。一方、都市化の進行や生活環境の大きな変化により、子どもたちは自然環境と接する機会が減少している。また、都市化が進み、地方の人口が減少することによって、地域の発展などに格差が生まれ、子どもの教育の質や教育機関等へのアクセスのしやすさに違いが生じている。

【価値観の多様化と予測不可能な時代の到来】

　情報化や国際化などの影響により、現代の子どもたちは、多様な文化や価値観、ライフスタイルに触れる機会が増えている。また、予測不可能な時代の到来によって未来を見通すことがますます困難となっている。そのため、子どもたちは異なる背景や信念をもつ他者を尊重し協働するとともに、自らの生き方を考え、主体的に進路を選択する力がより求められるようになった。

（2）生徒指導が抱える課題

　生徒指導は、「児童生徒が、社会の中で自分らしく生きていくことができる存在へと、自発的・主体的に成長や発達する過程を支える」役割を担っている。しかし、我が国の子どもを取り巻く社会環境は大きく変化し、生徒指導が抱える課題もいじめや不登校、暴力行為等多岐にわたり、それらはこれまで以上に複雑化し、解決が難しくなっている。このように生徒指導が抱える課題が多様化している中、無視することができないのが、これらの課題の背景にある人間関係の希薄化と様々な格差である。

　子どもは人とのかかわりの中で、体験的に多くのことを学び、社会性を獲得していく。エリクソンは人間の一生を8段階に分け、それぞれの時期に起こりうる発達課題を「心理社会的危機」とし、成長の過程の中で解決していくことの重要性を示している（エリクソン、2011）。しかし、地域の共同体が衰退し、集団体験が失われる中、児童期・青年期までの発達課題でつまずいてしまう子どもたちは少なくないと考えられる。

　我が国の子どもたちの自尊感情の低さが指摘されている中、生徒指導を通して、個人の発達を促し、一人ひとりのよさや可能性の伸長と社会的資質・能力の発達の促進とともに、これからどのように生きていくのかといった進路指導・キャリア教育を進めていくことは学校教育にとってより重要度が増しているといえる。

２．いじめ

（１）いじめの定義と現状

　いじめは捉えにくく、その定義も時代ともに変遷している。現在では、2013 年の「い
じめ防止対策推進法」の施行に伴い、以下のように定義されている。

　　　「いじめ」とは、児童等に対して、当該児童等が在籍する学校に在籍している
　　等当該児童等と一定の人的関係にある他の児童等が行う心理的又は物理的な影響
　　を与える行為（インターネットを通じて行われるものを含む。）であって、当該行
　　為の対象となった児童等が心身の苦痛を感じているものをいう。

　2022 年度における小・中・高等学校及び特別支援学校におけるいじめの認知件数は
681,948 件である。コロナ禍の影響があった 2020 年のみ減少がみられるが、いじめ防
止対策推進法が施行されて以来，いじめの認知件数は増加し続けている。学年別いじ
めの認知件数は、小学校の 1 年生から 3 年生において 10 万件を超えており、その後、
徐々に減少しているものの中学 1 年生においても 58,068 件と多くの件数に上ってい
る。いじめの様態では、小・中・高等学校ともに「冷やかしやからかい、悪口や脅し
文句、嫌なことを言われる」が 60％前後となっており、次いで「軽くぶつかられたり、
遊ぶふりをして叩かれたり、蹴られたりする」「仲間はずれ、集団による無視をされる」
となっている。さらに、中学校、高等学校と年齢が上がるに従い、「パソコンや携帯電
話等で、誹謗中傷や嫌なことをされる」の割合が高くなり、匿名性の高いいじめが広
がっていることがうかがえる。

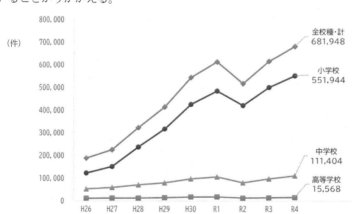

図 7-1　いじめの認知件数の推移

（出典）文部科学省ホームページ https://www.mext.go.jp/content/20231004-mxt_jidou01-100002753_2.pdf

（2）いじめ被害者・加害者の心理といじめの構造

いじめ被害者は、いじめについて親や教師に言わず、隠すことが多い。これは、知られたくない、心配させたくないといった気持ちもあるが、話してもなくならない、悪化すると考えていることも少なくない。しかし、いじめを隠すことによって、いじめ被害が深刻化することもある。いじめ被害を受けている子どもが発見された場合、いじめの事実の全容を解明するとともに、いじめられた子どもの立場に立ち、その子どもが訴えるつらさや苦しさを十分受けとめることが大切である。

一方、いじめ加害者は、「いじめはよくない」と頭では理解していても、いじめの衝動を抑えることができずにいじめるという行動をとってしまうことがある。いじめ衝動を発生させる原因としては「心理的ストレス」「異質なものへの嫌悪感情」「ねたみや嫉妬感情」「遊び感覚やふざけ意識」「被害者となることへの回避感情」などが挙げられるが、実際は多様な要因が関わっていると考えられる。

また、いじめは、「被害者」「加害者」の二者関係で生じているのではなく、いじめを面白がって見ている「観衆」、見て見ぬふりをしている「傍観者」という存在を含めた4層構造となっている（森田・清永、1986）。4層構造の各立場は互いに影響を与えており、傍観者の中からいじめを抑止する仲裁者やいじめを告発する相談者が現れればいじめの防止につながるが、面白がったり見て見ぬふりをしたりすれば、いじめを長期化・深刻化させる。そこでいじめ問題については、被害者のケアや加害者の指導という視点のみではなく、観衆や傍観者となりうる子どもたちに対しても指導を行い、この学級（学校）ではいじめを許さないという雰囲気をつくっていくことが必要である。

（3）いじめの対応

いじめに対しては、いじめの認知率を高め、「いじめを見逃さない」という姿勢を教職員間で共有する。また、いじめを生まない環境づくりを進めるとともに子どもたちがいじめをしない態度・能力を身に付けるよう働きかける必要がある。そこで求められるのが、「発達支持的生徒指導」「課題予防的生徒指導（課題未然防止教育・課題早期発見対応）」「困難課題対応的生徒指導」といった重層的支援である。

①【発達支持的生徒指導】

いじめの未然防止のためには、児童生徒の人権意識を高め、普段から親和的な人間関係が形成されるように働きかける必要がある。そこで多様性を認めながら、対等で

自由な人間関係が築かれるような活動を積極的に進めることで、いじめを生まない環境づくりを行う。例えば、学級活動や道徳科を活用して、人間関係ゲーム、構成的グループエンカウンターなど楽しみながら互いの違いに触れ合うことができるグループアプローチを活用する。これらのグループアプローチには、様々なものがあり、対人関係の交流だけではなく、感情のコントロールや対立解消などを目標としているものもある。学級・学校の実態や子どもたちの発達段階を踏まえ、適切に展開することでより高い効果が得られる。

② 【課題予防的生徒指導（課題未然防止教育・課題早期発見対応)】

　いじめは、外部からは見えにくく、また、加害と被害の関係が入れ替わる事が多いため、いじめの存在に気づくことができなかったり、気づいたときには深刻化していたりすることも少なくない。そこで、いじめを許さない学級づくりを進めるとともに、学級全体の様子や一人ひとりの子どもの様子をよく観察し、いじめの小さなサインを見逃さないことが、早期発見・早期解決につながる。また、ネットいじめなど学校内での観察では知りえない情報は、アンケート調査を活用したり、家庭や地域、関係機関と連携し、いじめに気づくネットワークを広げたりするなど、いじめに関するアンテナを高くすることも重要である。

③ 【困難課題対応的生徒指導】

　いじめの問題が複雑化し、対応が難しくなるケースとして、『生徒指導提要』（文部科学省、2022）では以下の状況を挙げている。

　①周囲からは仲が良いとみられるグループ内でのいじめ
　②閉鎖的な部活動内でのいじめ
　③被害と加害が錯綜しているケース
　④教職員が、被害児童生徒側にも問題があると見てしまうケース
　⑤いじめの起きた学級・ホームルームが学級崩壊的状況にある場合
　⑥いじめが集団化し孤立状況にあるケース
　⑦学校として特に配慮が必要な児童生徒が関わったケース
　⑧学校と関係する児童生徒の保護者との間に不信感が生まれてしまったケース

　このような複雑化してしまったケースでは、スクールカウンセラー（SC）やスクールソーシャルワーカー（SSW）等を交えたケース会議でアセスメントを行いながら、多角的な視点から組織的な対応を進めることが求められる。また、普段から関係機関と顔の見える関係をつくっておき、連携体制を構築しておくことも重要である。

3．不登校

（1）不登校の定義と現状

　いじめと同様に不登校についてもその定義は変遷している。現在では、1992 年に学校不適応対策調査研究協力者会議が指摘した「何らかの心理的、情緒的、身体的、あるいは社会的要因・背景により、児童生徒が登校しないあるいはしたくともできない状況にあること」が不登校の定義とされており、年間 30 日以上欠席した者（ただし、「病気」や「経済的理由」、「新型コロナウイルスの感染回避」による者を除く）としている。

　2022 年度の調査では、小・中学校における不登校児童生徒数は 299,048 人であり、10 年連続で増加し、過去最多となっている。とくに新型コロナウイルス感染症の流行後の増加が激しく、2020 年が 196,127 人だったものが、2021 年に 244,940 人となっており、2 年連続で約 5 万人増加している。なお、在籍児童生徒に占める不登校児童生徒の割合は 3.2％となっている。また、学年別不登校児童生徒数については、学年が上がるにつれて増加する傾向があり、とくに小学校 6 年生から中学校 1 年生の移行期に 2 倍近く増加している。小・中学校の不登校の要因としては、「無気力・不安」（小学校 50.9％、中学校 52.2％）が最も高く、次に「生活リズムの乱れ、あそび、非行」（小学校 12.6％、中学校 10.7％）となっている。3 番目に多いのは小学生の場合は「親子の関わり方」（12.1％）で、中学校の場合は「いじめを除く友人関係をめぐる問題」（10.6％）となっている。

　このように不登校の問題はより深刻なものとなり、その要因も複雑に絡み合って起こっている。

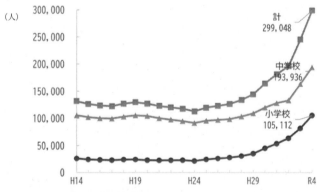

図 7-2　不登校児童生徒数の推移

（出典）文部科学省ホームページ https://www.mext.go.jp/content/20231004-mxt_jidou01-100002753_2.pdf

（2）不登校の捉え方

　1992 年に文部省（現文部科学省）が、不登校は「誰にでもおこりうるもの」と指摘しているように、不登校は、特定の子どもに起こる問題ではなく、様々な要因が重なったとき、どの子どもにも起こりうる問題であると捉えて対応する必要がある。また、現在では、不登校児童生徒への支援は、登校という結果のみを目標にするのではなく、児童生徒が自らの進路を主体的に捉え、社会的に自立する方向を目指すように働きかけることが求められている。そこで不登校児童生徒への支援として、将来の社会的自立に向けて「自己肯定感を回復する」「コミュニケーション力やソーシャルスキルを身につける」「人に上手に SOS を出せる」といったことがその第一歩として求められる。ただし、不登校によって、学業の遅れや進路選択上の不利益、社会的自立へのリスクが伴う可能性があることは留意すべきである。

（3）不登校の対応

　不登校問題の背景には様々な要因があるため、その対応では「社会に開かれたチーム学校」として生徒指導体制を整え、保護者や多職種の専門家、関係機関といった横の連携・協働を重視しながら対応する必要がある。また、不登校の支援は長期になる可能性もあるため、小学校、中学校、高等学校と校種を越えた縦の連携も大切である。不登校に対しては、以下のような重層的支援を進める。

①【発達支持的生徒指導】

　児童生徒にとって学級・ホームルームでの生活と授業は、学校へ通う意味や価値を実感する場所・時間であり、学校の魅力につながるものである。そこで学級・ホームルームについては自分という存在が認められ、居心地の良さを感じる豊かな人間関係を構築し、安心・安全を担保することが大切である。また、一日の大半を占める授業では、一人ひとりの学習状況に合わせた「指導の個別化」と興味関心に応じた「学習の個別化」を目指して、学業への意欲を高めることが求められる。

②【課題予防的生徒指導（課題未然防止教育・課題早期発見対応）】

　課題未然防止教育としては、児童生徒が安心して周囲の大人や友人に助けを求められる関係を築くことが大切である。そこで誰もが悩みを持つこと、悩んだときは誰かに話をすることが大切であること折をみて伝える。また、グループアプローチを活用して、悩みや苦しさを伝えることができる人間関係を築くことも大切である。

　さらに、教師自身も普段から児童生徒の理解を深めるとともに自身の教育相談の能

力を高めておくことも重要である。

　課題早期発見対応としては、担任のみならず、全職員で日頃から児童生徒の表情や言動に気を配り、児童生徒の変化に対するアンテナを高くしておく。また、場面によって児童生徒の様子が異なることもあるため、教職員の横のつながり（同僚性）を高めておき、気になることがあったら小さなことでも情報交換を行う習慣をつけておくことも大切である。さらに早期発見対応のためには、観察のみならず、アンケートといった調査法や気になる児童生徒がいたら機会をみて話をするといった面接法などを取り入れることも効果的である。保護者に対しても子どもの様子で気になることがあったら担任に伝えてもらえるよう、普段から良好な関係を構築しておこう。

③【困難課題対応的生徒指導】

　児童生徒の休みが続いた場合、担任や養護教諭、教育相談コーディネーター、スクールカウンセラーなどとともに、児童生徒へのアセスメントを丁寧に行う。その際、「生物学的要因（発達特性、病気等）」「心理学的要因（認知、感情、信念、ストレス、パーソナリティ等）」「社会的要因（家庭や学校の環境や人間関係等）」の３つの視点でみていく「BPS モデル」で多面的なアセスメントを行う。その後、ケース会議等を行い、具体的な対応策などを検討する。なお、対応策を検討する際は、校内における支援、家庭訪問の実施、関係機関との連携、家庭や保護者へのサポート、校種を越えた支援、ICT を活用した支援など、児童生徒の社会的自立を目指した支援を考えていくことが重要である。

　また、不登校児童生徒の保護者は、子どもが不登校になることで子どもの将来に不安を感じるとともに、自分の子育てが間違っていたのではないかと自分を責め、思い悩むことが多い。そこで保護者に対する個別面談を行い、保護者の不安を鎮め、子どもの将来のためにともに協力しあっていくことも必要である。ただし、虐待等の深刻な状況が考えられる場合は、福祉・医療機関との連携した支援が求められることは留意すべきである。

4．暴力行為

（1）暴力行為の現状

　暴力行為とは、「自校の児童生徒が故意に有形力（目に見える物理的な力）を加える行為」であり、「対教師暴力」「生徒間暴力」「対人暴力」「器物損壊」の4つの形態に分類されている。

　2022年度における小・中・高等学校における暴力行為の発生件数は95,426件（前年度76,441件）で過去最多となっている。特に小学校においては61,455件と多く、児童1,000人あたりの発生件数は9.9件となっている。小・中学校の暴力行為の状況としては「生徒間暴力」（小学校45,428件73.9％、中学校21,364件71.9％）が最も高く、次に小学校では「対教師暴力」（9,021件14.7％）、中学校では「器物破損」（5,156件17.4％）となっている。また、学年別加害児童生徒数については、小学校では各学年7,000～8,000件程度となっているが、中学1年になると13,028件と急増し、中学2年9,472件、中学3年生5,416件と学年が上がるにつれて減少している。

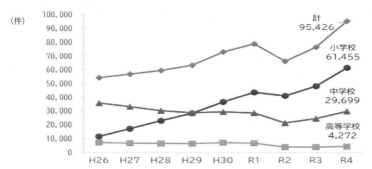

図7-3　暴力行為発見件数の推移

（出典）文部科学省ホームページ https://www.mext.go.jp/content/20231004-mxt_jidou01-100002753_2.pdf

（2）暴力行為の背景

　暴力行為の背景には、その児童生徒を取り巻く家庭、学校、社会環境といった様々な要因がある。そこでそれらの要因を多面的・客観的にアセスメントした上で、児童生徒がその行為を反省し、同様の行為を起こさないように指導していく。その際、暴力行為を解消するだけでなく、自己指導能力を育てるという視点を持って働きかけることが肝要である。

　また、暴力行為については、それによる授業妨害等といった影響も大きい。このような問題行動に対して、未然防止と早期発見・早期対応の取り組みは重要であるが、

子どもたちが安心して学習できる環境を確保するためにも、場合に応じて教育委員会や家庭と連携しながら出席停止や懲戒など、毅然とした対応を行うことも求められる。

（3）暴力行為の対応

暴力行為のない学校づくりとして、教師は一人ひとりの深い生徒理解を進めると同時に学校全体でどのような児童生徒を育成したいのかといった目標を共有する必要がある。また、暴力行為等を起こした児童生徒に対しては、どのような教育効果を期待するのかという観点から指導目標を描き、全職員が共有して指導に当たる。

暴力行為のない学校づくりのためには、生徒指導体制や取り組みを不断に見直し、学校内のみならず、地域住民や関係機関等からも多様な意見を取り入れながら、改善することが求められる。

暴力行為に関する生徒指導の重層的支援は以下のとおりである。

①【発達支持的生徒指導】

児童生徒が「他人を思いやり、傷つけない人」に育つことを意識した、校内の雰囲気づくりや働かきかけなどを日常の教育活動を通じて行う。

②【課題予防的生徒指導（課題未然防止教育・課題早期発見対応)】

課題未然防止教育として、例えば、暴力防止、非行防止、薬物乱用防止などをテーマとする教育を特別活動や道徳科で行う。

課題早期発見対応としては、暴力行為の前兆行動ともいえる粗暴な発言や振る舞い、まだ暴力を伴わないいじめなどについて、早期に発見し対応する。

③【困難課題対応的生徒指導】

暴力行為が発生した場合に、緊急対応、暴力行為の被害を受けた児童生徒や教職員のケアと回復支援、暴力行為に及んだ児童生徒への指導などについて、関係者や関係機関・団体との連携を強化し対応する。

（4）関係機関等との連携

暴力行為に関する生徒指導の場合、関係機関等との連携は不可欠であり、暴力行為が起こる以前から担当や窓口を設け、顔の見える関係をつくっておくことが未然防止や早期発見・早期対応につながる。例えば道徳科や特別活動の授業で、関係機関を呼んで人権教育、法教育、非行防止教育などを実施することが考えられる。また発達障害等の障害を背景とする二次的な問題などについては医療機関との連携が、虐待や貧困の問題が疑われる場合は児童相談所との連携などが生徒指導上有効となる。

5．少年非行
（1）少年非行の現状

　少年法では、14 歳以上で犯罪を行った少年（犯罪少年）、14 歳未満で犯罪法令に触れる行為を行った少年（触法少年）、保護者の正当な監督に服しないなどの事由が認められ、今後犯罪少年や触法少年になる 虞 のある 18 歳未満の少年（虞犯少年）の 3 つを非行のある少年とし、それぞれについて異なる取り扱いを定めている。

　刑法犯少年の検挙人員は、2004 年から 2021 年まで 18 年連続で減少していたが、2022 年は 14,887 人と前年より 69 人（0.5%）増加した。また、触法少年は、2010 年以降 11 年連続で減少していたが、2021 年以降は増加に転じ、2022 年は 6,025 人と、前年より 444 人（8.0%）増加した。また、刑法犯少年の罪種別検挙数としては他人の物を盗んだ窃盗犯が 7,503 人で、次いで暴力によって他人に損害を与えた粗暴犯 2,844 人となっている。

（2）少年非行の理解

　少年非行の背景は多様であり、発達的観点や家族関係的観点から理解する必要がある。例えば、初発年齢が早い非行の場合は、家庭の問題が背景にあることが多く、容易には改善せず、常習化したり本格的な非行に発展したりすることも少なくない。また、低年齢から非行行為などが繰り返されると次第に常習的な窃盗、粗暴な非行、性的逸脱非行、薬物依存など本格的な非行に発展するケースが見られる。

　このような非行行為を行う少年には、自らの傷つきや絶望といった感情を排除するための防衛的対処として、他者への無関心や反抗的・攻撃的態度を取ることがあることに留意する必要がある。

（3）少年非行の対応

　少年非行に関する生徒指導の重層的支援は以下のとおりである。
①【発達支持的生徒指導】

　児童生徒や家庭との関係性をつくり、つながることが大切である。また、子どもたちのマイナス面の矯正だけではなく、よい面を探しだし、伝えることも大切である。
②【課題予防的生徒指導（課題未然防止教育・課題早期発見対応）】

　課題未然防止教育として、すべての児童生徒を対象に、規範意識の醸成や非行に誘われた際の対応の仕方を教える。また、非行防止教室や、薬物乱用防止教室などを実

施する。

　課題早期発見対応として、非行の問題傾向が出現し始めた児童生徒に対して、非行の意図や発生の可能性を早期に把握して個別に介入し、事態の深刻化を防止する。また地域ぐるみで児童生徒の非行・被害の防止や支援を行う。

③【困難課題対応的生徒指導】

　困難課題対応となった場合、学校は警察や児童相談所等の外部機関と連携して取り組む。その際、児童生徒が、学校から見放されたという意識を持たないよう、学校でできる指導やフォローを心掛ける必要がある。

６．多様な背景を持つ児童生徒と生徒指導に関わる多くの課題

　発達障害、精神疾患、LGBTQ、ヤングケアラー、外国籍等、現在、多様な背景を持つ児童生徒が増加している。また、児童虐待や自殺、インターネット・携帯電話に関する問題、性に関わる課題など、生徒指導に関わる多くの課題がある。

　このような多様な背景を持つ生徒の増加や、生徒指導の関わる多くの課題は、児童生徒の心の危機の深刻化を表しており、私たち大人や社会に向けての問題提起でもある。現在の多様化、複雑化している生徒指導の課題に対して学校や教師だけで対応するには限界がある。そこで生徒指導を進める上での重要課題として挙げられるのが「社会に開かれたチーム学校」づくりである。

　生徒指導の目標は、目標達成のための、自発的、自律的、かつ他者の主体性を尊重しながら、自らの行動を決断し、実行する力、すなわち「自己指導能力」の獲得である。そこで多様な教育活動を通して、児童生徒が主体的に課題に挑戦してみることや多様な他者と協働して創意工夫することの重要性を実感することが大切である。さらにこれからの生徒指導は、学校内だけで進めるものではなく、教師と保護者、専門家、地域の関係機関が児童生徒をめぐって協力し合うパートナーとしての関係を築き、子どもへのかかわりの密度を高めていくことが重要になってくると考えられる。子どもの危機は社会の問題である。それを共通の認識として生徒指導を進めることが求められる。

7．校則と懲戒、体罰、不適切な指導
（1）校則の意味と運用
　校則は、各学校の教育目標を実現していくための学習上、生活上の規律であり、児童生徒が健全な学校生活を送り、よりよい成長・発達を促すために設定するものである。そこで教師は、児童生徒に校則を守らせることばかりにこだわるのではなく、何のための校則なのか、なぜこの校則を設けたのかといった背景を理解する必要がある。その上で児童生徒に対してもそれぞれの校則の意味や背景を伝え、自主的に校則を守るように指導することが求められる。また、校則は、社会通念上、合理的と認められる範囲で定められるものであるため、関係者が参照できるようにホームページなどで公開し、教育上必要なものなのかどうかを検討していく必要がある。

（2）懲戒と出席停止
　懲戒とは「児童生徒の教育上必要があると認められたときに、児童生徒を叱責したり、処罰したりすること」であり、退学や停学といった法的効果を伴うものもあれば、叱責、居残り、訓告といった事実行為としてのものもある。懲戒は、教育的配慮の下で行うべきものであり、事実関係や本人の心情等を理解したうえで、適切な手続きを踏んで行う。また、体罰や不適切な指導と受け取られないようにするためにも普段から児童生徒や保護者との信頼関係を築き、どのようなときにどのような流れで懲戒を行うのかといったことをあらかじめ伝えておくことが望ましい。
　出席停止は、児童生徒の学校への出席を停止するもので、その適用にあたって「性行不良」であることと、「他の児童生徒の教育に妨げがある」と認められることの2つの要件を示しているとき、市町村教育委員会によって命じられるものである。出席停止制度の運用にあたっては、他の児童生徒の安全や教育を受ける権利を保障すると同時に、出席停止措置期間の当該児童生徒への指導の充実を図ることも重要である。

（3）体罰と不適切な指導
　体罰とは、身体への侵害や肉体的苦痛を与えたものであり、懲戒行為が体罰にあたるかどうかは、当該児童生徒の年齢や健康、心身の発達、環境などの諸条件を総合的、客観的に考え、判断する。また、不適切な指導とは、児童生徒に対して過度に肉体的・精神的負荷を与える指導であり、児童生徒のストレスや不安を高める指導になる。例えば、大声で怒鳴る、思い込みで指導する、組織的な対応を考慮せず単独で指導する

などが挙げられる。体罰と不適切な指導は、いかなる児童生徒に対しても決して許されるものではない。

（熊谷 圭二郎）

参考文献

① 河村茂雄編著『生徒指導・進路指導の理論と実際 ―改訂版―』図書文化社、2019 年。
② 文部科学省『生徒指導提要 令和 4 年 12 月改訂』 2022 年。
③ エリクソン著 西平直・中島由恵訳『アイデンティティとライフサイクル』誠信書房、2011 年。
④ 森田洋司・清水賢二著 『いじめ』金子書房、1986 年。

第8章　学級経営

─教育力の高い学級集団を育成する─

　思い出してほしい。あなたは、これまで、どんな学級で過ごしてきただろうか。まとまりがありやる気にあふれる学級、にぎやかで楽しい感じのする学級、緊張感があってかたい感じのする学級、互いに傷つけ牽制し合う学級、自分たちで考え自分たちで高め合う学級、等々。学級集団の状態は様々であるが、それによって、個々のメンバーの心理や行動は影響を受け、メンバーの集合体である学級がもつ教育力に違いが生じる。それぞれの学級集団の状態の違いは、日本の学校教育においては、教師の学級経営の仕方による影響が大きいといわれる。教育力の高い学級集団を育てたい、教師ならば誰もがそう思うだろう。では、教育力の高い学級集団を育てるにはどのようにすればよいのだろうか。本章では、この問いを考えるための学級経営の基本的な構造と展開の仕方を探ることにする。

1．わが国の学級経営の特徴
（1）日本の学級制度がめざしているもの

　「学級はひとつの小社会である」（E. Durkheim, 1966）という考え方は、日本の学級集団の捉え方に色濃く反映されている。従来、日本の教師たちが行ってきた学級集団づくりは「教室に集まった子どもたちが、既成のルールのもとで、対人関係、集団生活・活動を通して、集団を学んでいく場、個が集団に適応するための集団の規律を理解し守ることを学んでいく場として、教師が学級集団を育成していくというもの」（河村, 2018）であった。これは、まさしく学校のもつ社会化機能であるといえる。社会化とは「社会がその価値、規範、目標、役割内容、慣習、知識、生活様式などを、個人に内面化させ、彼をして社会の期待するような役割を演じ行動をとるようなメンバーに形成していくこと」（橋爪, 1975）である。そのためには、社会の共通の行動様式、共通の価値観を伝達し、集団での経験を通して内面化と行動化を図る必要がある。端的に、最低1年間は、同学年の共同体で学習と生活を営む日本の学級制度は、学校

の社会化機能を活かすための制度だといえる。つまり、日本の学級集団づくりには、児童生徒の人格を意図的に学級集団のなかで発達させるという社会化の考え方があり、児童生徒が学級を民主的で自治的な集団に形成する過程と、児童生徒の民主的で自律的な人格の発達とは不可分であるという前提がある（根本，1991）。

（2）日本の学級集団の特徴

日本の学級集団は、教科学習の場であるだけでなく、生活共同体の面をもち集団活動を通して行われる人格形成の場でもある。学習指導も教師による学級単位での一斉指導が主流で、児童生徒同士の学び合いが大切にされている。生活共同体の集団とは、家族や地域社会、特に従来の村社会がその典型とされる。メンバー間の人間関係の結びつきが強く、集団におけるメンバーの生活の安定や満足感の追求を目的とする。その集団を構成するメンバー同士で共有する暗黙のルールやマナーが集団の規律を維持していくという面が強い。

日本の学校教育は、生活共同体である学級をベースにして学習指導やその教育プログラムを展開するという特徴があるため、学級集団の状態が教育成果に決定的な影響力をもつことになる。児童生徒の人間関係や集団の規律が損なわれると、学級集団は不安定になり、あらゆる教育活動にマイナスの影響を及ぼすことになる。

（3）学級経営の範囲

日本は学習指導とともに生徒指導全般に関する業務は、教師が併せて担当するという体制をとっている。アメリカの教育を比較に挙げると、アメリカの教師は教科学習指導を専門に受け持ち、日本の教師が行う生徒指導に当たる業務は、専門性をもつ役割としてガイダンス・カウンセラーの他にも、スクールサイコロジスト、スクール・ポリス等が配置され、分業制をとっている（5章「生徒指導の基本原理と仕組み」を参照）。

日本の教師はほとんど分業せず、教師があらゆる教育活動を一

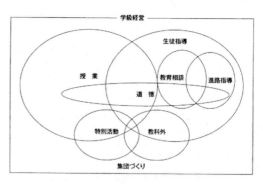

図1　学級経営の範囲　河村（2010）より

体的に行い、トータルとしての人格の完成を目指すのである。それゆえ、授業、生徒指導、特別活動、部活動等を別個に切り離しては行っていないのである。教師が行うこれらの教育の総体が学級経営である（図 1）。

２．教育力の高い学級集団とは

（１）「学力」と「心の教育」が両立する理想の学級集団

　学習指導要領や生徒指導要領を整理していくと、日本の教師たちが望ましいと考える学級集団は、以下のような状態がその最大公約数である。

●自由で温かい雰囲気でありながら、集団としての規律があり、規則正しい生活を送ることができている

●いじめがなく、すべての児童生徒が学級生活・活動を楽しみ、学級内に親和的、支持的な人間関係が確立している

●すべての児童生徒が意欲的に、自主的に学習や学級の諸々の活動に取り組んでいる

●児童生徒の間で学び合いが生まれている

●学級内の生活や活動に児童生徒の自治が確立している

「理想の学級集団」の共通イメージ（河村，2010）

　これらの点を踏まえると、日本の教師たちは、児童生徒の良好な相互交流があり、その中で意欲的に活動し、最終的には、児童生徒の自主的、自治的な活動で運営されていく学級集団を望ましいと考えているのではないだろうか。この「良好な相互交流」や「自主的、自治的な活動」には、学習活動だけでなく、当番活動や係活動、部活動なども含まれる。そこでの教師の役割は、教師と児童生徒の垂直関係だけでなく、児童生徒同士の水平関係を構築し、自分たちが目指す学級を自分たちでつくっていけるように働きかけることである。つまり、学級経営においては、教師が先頭に立って学級集団をつくるという時期があってもよいが、それだけで終始してはならない。学級経営のプロセスとして、教師は徐々に主導権を児童生徒に委譲して、児童生徒による学級づくりを陰で支え、児童生徒の活躍を笑顔で見守るのだというイメージをもちたい。

（2）教育力の高い学級集団の条件

　居場所や活躍の場があって「この学級にいると、温かい気持ちになり、自然と前向きな気持ちになれる」、そんな学級に必要な条件はなんだろうか。河村らによるこれまでの学級集団に関する研究により、二つの条件が明らかにされている。

---

① **ルールの確立**…集団内に、共有された行動様式がある。
② **リレーションの確立**…集団内に、児童生徒の良好な人間関係（役割交流だけでなく、感情交流も含めた内面的な関わりのある親和的な人間関係）がある。

　つまり、良好な学級集団の育成には、①ルールと②リレーションを同時に確立させることが必要である。ルールがない学級やリレーションがない学級を想像してみると、両方の確立が必要条件であることは明らかである。学級経営の手立ては、様々に考えられるが、どのような手立てをとっても、ルールとリレーションが確立するようにしなければならない。

①学級内のルール

　対人関係に関するルール、集団活動・生活をする際のルールが全員に理解され、学級内に定着していることが必要である。ルールが確立していることで、学級内の対人関係のトラブルが減少し、児童生徒同士で傷つけられないという心理的安全性が確保された中で、友達との交流も促進される。授業においても、児童生徒が安心して

ルールの確立度の目安児童生徒の状態

```
5：内在化。教師の指示がなくても注意し合う
        ⬆
4：教師の指示が少なくてもほぼ適切に行動
        ⬆
3：教師が指示すれば行動する
        ⬆
2：教師の指示に従うが時間がかかる
        ⬆
1：反発され教師の指示が通りにくい
```

（河村，2012）

自分を表現するためには、最低限の守るべき基準が必要であり、それが、けじめのある活発さが生まれる前提になる。教育力の高い集団には必ず、共通の行動規範、共通の行動様式が定着している。

　ルールの確立には段階がある。教師がいくら言って聞かせても指示が通らないほどの段階もあるが、なぜこのルールが必要なのかを考えさせ、ルールの背景にある意味を説明し、どうすれば守れるかを確認し、実践して振り返るというプロセスを繰り返しながら、「こういう時は、こうすることがいいんだ」という共通の行動様式が一人一

人に内在化していくように取り組む。

　強い注意叱責だけでは、ルールを学習させているとは言い難い。叱られるのが嫌で行動は修正するかもしれないが、それは一過性のものだろう。ルールは外在化しており、これが続くと教師が居なければやらないという段階から抜け出せないことになるばかりでなく、教師の指示に対する反発や不従順な態度が現れるようになる。

②学級内のリレーション

　リレーションとは互いに構えのない、ふれあいのある本音の感情交流のことである。学級内の対人関係の中にリレーションの拡充・深化があることで、児童生徒の間に仲間意識が生まれ、集団活動（授業・行事・特別活動など）が協力して、活発に行われる。また授業でも、協働の学びによる相互作用が活性化し、一人一人の学習意欲は高まっていく。教育力のある集団には必ず、児童生徒同士の温かな関係が築かれている。

リレーションの確立度の目安児童生徒の状態

> ５：親和的。全体で本音の交流ができる
>
> ⬆
>
> ４：メンバーの多くが誰とでも交流できる
>
> ⬆
>
> ３：小グループ内で、それぞれ仲が良い
>
> ⬆
>
> ２：不安で形成された小グループと孤立
>
> ⬆
>
> １：グループ間対立・孤立・裏面交流

（河村，2012）

　リレーションの確立度にも段階がある。差別や上下関係がなく、学級の児童生徒全員が仲良く本音で交流できる段階を目指すが、最初からそのような段階には至らない。一人一人がバラバラで関わり合うことが少ないというのはまだましな方で、対立したり、傷つけ合ったりするような段階から始めなければならない学級もある。まずは2人組での短い時間の活動を不安なくできるようにすることから始め、「それが楽しかったからまたやりたい」という思いをもたせる。3人、4人とグループサイズを拡大していくが、心理的安全性（本音を伝えたり、間違いを指摘したり、リスクのある行動をとっても安全だと思える環境）を確保することが重要である。初期段階は、放っておくと不安から閉鎖的な関係になりやすい。リレーションは、教師が意図して確立していくものと心得た方がよい。

（3）学級集団が成熟していくプロセス

　学級のスタート当初は、児童生徒はお互いのことをよく知らず、緊張もあって結び

つきが弱くバラバラな状態であることが多い。しかし、最初は2〜3人だけで集まっていた友達関係も、学級全体で様々な取組を行い、目標を達成していく中で、ルールとリレーションの一体的な確立がしだいに進み、学級集団は理想とする状態に近づいていく。

　ルールとリレーションの両方がある程度確立した学級集団では、児童生徒は安心して関係性のベクトルを外に向けていく。メンバー同士でつながり合ったグループは、「この学級のみんなともっと仲良くなりたい」と新しいつながりを求めて他のグループと一緒に活動を始め、より大きなグループへと成長していく。このルールとリレーションの統合による作用が学級生活のあらゆる場面で起こるようになる。

　大きなグループになると、より機能的に活動するために児童生徒の中に役割分担が生まれ、組織化されるようになる。リーダーは固定されず、その活動内容に最もふさわしい児童生徒がその都度選ばれる。ルールとリレーションが確立されていく過程を体験学習しながら、グループ活動のよさを感じ取った児童生徒は、グループの役に立ちたいという思いを強くし、自分の役割を自覚して意欲的に取り組むようになる。そこで、多くの児童生徒に活躍の場が生まれ、承認感が満たされていく。

　児童生徒同士の良好な相互作用が活発になってくると、学級集団が、励ましたり、支えたり、指示や注意を与えたり、まとめたり、といった教師の役割を担うようになる。教師は、前面に立って指導する場面は少なくなり、活動の中で見えた児童生徒のよい姿を「頑張っていたね」と評価すればそれでよいという段階に至る。これが、学級集団が成熟していくプロセスであり、これに沿って理想の学級集団が形成されていくのである。以下に、学級集団の発達段階を示す。

学級集団の発達過程　　（河村，2010）

【第1段階】混沌・緊張期

　学級編成直後の段階で、児童生徒同士に交流が少なく、学級のルールも定着しておらず、一人一人がバラバラの状態である。集団への帰属意識も低く、集団は堅苦しい雰囲気である。すでにある友達関係に閉じこもり、それ以外の児童生徒とは表層的な関わりを試したり、教師への試し行動を行ったりする。

【第2段階】小集団形成期

　学級のルールが徐々に意識され始め、児童生徒同士の交流も活発化してくるが、その広がりは気心の知れた小集団内にとどまっている状態である。学級内では、一定の

安定に達するまで、小集団同士で、トラブルや自グループへの友達の引き込み合いなどがみられる。

【第 3 段階】中集団形成期

学級のルールがかなり定着し、小集団のぶつかり合いの後に一定の安定に達した状態である。指導力のあるリーダーのいる小集団などが中心となって、複数の小集団が連携でき、学級の半数の児童生徒が一緒に行動できる状態である。この時期は、そういう学級全体の流れに反する児童生徒や下位集団が明確になる時期でもある。

【第 4 段階】全体集団成立期

学級のルールが児童生徒にほぼ定着し、一部の学級全体の流れに反する児童生徒や小集団ともある程度の折り合いがつき、児童生徒がほぼ全員で一緒に行動できる状態である。

【第 5 段階】自治的集団成立期

学級のルールが児童生徒に内在化され、一定の規則正しい全体での生活や行動が、温和な雰囲気の中で展開される。さらに課題に合わせてリーダーになる児童生徒が選ばれ、すべての児童生徒がリーダーシップをとり得るようになる。学級の問題は自分たちで解決できる状態である。逸脱行動には集団内で抑制するような行動が起こり、活動が停滞気味のときには、児童生徒の中から全体の意欲を喚起するような行動も起こる。児童生徒に任せても学校教育の目的から外れることはないという状態で、児童生徒は自他の成長のために協力し合える状態である。

3．学級集団の育て方
（1）開発的な学級経営へ

「いじめ、不登校、学級崩壊を起こさせないための学級づくり」という予防的な考え方から一歩進んで、「教育効果をより向上させるための学級づくり」という開発的な考え方に変わってきている。児童生徒同士の対人関係を親和的に活性化させ、役割と責任がある集団の中で、児童生徒同士の相互作用が積極的になされるように、学級集団を育成していこうという発想である。こうした教育力の高い学級集団を育成するスキルと集団活動を展開するためのスキルは、これからの教師の指導力の中心になると考えられる。

（2）教師個人の経験と勘だけにたよらない、学校全体で取り組む

　継続的な改善をめざしたマネジメントサイクルである R-PDCA（Research→Plan →Do→Check→Action）のプロセスは、すでに多くの教育実践に取り入れられているが、これを学級経営にも応用していく。もちろん、経験と勘は、教師の指導力を支える重要な要素である。しかし、それだけをたよりにして進められる学級経営は、もはや行き詰まりを見せている。成果を上げている教育現場では、「A という状態だから、B という対応をする」というようにエビデンス（証拠）を基にして学校全体で組織的に取り組んでいる。学級の児童生徒の内面と学級集団の状態という現在地の把握には、日常の観察に、調査や心理検査などの客観的指標も加えて総合的にアセスメントしていくとよいだろう。

学級経営のマネジメントサイクル

①実態把握（R）…担任する学級のすべての児童生徒の支援レベルと、学級集団の現在の状態や集団発達過程の段階に関する情報を集め、分析する（適切なアセスメント）。学校単位の取組になるが、調査・検査法によるデータも併せて多面的なアセスメントを実施する。

②計画（P）…アセスメントによって得られた学級の強みと弱みを明らかにしたうえで、学級経営案を立案する。

③実践（D）…現状の段階をより発達させるための集団育成の方針を定め、その方針に沿った具体的な手立てを選定し、役割や時間を決めて確実に実行する。

④評価（C）…定期的にアセメントを実施し、課題を抱える児童生徒や学級集団の現在地を確認する。効果的な取組と効果的でない取組を見極める。

⑤改善（A）…アセスメントに従って、方針や具体的な手立てに修正・変更を加え、再び取組を続ける。

　このように、学級集団の育成は、人間の健康を改善し維持していく取組と似ている面をもつ。生活習慣病は自覚なく少しずつ悪化し、症状に気が付いたときには、かなり進行していることが多い。それゆえ、人は定期的に健康診断を受けて健康状態をチェックし、悪い兆候が見えたら、それが進行しないように生活習慣を修正して健康維持に努めるのである。学級集団にも定期的な状態のチェックは必要である。

（3）児童生徒の学級づくりへの参画

　学級経営を展開する中で、児童生徒が学級の一員として、主体的に学級づくりに参画させていくことが重要である。「主体的・協働的で深い学び」を掲げる現行学習指導要領では、そのことが一層強調されている（図 2）。学級経営のマネジメントサイクルと同様に、児童生徒が主体となって自分の学級をマネジメントしていけるように支援していくのが教師の役割となる。

　そのために、学級目標づくりにおいては、学級目標を学級全員で決めることを通し、一人一人に学級目標に当事者意識をもたせること、中間では、学級目標に向けて学級が向上するためにはどうするかについて、児童の自律性を尊重しながら話し合いや交流を通して考えさせることや、学級や自分が成長した部分については相互に評価し合い喜び合うことが必要となる。

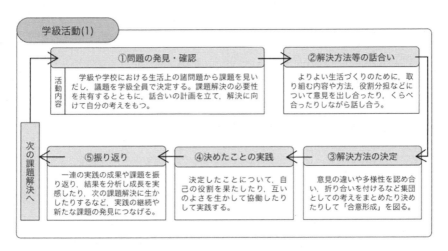

図 2　「学級や学校における生活づくりへの参画」の学習過程の例（文部科学省,2017）

4.「学級経営」1年間の流れ

　学級経営の1年間の流れを追うと教師の仕事がイメージしやすい。ただし、ここに示すのは、学級経営のマニュアルではなく、各時期の教師の関わり方のポイントに過ぎない。実践においては、ポイントを踏まえたうえで、目の前の児童生徒にマッチす

る具体的な対応を吟味してほしい。

（1）１学期の学級づくり

　新しい環境の中で児童生徒は、不安と緊張に包まれている。同時に、集団の中での自分の位置を探ろうとして児童生徒同士で牽制しあったり、どのような教師であるかを見定めようとして試すような行動をとったりする。

　そこで、人間関係の不安が学級内での孤立や排他的な閉鎖集団形成の芽につながらないように、学級のルールづくりと少人数での活動を通して学級生活への不安を取り除いていくのである。前学年で学級崩壊などを経験した児童生徒らは、不安や不信を強く持っているため、この段階で多くの時間を要するが、丁寧に不安を取り除く過程を踏んでいくしかない。

①学級のルールをつくる

- ・係りや当番などの役割活動をパターン化する。教師がリーダーシップを取って役割活動の手順を共通理解させる。
- ・学級の決め事は学級全員で確認していく。学級全員に確認するまでは「保留」と答えておく。
- ・一部の人間関係のトラブルも学級全体に返す。４月はさまざまなルール違反や児童生徒同士のトラブルが発生する。これを、個別対応、密室対応で終わらせていると、友達づきあいのルールを学級全体で共通理解できず、何度も同様のことが繰り返される。そこで、トラブルは必ず学級全体で考える機会を設け、ルール違反の影響を理解させて、定着させていく。
- ・児童生徒の試し行動に毅然と対応する。ルール定着のために、小さな逸脱行動であっても見逃さない。ただし、特別な支援を必要とする児童がいる場合は特別な対応をする理由を可能な範囲で説明し、理解を求める。
- ・定着するまでチェックする。ルールが決まっても、それが守られない状況が放置されると「ルールは守らなくてもよいもの」という認知をつくってしまう。活動の前のルール提示、活動後には守れたかどうかをチェックし、「ルールを守って活動したら楽しかった」と、ルールを守る意味を感じとらせる。

②人間関係の緊張を解く

- ・教師に親しみを感じさせる。自己紹介クイズや特技の披露など、教師は自己開示しながら、楽しい雰囲気づくりに努める。また、休み時間に一緒に遊ぶなど、児

童生徒の活動に教師もできるだけ参加する。

・教師のミスや失敗は、きちんと児童生徒に謝罪する。「ごめんなさい」と「ありがとう」は、信頼関係を築くための第一歩である。

・教師が叱る時を伝えておく。「この先生は、こういうことを大切に考えているんだ」という理解が、安心感につながる。

・ジャンケンなどを取り入れた短時間で簡単にできるゲームなどで関わらせ、知り合いを増やす（2人組で自己紹介やインタビュー、「質問ジャンケン」、「二者択一」[1]など）。実施については、始める前に「こうやりますよ」と教師が手本を見せる。事前に方法や活動のルールが示されると人付き合いの不安はなくなる。

・授業の中に2人組の活動を入れる。座席が隣同士あるいは前後でペアになっての学習活動を仕組む。（交換して丸付け、感想を伝え合う、選択と理由を伝え合う等）

③学級目標をつくる

・学級目標をクラス全員でつくることを宣言する。

・学級目標には自分も含めた全員の意見や思いが込められていると実感させる指導として「いいクラスというのはどういうクラスか」ということについて全員に意見を書いてもらい、話し合いを行う。

・学級目標づくりに意欲的に参画させる指導として、それぞれが思い描く「いいクラス」を確認し合い、カードに書いた後、全員でカードを整理し、目指す学級像を学級全体で確認する。（目指す学級イメージとそれを達成するための下位目標の設定）

・目標掲示は全員の思いが反映されていることが分かるように作成し、学級目標の設定と学級のスタートを喜び合う雰囲気をつくる。

・目標達成のために、どんなことに取り組むかを話し合い、実践する。（各学期の途中と学期末というように、計画的に年間で複数回実施）

・学級内の諸問題に対して、常に学級目標に照らして、どうすればよいのかを考えさせる。

・1学期が終わりに近づいたら学級目標スケーリング（目標の達成度を一人一人に採点してもらい、全員の点数を集計して平均値を示す）をさせ、成果と課題を確認する。

④2人組から4人組へ

・係や当番活動などの役割を通して活動させる。役割が設定してあることで親しく

ない人とも無理なくかかわれる。ポイントは、全員が自分の役割を理解できるように工夫すること、グループや学級のために行動してくれた友達にさりげなくお礼を言えるようにすることの2点である。例えば、「4人グループになり順番に意見を言ってもらいます」あるいは「一人が司会をしてみんなに意見を聞いていきます」などのように指示し、活動の枠組みを与える。また活動に関わり方の雛形を入れ込む。「私は～と思います。～さんはどうですか」「はいどうぞ」「ありがとう」「どういたしまして」等の話型を示すと話すことに抵抗のある児童生徒の負担を軽減させることができる。

⑤**4人組のメンバーは1ヶ月ごとに変えながら、学級内にうちとけあえる友達を徐々に増やしていく。頃合を見て2グループあわせた協働活動を少しずつ取り入れていく。（ブレーンストーミング、ランキングなど）**

・集団活動の意味や目的、方法を教える。「この活動には、こんな意味があります。めあては・・・です。がんばってやりましょうね。」「手順は・・・です。」「よくできましたね。とくによかったところは・・・。」というように、教示的、説得的に対応する。

（2）2学期の学級づくり

　2学期は、まず8人から10人の中集団で活動できることを目指す。誰もが安心して学級に参加できる雰囲気をつくるために、「児童生徒同士が認め合う場」や「友達関係について率直に話し合う場」を意識して設定するとよい。さらに、学校行事などに学級全体で取り組むことを通して、学級の一体感とそれによる満足感（「みんなで力を合わせたからできた」）が高まっていく状況をつくっていく。

①学級目標への取組

・1学期の成果と課題を確認し、2学期の取組の重点を全員に共有させる。

・目標達成のために、どんなことに取り組むかを話し合い、実践する。

・児童生徒の仲間に関わり協力しようとする動きを、積極的に評価する。

・学期の終わりに近づいたら学級目標スケーリングを行う。

②学級生活のルールを再確認する

・1学期につくったルールや方法を再確認して2学期をスタートする。いいかげんになっているルールは、どうすればよいのか取組の方法を考えさせる。

・できたかどうか定期的に（毎日→週一回）評価し、定着を図る。

③認め合い活動を意識して取り入れる

- リーダーの役割とフォロワーの役割を知らせ、自分が何をすべきか全員に確認させる。特に、集団での活動がうまくいくように支えるフォロワーの役割の大切さを強調する。
- うまくできていることを伝えて強化する。
- 活動後には必ず振り返りの時間を設け、認め合い活動を行う。(「いいとこ四面鏡」[1] 等)

④学級全体での協働活動の取り組む

- 学校行事を好機ととらえ、クラスで一丸となって、協働活動を成し遂げたという大きな充実感が得られた体験を積み重ね、自信を持たせる。児童生徒たちが人と協力する楽しさを知り、学級がより大きな集団に着実に形成されていくように支援する。
- 体験を振り返る場を設け、「友達の（あるいは自分の）、こういうがんばりがあったから、学級全体の成功につながったんだ」というように、意味ある経験として吸収できるようにする。それが、あらたな取組に自ら取り組んでいこうという意欲と自信を引き出していく。

⑤活動に参加して成功を陰で支える

- 児童生徒らの役割活動・感情交流が活性化するにしたがって、教師が前面に立って仕切る場面を徐々に減らし、一人のメンバーとして参加しながらアドバイスしていく参加型の支援にシフトする。
- 教師が話し合いに参加しながら、児童生徒らが自分たちで解決できる力や企画運営できる力を育てていく。

（3）3学期の学級づくり

　自分の存在が集団にも寄与できていることを実感できる状況を支援し、同時にその中で自分を見つめる場面を設定していく。一人一人の個性「その人らしさ」を共有し合い、誰もが「この楽しいクラスのかけがえのないメンバー」であることを確認していく。そして、次学年の新しいクラスでもやっていけるという自信と、また新たなメンバーで楽しい学級をつくっていこうという意欲を持たせる。

①学級目標への取組

・2学期の成果と課題を確認し、3学期の取組の重点を全員に共有させる。

・目標達成のために、どんなことに取り組むかを話し合い、実践する。

・児童生徒の自主的な動きは、積極的に評価する。

・学年の終わりに近づいたら学級目標スケーリングを行う。

②児童生徒に任せ、見守る

・「今の学級」や「今の自分」について考えさせる。

・教師はポイントを全体に問題提起するに留め、委任型の対応をすることで、児童生徒らが自分で気づき、行動を起こす過程を支援する。

・活動における制約を減らして、自分らしく工夫させる。担当した児童生徒の工夫や個性を温かく認める機会を設ける。

③一年間を振り返る

・学級の1年間を振り返る。「このクラスの仲間といっしょに活動できて楽しかった」という思いを「次の学年では、もっといい仲間と学級をつくっていこう」という意欲につなげる。

・自分の1年間の成長を振り返る。成果だけではなくプロセスに目を向けさせる。「がんばった自分、苦労した自分、あきらめなかった自分」がいたからこそ「成長」につながったことを確認する。

・一人ひとりの活躍を認め合う場を設ける。（「別れの花束」[1]）

（4）積み重ねが大切

　上記のように学級経営のポイントを示したが、特効薬のようなものはない。学級づくりは、日々の地道な実践の積み重ねにほかならない。また、一つの指導や取組をしたからといって、すぐに劇的な変容があるわけではないため、忙しい時には、振り返りや認め合いなどやらないで済ませたくなることもあるだろう。しかし、小さな一つ一つの取組の意味や価値を知っている教師は、児童生徒への指導のチャンスを外すことなく、積み重ねをおろそかにはしない。つまり、学級経営においては、児童生徒と過ごす日常のそれぞれの場面において、その都度、教師が行う指導内容の意味や価値（学級経営観）を児童生徒が納得できるように語れるかどうかが鍵となる。

　「今日のこの活動」が目には見えないほどの小さな変化で集団を成熟させていることを十分に承知しておく必要がある。

（深沢　和彦）

注 1)「質問ジャンケン」、「二者択一」、「いいとこ四面鏡」、「別れの花束」は、いずれ
　　も構成的グループエンカウンターのエクササイズ名である。詳しい内容は、國分康
　　孝・國分房子編『構成的グループエンカウンター辞典』図書文化、2004 年　を参照
　　のこと。

参考文献

①　　E. デュルケーム著『道徳教育論』1・2 巻、麻生誠・山村健訳、明治図書、
　　　1966 年。

②　　橋爪貞雄著「中学生の社会化と学校－二つの価値志向をめぐって－」、滝沢武
　　　久

③　　山村賢明編著『人間の発達と学習』現代教育講座 5、第一法規、1975 年。

④　　河村茂雄著『データが語る①②③』図書文化、2007 年。

⑤　　河村茂雄著『日本の学級集団と学級経営』図書文化、2010 年。

⑥　　河村茂雄著『学級集団づくりのゼロ段階』図書文化、2012 年。

⑦　　河村茂雄著『主体的な学びを促すインクルーシブ型学級集団づくり』図書文化、
　　　2018 年。

⑧　　河村茂雄・深沢和彦・水野治久・品田笑子・伊佐貢一編著（2012）．集団の発
　　　達を促す学級経営』図書文化、2012 年。

⑨　　文部科学省「学級活動（1）学級や学校における生活づくりへの参画」『小学校
　　　学習指導要領（平成 29 年告示）解説特別活動編』、2017 年。

⑩　　根本橘夫著「学級集団過程の規定要因と学級集団の発達段階に関する試論」
　　　『心理科学』13 巻 1 号、1991 年、pp.30-41。

第9章　特別活動における教師の役割

　近年、多くの教育機関や教育関係者の間で特別活動の指導法に関する相談や問い合わせが増えてきた。新型コロナウイルスの影響を背景に、学校現場における教師と児童・生徒とのコミュニケーションの重要性や深さが再認識されている。特に新任教師から、「特別活動の時間をどのように有効に使うべきか？」や「指導法のポイントは何か？」といった質問が頻繁に寄せられている。本章では、特別活動の意義、歴史的背景そして教師の果たすべき役割について詳細に検討していく。

1．特別活動の意義と歴史
（1）特別活動の歴史と学習指導要領の改訂
　特別活動の意義や位置づけを深く理解するためには、学習指導要領の変遷を通じて考える必要がある。戦後の日本では、特別活動が「特別」という名前の通りの位置づけから、学校教育の中心的な位置づけへと変わってきた。1947年に文部省が初めて公表した学習指導要領・一般編（試案）では、新学制のもとでの教育方針として「自由研究」という形で特別活動の前身が取り上げられている。これは同年4月から施行される新学制下の小学校と中学校における教育の目的や教科課程、学習指導法、学習結果の概要を示したものである（日本特別活動学会編,2019,pp.124-129）。
　「自由研究」の内容は以下の3点にまとめられている。
　　①　個人の興味や能力に基づく自由な学習
　　②　クラブ組織による活動
　　③　当番の仕事や学級委員としての職務
　これらは基本的に教科外活動の主な内容であり、授業時間は小学校の4・5・6学年で週に2〜4時間、中学校では「選択科目」として各学年で1〜4時間とされていた。
　「自由研究」は、児童・生徒の興味や能力に応じた自由な学習や各種クラブ活動、学級運営に関わる学級委員などの活動から成り立っていた。そして、1951年の学習指

導要領の改訂により、小学校では「教科以外の活動」と名付けられ、中学・高校では「特別教育活動」として新たな位置づけとなった。

　1958 年の学習指導要領の改訂では、「特別教育活動」とは別に「学校行事等」という新しいカテゴリが導入された。学芸会、遠足、学校給食などのさまざまな行事や活動がこのカテゴリに組み入れられ、学校生活の一部としての位置づけとなった。同年、小・中学校で「道徳の時間」が新設され、「特別教育活動」の訓育的機能がこちらに移行された。

（2）特別活動の歴史的背景と現代教育における意義

　特別活動という概念が正式に導入されたのは 1968 年の学習指導要領からである。この時から「特別活動」という名称が使用され、人間性を重視した「ゆとり」教育が標榜された。

　1989 年および 1998 年の学習指導要領においては、臨時教育審議会が提言した「創造性、考える力、表現力」の育成や、中央教育審議会（1996 年）の「創造的な人材」の育成、そして「生きる力」の育成および「ゆとり」の確保を目的とする教育構想が示された。時代とともに、特別活動の内容や位置づけも進化し続けている。この節では、特別活動の歴史的変遷、背後の社会的背景、そして教育における役割や意義について詳細に考察する。

①1968 年の学習指導要領

　この時期、特別活動は人間性を重視する「ゆとり」教育の一部として捉えられた。児童・生徒の自由な意見や感想が重んじられ、多岐にわたる活動が実施された。

②1977 年の学習指導要領

　この時期の特別活動は、前回の学習指導要領と大きな変更点は見られなかったが、引き続き人間性を中心とした教育が続けられた。

③1989 年の学習指導要領

　この時期、特別活動には生徒指導の側面が強調された。具体的には、既存の「学習指導」と「学級会活動」が統合され、「学級活動」という新しい項目が追加された。学校行事や外出活動を通じて、集団生活への適応や自然との交流、そして奉仕や勤労の精神を養う活動が取り上げられた。

④1998 年の学習指導要領

　この時期の特別活動では、急速に進展する情報化社会への対応として情報教育が導

入された。さらに、教育の国際化や多文化共生に対応する活動が強調され、国際的な視野を広げる教育が推進された。

（3）現代における特別活動の意義と位置づけ
①2008年および2009年の学習指導要領
　思考力・判断力・表現力を育むための言語活動や道徳教育の強化が進められた。特別活動の基本方針は、より良い人間関係の形成、社会への参加、体験活動や多様な集団活動を重視する点にあった。

②2017年および2018年の学習指導要領
　特別活動の改善点として、"人間関係形成"、"社会参画"、"自己実現"が明記され、キャリア教育の充実、各教科の関連性、さらに多様な他者との協働が強調された。

　主体的に取り組むことのできる資質・能力は次の3点に整理されている。
　　・知識・技能
　　・思考力・判断力・表現力
　　・学びに向かう力・人間性

特別活動は、その名称が導入されて以来、社会の要請に応じて変化・進化してきた。現代教育における特別活動のキーワードとしての「人間関係形成」「社会参画」「自己実現」は、教師が児童生徒と接する際の指導の核心を示すものである。

　具体的には「人間関係形成」とは、集団内での人間関係を良好にする視点である。学級活動、児童会活動、生徒会活動においては、他者との協力や学校生活の適応スキルが重要である。

　「社会参画」とは、集団や社会に参加し、問題を解決する視点である。クラブ活動や学校行事においては、個性の育成や公共の精神を高めることが重要である。

　「自己実現」とは、集団内での自身の生活の課題を見つけ、改善する視点である。キャリア教育や生徒指導においては、自己理解や表現、そして自己決定の能力の育成が求められる。

　特別活動の歴史的背景と変遷を理解することで、効果的な教育実践の可能性が高まる。

（4）特別活動と教育課程
①教育課程の概要

　「教育課程」とは、「学校教育の目的や目標を達成するために、教育の内容を子どもの心身の発達に応じ、授業時数との関連で総合的に組織する学校の教育計画である」（中教審 2015.9.14）。小学校では、「各教科」「特別な教科道徳」「外国語活動」「総合的な学習の時間」「特別活動」、中学校では、「各教科」「特別な教科道徳」「総合的な学習の時間」「特別活動」が、それぞれの教育課程内容となっている。

　現行の学習指導要領改訂の主要なコンセプト、「主体的・対話的で深い学び」を達成するためには、教師が授業の質的改善を追求する必要がある。

②特別活動の授業時数と教科横断的な視点

　小学校の学習指導要領では、特別活動の授業時数は、第 1 学年が 34 時間、第 2 学年から第 6 学年までが 35 時間とされている。中学校では、第 1 学年から第 3 学年までの各学年が 35 時間である（文科省 2017.3.31）。また、学校行事の時間は、特定の範囲で総合的な学習の時間としてカウントすることが許可されている。

　これらの情報をもとに、特別活動は他の教科と連携を取りながら、教科横断的な視点でカリキュラム管理が求められると解釈される。このアプローチは、学習の質を高めるための「深い学び」を実現する上での鍵となる要素である。

２．特別活動における教師の役割（8 つのポイント）

　特別活動の目標に示されている「自主的・実践的な集団活動」は、特別活動の全ての内容に共通している（日本特別活動学会編, 2019, p.110）。その際、教師の役割とは何であろうか。以下のようにまとめることができる。

① 児童生徒の主体的な活動場面を増やし、児童生徒の活動を中心に置く。そして、その自主的な活動を側面から指導・助言すること。

② 自発的、自治的な活動には一定の制限や範囲があることを、児童生徒に理解させる。そして、その点についての助言や指導を行うこと。

③ 自発的、自治的な活動の展開に際し、特別活動で育成を目指す資質・能力の中で何を重点に置くかを明確にし、その方向で指導すること。

　上述の 3 点は、自発的・自治的な活動を育成する教師の指導・助言の要点である。これを基に、この節では「特別活動における教師の役割」として、大切なことを 8 つのポイントに分けて解説する。自分が教師になった際、どのように児童生徒と関わる

べきか考える指針としたい。

ポイント①
「特別活動には教科書がない」─教師の力量が最も問われる時

　国語・算数・理科・社会…全ての教科にはその「道しるべ」としての「教科書」が存在する。教師は、その教科書に沿って指導するものである。しかし、特別活動には教科書がない。特別活動や学級活動の時間に、担任が「では、今日は教科書の何ページから始めましょう」と言うことはない。多くの学校で、学校全体が学期ごとの目標を設定し、学習内容等の大枠を決めていることが常である。それを基に、学年にその目標が具体化され、それぞれの学年・学級担任の裁量で学級活動「学級会」の内容が決められるのである。言い換えれば、担任の裁量で学級ごとの取組や授業運営が行われているのである。その結果、教師の力量が最も問われる時が「特別活動」である。

ポイント②
「児童・生徒を集団で動かす」─日々の児童・生徒を観る目を養う方法

　教師の力量が最も問われる時間は「特別活動」である、と先に述べた。この時間を適切に運営することが、学級経営の基盤となる。特別活動の核心は「集団活動（体験活動、実践活動等）」である。これは、行動を通じて学ぶことの重要性を強調するものである。

　特別活動の時間に集団活動を実施することで、児童生徒との交流が生まれる。意見の交換をさせたり、メモをとらせたりする中で、多様な視点を吸収しながら相互の考えを理解する。違う意見や感情に触れることもあるが、それらの違いを受け入れ、自らの成長に繋げるのが子どもたちの学びである。

　例えば、教師は授業の中で具体物を見せながら、メモさせたり、意見を言わせたりする。「書くこと」、「発言する」ことで自分の思考がまとまる。多様な考えや視点があることを実感させながら授業を進めていくことが大事である。時には自分と違う意見や反対な感情を抱くこともあるだろう。しかし、そんな自他との違いに気づき、それを自分に採り入れていく時間が子ども達の心の成長に繋がる。このような集団活動の実践を重ねることが、教師の日々の児童生徒を観る目を養うことに繋がる。

ポイント③

「学級活動で何をするか」―教師の教育観を示す方法

〔バンズ理論〕

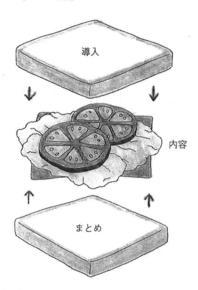

図 9-1　指導案「サンドイッチ構造」（安次嶺, 2014, p. 147）

　「サンドイッチ構造」という指導案の方法が存在する（安次嶺, 2014, pp.144-146）。この理論は、授業をバンズ（パンの生地）に見立て、自分が伝えたい内容を味付けとして加えるものである。授業の構造を考える際、学級全体を一つの方向に向かわせることが重要となる。それは、児童生徒全員の注目を一つの焦点に集めることと同義である。興味を引く要素を提供することがキーとなる。

　導入（バンズの上部）は、自分の指導案で何を伝えたいかの味付けとなる。授業の構造を考える時、その学級を一つの方向性に向かわせることが大事である。すなわち、児童生徒の視線を一つにすることである。児童生徒の興味関心のあるものを用意する。それがバンズ（パン生地）である。内容（中心部）は、集団活動を取り入れた部分で、特別教育の授業には欠かせない要素である。

　教師はどのように行動すればよいか。ポイントは、①子どもたちの様子を観察すること。ただ教室を見渡すだけでなく、教師は課題意識を持って子どもたちを観察すること

と、②集団活動が終了した後に教師がしっかりまとめのコメントを行うことである。

　学級経営がきちんとされていない教室・集団では、時間内に子ども達が静かにならない。これは時間が守れない集団である。4月の学級の門出から常にディスカッションや集団活動の終わりを意識しながら担任が指導している学級は、この集団活動からの終わりがスムーズである。当然、その後の静かな空間に教師の言葉が届く授業となる。常に教師が集団活動後の一言＝「自分の教育観」を意識して指導しているからである。

　「静かにして下さい！」「話し合い終わり」「席に着きましょう」などと指示しなくても時間を決めて、集団が決まりを守り、自然と教師の言葉を聞ける学級。上記の「サンドイッチ構造」を意識して、「導入のバンズの味付け」と「まとめのバンズの味付け＝教師の一言」を工夫する。次にこの授業で伝えたいことを考えながら教育観を伝える授業を目指そう！

ポイント④
「多様性を受け容れる」―人の話を聞けるクラスを作る方法

　小学校の新学習指導要領では、特別活動の目標を「多様な他者と協働する様々な集団活動の意義や活動を行う上で必要となることについて理解し、行動の仕方を身に付けるようにする」と掲げている。社会に出たときにいろいろな考え方を理解できるという、多様性を認める子を育むことを、教育の目標に捉える（安次嶺,2019,p.69）。

　特別活動の中でのディスカッションでは、さまざまな意見が出てくるものである。その際、教師は、意志決定の過程を注意深く観察する必要がある。一つの意見に偏らないよう、多様な意見を受け入れることができるかどうかを教師は確認するのである。児童生徒の多様な意見を受け入れる文化を育て、教室内でのコミュニケーションを奨励することである。「なるほど、自分の意見とは少し違うが、その方向性を模索していこう」という会話が出てくることで教室が成熟してくる。特別活動を通じて、児童生徒が異なる視点を理解し、協力して問題を解決するスキルを身につけられるようサポートする。特別活動の時間は、子どもたちの多様な意見を取り入れつつ、前に進む船の舵取り役が教師であることを意識すべきである。

ポイント⑤
「合意形成で進むクラス」―自分と他者を大切にするための手法

　教師がクラス経営を行う際、常に意識すべきことは、「自分と他者を大切にする」こ

118

とである。子どもたちが学びながら成長する場としての「学級」は、そのメンバー全員が価値を持つ場所である。そのため、教師は、意見が異なる場合でも、その意見を尊重し合意を形成していく過程を大切にするべきである。学級集団が成熟し、他者の意見を受け入れるスキルを発展させると、集団が主体的に行動し、学習の質が向上するであろう。教師は児童生徒に、自己主張と協力のバランスを取る重要性を示し、自他の意見の違いを受け入れることを奨励する。この合意形成の過程を通じて、児童生徒は社会的なスキルを身につけるのである。

ポイント⑥
「自己実現に向けて」―将来の自分を構築させる

特別活動の授業での教師の主要な役割とは何であるか。学習指導要領によると、「子どもたち一人一人の『自己実現』を目指すこと」とある。

集団の中で、自己の理解を深め、自己のよさや可能性を生かせる自己の在り方や生き方を設計していくのが特別活動の「自己実現」である。したがって、教師は児童生徒に「自己決定の場を与える」機能を効果的に提供し、自己実現に向けての道筋を支援する必要がある。

ポイント⑦
「学習指導要領を紐解く」―資質・能力の３つの視点

資質・能力の三つの視点とされる「人間関係形成」「社会参画」「自己実現」は明確に区別されるものではないが、上記の図のように、道徳教育や生徒指導との関連で捉えるとわかりやすい（杉田編,2018,p30）。

特別活動は他教科との連携を保ちながら、実践活動や体験活動を通して考えを深め、より良い資質・能力を身につけることが鍵となる。指導にあたる教師は、３つの視点を頭に置きながら、学習指導要領を詳細に検討し、その指導を行う。

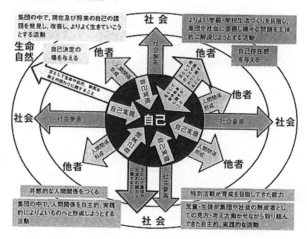

図9-2　資質・能力の三つの視点と道徳教育・生徒指導との関連（杉田編,2018,p.30）

ポイント⑧
「行事と行事の連携を考える」──俯瞰する眼

　学校行事の目標は、「全校または学年の生徒で協力し、よりよい学校生活を築くための体験的な活動を通して、集団への所属感や連帯感を深める」と、学習指導要領に定められた目的に沿っています。小中高で同様の目標が掲げられていることから、体験を繰り返し積み重ねることが重要である（日本特別活動学会編,2019,pp.74-75）。

　教師が考慮すべきは、行事と行事の連携である。行事と行事の関連を深く考察し、児童生徒を自主的・主体的な活動に導く手立てを検討することが求められる。例として、運動会の準備で裏方として活動した児童生徒に、次の修学旅行のリーダー役を提案するなどの工夫が考えられる。クラスの児童生徒の役割分担を全体的に捉える視点と、それを実践する指導が学級の成長を促進する。児童生徒に寄り添いながら、全体を俯瞰する視点を持つことが、特別活動における教師の役割である。

3．特別活動の指導理念

　この節は、小学校での「学級指導」（学級会）と大学の講義「特別活動の指導法」の実践から、特別活動の理念・思想・考え方を紐とく。授業の様子、子ども・学生の反応から、より実践的な「特別活動の指導理念」が見えてくることだろう。

（1）特別活動の学級開き「何故、挨拶するのかな？」－小学校での実践

　小学校の学級開き、特別活動「学級指導」の一場面。初めての担任と児童が向き合い、授業形式での教師と児童との対峙の瞬間。この時間がとても大事である。

　日直に号令をかけてもらう。担当の児童は「起立」と大きな声を出してくれた。同時に、教室の椅子が動く音、そして子どもと教師が向き合う。

　　初めての学級活動（学級会）で何を伝えるか。教師の教育観を常に持って児童生徒に向き合うことが大事である。挨拶もその一つ。一つの所作に、その意義、想いを伝える。小学生に「挨拶」について話し合いをさせる。この意義、その必要性など、皆が真剣に話し合う。様々な意見を交換した後に、学級をどのように動かすかを考える。

（2）主体的・自発性の方法原理

　「子どもから出発する」という教育理念は、教師と子どもたちが協同する、特別活動の基本理念である。「子どもから出発する」の根本理念は、いかにして子どもの実態を把握し、その実態を踏まえて彼らをいかに導くかということである(赤坂・佐藤編,2018,p.26)。

　このことは特別活動の主体的・自発性の方法原理である。

　教育には不易と流行がある。流行とは現在社会の要請に合った教育といえよう。一方長年続けてきている不易も大事である。その一つに授業前後の挨拶がある。

　「何で挨拶するのかな？」と、授業の初めと終わりの挨拶について、児童に議論を投げかけることで、様々な教育的意義が浮き彫りになる。授業への切り替え、気持ちの整理、相手へのリスペクトというキーワードが並ぶ。一方、時間の無駄、形式にとらわれすぎるという意見も存在する。

　このことを考える上で、次の文を引用してみよう。

　「最近の子どもたちは、自分のことに夢中になっているとつい『もうちょっと』『あと3分待って』と引き延ばそうとします。家庭でもテレビを観ているとき、ゲームを

しているとき、漫画を読んでいるときなどは、どうしても自分の行為を止められません。しかし、それらの行為を許してしまうと、行動がルーズになってしまい、切り替えがうまく出来ない子になってしまいます。自分優先で、他人に迷惑をかけることを厭わない子になってしまいます。（中略）『子どもの自主性』や『子どものペース』を尊重すべきだという声もあるかもしれませんが、（略）それはただ甘えを許しているだけに過ぎません。それでは、子どもたちの『今から先生の話を聞くぞ』という気概を生成することはできないでしょう。たかが挨拶一つですが、厳しく指導すれば、それが子どもたちの『中断できる力』『切り替える力』の基になるのです」（安次嶺,2013,pp26-27）。

羽仁もと子氏の言葉、「あなた達には、靴を揃えて脱ぐ自由があります。」（羽仁,1963pp.362-364）は、自由の本質とは何か、そして教育者としての立場からの視点を示唆している。それは、教師としての役割だけでなく、人間としての一人格を重んじる考え方である。

「皆さんは、今、起立をして、気を付けて姿勢を整え、注目で教師の方に目を向け、礼でお辞儀をして気持ちを表す。そして、椅子を引いて静かに座る。この行為を一つひとつ考えて、選んだ」。このことを子ども達に伝えると、皆の顔が皆変わった。初めの授業で教師の想い（教育観）を伝えること、これが学級開きの土台である。その後は、自然と教室の空気が変わっていく。黙っていてもノートを開いて、メモをとる児童が増えていった。

「子どもたちの実態から見て、どんな力をつけてやる必要があるか、特に『生きる力』の観点から見て何が欠けているかを検討し、実践を組み立てる」（赤坂・佐藤編、2018、p.26）。

まさに、子どもたちは、自らを振り返り、今後自分達の行為の意味、「挨拶の意義」、「中断する力」、「お互いの意見を尊重する行為」等を学び、主体的な行動を取ってくれたのである。

（3）特別活動は「豆腐作りより納豆作り」－大学での実践

大学での「特別活動の指導法」の講義。新学習指導要領の大きなテーマは「主体的・対話的で深い学び」。どのように子ども達を導いていけばいいのか。次の文を学生に示す。

特別活動は「豆腐作りより、納豆作り！」を目指そう。（赤坂・佐藤編,2018,p.28）

「原料は、どちらも大豆である。しかし、豆腐は、見た目は四角形にまとめられて美しい。だが、大豆は潰されている。一粒一粒の『個』が見えてこない。他方、納豆は、一粒一粒の「個」が活きていて（個性化）、しかもお互いがつながり合っている。（連帯化）」これが、特別活動の理念・思想・考え方である。

　授業では、ホワイトボードに、豆腐の絵と納豆の絵を掲示した。学生達は、何が始まったか興味津々。豆腐の絵と納豆の絵をノートに描かせる。しばらくして隣の子とディスカッションを行わせる。様々な意見が出る。「特別活動で納豆を作るのか？」「いや、そうじゃないだろう。これは学校行事でのイベントだろう」等…議論が続く。

（4）アクティブ・ラーニング

　次に、新学習指導要領に規定された、「特別活動の目的」を読む。

　特別活動の目標：集団や社会の形成者としての見方・考え方を働かせ、様々な集団活動に自主的、実践的に取り組み、互いのよさや可能性を発揮しながら集団や自己の生活上の課題を解決することを通して、次のとおり資質・能力を育成することを目指す。

① 多様な他者と協働する様々な集団活動の意義や活動を行う上で必要となることについて理解し、行動の仕方を身に付けるようにする。

② 集団や自己の生活、人間関係の課題を見いだし、解決するために話し合い、合意形成を図ったり、意思決定したりすることができるようにする。

③ 自主的、実践的な集団活動を通して身に付けたことを生かして，集団や社会における生活及び人間関係をよりよく形成するとともに、自己の生き方についての考えを深め、自己実現を図ろうとする態度を養う（文科省,2018）。

　一人ひとり、マイクを与えて一行ずつ学生が起立をして読んでいく。読み終わった時、必ず全員で拍手をする。これも学級での指導と同じである。子ども達は集団の中で音読する時、緊張するであろう。また、「読み間違えたら恥ずかしい」という気持ちを抱くかもしれない。それでもみんなの前で音読できたことに対して拍手を贈ることは、大きな意味があると伝える。学生達も実際に体験してみることで、子どもと同じ気持ちを感じとる。模擬授業形式、アクティブ・ラーニングを取り入れた講義が進んでいく。

　読み終えた後、今度はグループディスカッション。前後4、5名でのグループディスカッション。司会を決めて、「豆腐と納豆の謎」を解いていく。特別活動の4つの内容

（小学校）「学級活動」、「児童会活動」、「クラブ活動」及び「学校行事」と合わせて、「主体的・対話的で深い学び」というキーワードを捉えて議論を重ねていくのである。

　豆腐のように形が整うように学習単元を終えるのが各教科指導だとしたら、特別活動では、指導が終わった時、納豆のようにお互いが大豆という多様性の個性を大切に保ちながら、しかもお互いが繋がり合っているそんなイメージを大切にしていく、ここがポイントである。

　新しい学習指導要領のテーマ「主体的・対話的で深い学び」のもと、学生たちは、豆腐と納豆の比喩を通して、教育の方法論を理解しようと試みた。新富康央氏の、「個を活かすには、個を大切にする集団が必要である」（赤坂・佐藤編,2018,pp28）とは、この理念を具現化するものとして語られている。

　特別活動は、教科学習とは異なるアプローチを必要とする。それは、豆腐のように形成された知識ではなく、納豆のように繋がり合いながら、それぞれの個性を保ちつつ成長していく学びである。

（5）「どんなクラスにしたいか」、「どんな子どもを育てたいか」

　「特別活動の指導法」の授業。学級活動での課題。「初めての学級指導、あなたは何を語りますか？」と学生に聞く。2分間、とにかく、自分が子ども達を目の前に置いて何を語るかをノートに書いていく。講義室を回ってみると、なかなか筆が進まない。次の指示を板書した。

　「どんなクラスにしたいか」「どんな子どもを育てたいか」「これは、毎年、子どもと向き合う時に、常に自分の心の中で問答していた言葉です。あなたならどうする？」と。

　学生達の筆が再び甦り、ノートに書き込んでいく。次に数人でディスカッションを行う。一人が先生役、その他は子ども役で会話を重ねていく。新学期の模擬学級ができあがり、各々の学級指導が行われる。

　「先生は、みんながやさしい心を持った人に助け合うクラスになって欲しいと思っています」「先生は、メリハリのあるクラス。勉強するときは、しっかりと勉強し、遊ぶときは思い切って遊ぶ、そんなクラスになって欲しいと思っています」「先生は、助け合うクラスになって欲しい。人が困っていたら進んで言葉をかけてあげる子、ごみが落ちていたら、進んで拾うそんな子に育ってほしいと思います」と、次々に学級での担任の方針が出てきた。みんなが担任になり、子ども達（学生）に語り終わった所

で、次の文章を静かに読み上げた。

　「子どもを育てる」というのは、まずは親自身が自分を育てることであり、こういう気持ちで、いつも子どもと向かい合うことなのではないかと思います。「育児は育自」なのです。親は、自分が持っていないものを子どもに与えることはできません。やさしい心を持った子どもに育ってほしいと思えば、親がまず、思いやりのある人となり、他人の痛みをわかろうと努力をすることが必要なのです(渡辺,2006,p171)。

（6）育児は育自「自分が持っていないものを子どもに与えることはできない」

　学生達は、その言葉をノートに写していく。次に、先ほどの文章の一部を変えて読む。

　「『子どもを育てる』というのは、まずは教師自身が自分を育てることであり、こういう気持ちで、いつも子どもと向かい合うことなのではないかと思います。育児は育自なのです。教師は、自分が持っていないものを子どもに与えることはできません。やさしい心を持った子どもに育ってほしいと思えば、教師がまず、思いやりのある人となり、他人の痛みをわかろうと努力をすることが必要なのです。」

　親を教師と読み替えるだけで、厳しい言葉となって教職を目指す学生達に響いてくる。さらに、これを自分に置き換えてみると、これからの生き方、学生生活がまた変わってくるはずだ。

　授業後の感想には『「育児は、育自」という言葉に、まずは自分が育つことが大事だと共感しました。そして、「自分がもっていないものを人に与えることはできません」という言葉が胸に突き刺さりました。これからの自分の生き方を見直します。』と綴られていた。

　「どのようなクラスを築くか」「どのような子どもを育てるか」というテーマでの授業中、学生たちに「初めての学級指導で、何を語るか」という問いを投げかけた。答えを求める学生たちの前に、板書で示唆を与えた。これは毎年、子どもたちと向き合う時に自らが問い続けるテーマだ。

　子どもを育てるとは、まず親が自らを育てることである。親は自分が持っていないものを子どもに与えることはできない（渡辺,2006,p171）。

　この言葉の中には、特別活動の理念が詰まっている。「教師の役割は自らを育てることから始まる」と板書する。教職を目指す学生たちは、これからの彼らの生き方や教職生活において、これらの言葉を深く考えることが求められるだろう。これらの考察

を通して、特別活動の指導法に関する深い理解と実践のヒントが得られることを期待
する。 （安次嶺隆幸）

参考文献

① 杉田洋編『小学校 新学習指導要領ポイント総整理』東洋館出版、2017 年。
② 藤田晃之編『中学校 新学習指導要領の展開』明治図書、2017 年。
③ 日本特別活動学会編『キーワードで開く新しい特別活動』東洋館出版、2019
年。
④ 赤阪雅博・佐藤光友編『やさしく学ぶ特別活動』ミネルヴァ書房、2018 年。
⑤ 安次嶺隆幸著『礼儀でまとめる学級づくり』東洋館出版、2013 年。
⑥ 文部科学省『小学校学習指導要領解説特別活動編』2018 年。
⑦ 文部科学省『中学校学習指導要領解設特別活動編』2018 年。
⑧ 羽仁もと子著『羽仁もと子著作集 20 自由・協力・愛』婦人之友社、1963 年。
⑨ 渡辺和子著『愛と祈りで子どもは育つ』PHP 文庫、2006 年。
⑩ 安次嶺隆幸著『将棋を指す子が伸びる理由』小学館クリエイティブ、2019 年。

第10章　養護教諭の仕事
―子どもの成長を支える役割―

　現在、養護教諭は日本の小学校や中学校では当たり前の存在として認識されている。子どもにとって養護教諭は、ほけんの先生、保健室の先生として、けがや病気の治療、困ったときにしっかり話を聞いてくれる優しい先生と思ってくれている子どもも多い。養護教諭は、子どもの成長における健康と安全を第一に考え、心と体の両面からサポートする役割を担っている。

　本章は、子どもの成長支援者としての養護教諭の仕事について、以下に詳しく解説していく。

1．養護教諭の歴史的変遷
（1）養護教諭のはじまり

　養護教諭の歴史は、トラコーマ（トラホーム）の対策を図るため学校に看護婦を置くことから始まった。1905（明治38）年、岐阜県の学校で感染症のトラコーマ（クラジミア病原体による目の疾患）が大流行した。学校看護婦の主たる仕事はトラコーマ患児の洗眼であった。欧米におけるスクールナースの設置もほぼ日本と同じ年代で、主たる仕事が伝染性皮膚病の治療に当たることであった。具体的対応として、欧米のスクールナースが巡回制を取る対応に対し、1927（昭和2）年、日本の学校看護婦が一校駐在制の対応として常駐勤務を実施した。

　その後、日本の学校看護婦は児童の救急処置を任務とするようになり、学校身体検査の事後措置を担当すること等から学校職員として他の人を持って変えることができない位置を占めていくようになっていった。1905（明治38）年から1938（昭和13）年までの間で、学校教育での看護婦の役割として「学校看護婦」→「学校衛生婦」→「学校養護婦」（職務は衛生養護に関するとする。）と、時代と社会状況の変化とともに名称も変わってきた。1941（昭和16）年、国民学校制度（国民学校令の制定）を機会に学校養護婦は、「養護をつかさどる」教員としてその地位や身分が確立され「養護

訓導」としての重要性が高まり、1948（昭和22）年、学校教育法が制定され、今日の「養護教諭」と名前が改められた。1948（昭和22）年の制定された学校教育法第2章小学校第28条には、養護教諭の仕事は職務として明確に位置づけられた。

学校教育法で、「養護教諭は、児童の養護をつかさどる」において養護教諭の職務内容については法令で具体的に示されたものはないが、その後、学校保健法が1958(昭和33)年に制定され、「この法律は、学校における保健管理に関し必要な事項を定め、児童、生徒、学生及び幼児並びに職員の健康の保持増進を図り、もって学校教育の円滑な実施とその成果の確保に資することを目的とする。」とした。さらに、1972（昭和47）年の「保健体育審議会答申」では、養護教諭の職務を「児童生徒の健康の保持増進するための全ての活動」とし、具体的には養護教諭の専門的役割として4つの職務内容（①〜④）を明確に示した。①専門的な立場から全ての児童生徒の保健環境衛生の実態の把握、②疾病や情緒障害、体力、栄養に関する問題等心身の健康に問題を持つ児童生徒の個別の指導、③健康な児童生徒についても健康の増進に関する指導、④一般教員の行う日常の教育活動にも積極的に協力する。また、1997(平成9)年の保健体育審議会答申では、「ヘルスプロモーションの理念に基づいた健康教育の推進」が掲げられた。養護教諭についても、心の健康問題の深刻化を背景に、新たな役割として「健康相談活動」が加わり、一層の管理の充実が求められた。また、兼職発令により養護教諭が授業を行うことができるようになり、現代的な健康課題の解決に向けて養護教諭への期待が高まった。

（2）学校保健安全法の制定と養護教諭

学校保健法は、1958(昭和33)年に制定され、当時においては伝染病、う歯、視力低下などが重要な課題であり、これらの課題について学校保健の制度は大きな成果を出してきた。その後、子どもを取り巻く環境の変化に伴う中で、児童生徒等の安全を脅かす事件・事故が発生し、学校安全に対する意識が高まった。これを契機に2008(平成20)年、学校保健法は学校保健と学校安全の両分野を規定する法律とする「学校保健安全法」と改められた。

学校保健安全法の第1条に「この法律は、学校における児童生徒等及び職員の健康の保持増進を図るため、学校における保健管理に関し必要な事項を定めるとともに、学校における教育活動が安全な環境において実施され、児童生徒等の安全の確保が図られるよう、学校における安全管理に関し必要な事項を定め、もって学校教育の円滑

な実施とその成果の確保に資することを目的とする。」と示された。養護教諭は、他教員と協力して子どもの健康の保持増進だけでなく、教育活動の安全な環境と児童生徒等の安全を確保することが求められた。学校保健安全法を基に、養護教諭の専門的役割について具体的に関連する 7 点(1)～(7)を以下に挙げる。

2．養護教諭の役割

（1）学校保健計画の策定

　学校保健安全法第 5 条には、「学校においては、児童生徒等及び職員の心身の健康の保持増進を図るため、児童生徒等及び職員の健康診断、環境衛生検査、児童生徒等に対する指導その他保健に関する事項について計画を策定し、これを実施しなければならない。」と学校保健計画の策定が明記されている。

　学校保健計画の作成に当たっては保健主事が中心となり、それぞれの学校で出されている学校教育目標を受け、学校保健目標、重点目標、役割分担、年間計画一覧などを盛り込み、実施状況と健康課題の原因把握を明確に取り進めることが重要となる。学校保健計画に必ず盛り込まなければならないこととして、①児童生徒等及び職員の健康診断、②環境衛生検査、③児童生徒等に対する指導に関する事項が挙げられた。特に、学校保健計画に記載する事項として、「児童生徒等に対する指導」が盛り込まれたことから、保健教育も含めた総合的な計画を立てることが重視され、養護教諭は作成への参画はもとより、実施・評価に当たって、より積極的な役割を果たすことが求められるようになった。

（2）保健室の運営

　学校保健安全法第 7 条には、「学校には、健康診断、健康相談、保健指導、救急処置その他の保健に関する措置を行うため保健室を設けるものとする。」と保健室の設置と機能が明記されている。

　養護教諭は、子どもの「発育・発達」の促進に大きな役割がある。保健室は、日々の学校生活において、いつでも誰でも相談し安心できる場として必要不可欠であり、けが・病気に対しての応急処置及び緊急時における救急体制の確立、そして迅速な対応の場として重要となっている。また、健康診断を通しての結果や身体の成長だけでなく、結果から見える健康課題に対しての個別の健康相談や、具体的自己の振り返りから課題解決に繋げるための保健指導の役割も重要である。担任を始め保護者及び学

校全体で取り組んでいくための共有の場としての保健室の意義は大きく、子どもにとっての自己成長及び人格形成において非常に意義のある機能を持っているのが保健室と言える。

（3）健康相談

　学校保健安全法第8条には、「学校においては、児童生徒等の心身の健康に関し、健康相談を行うものとする。」と健康相談の実施の必要性が述べられている。

　これまでの健康相談は、学校保健法上、学校医・学校歯科医が従事するもので、健康診断結果に基づき保健室で定期的に、あるいは臨時に日を決めて実施していた。一方で、養護教諭が実施する健康相談に関する相談は「健康相談活動」と呼ばれ、学校医等が行う健康相談とは異なるものであった。子どもを取り巻く様々な環境の変化に伴い、メンタルヘルスとしての心の健康課題が山積してきて、日常的に養護教諭が行う健康相談活動との区別がなくなり、「健康相談」に統一された。

　養護教諭は、子どもの保健室来室時において救急処置対応や相談等の対応場面を活用しながら、子どもの身体的不調の背景にいじめ等の心の健康問題が関わっていること等のサインにいち早く気づく立場にあり、養護教諭のヘルスカウンセリング（健康相談活動）が一層重要とされてきた。さらに、健康相談を実施するに当たり来室だけでなく、家庭と連携を図るための、家庭より毎年新年度に提出される保健調査や、健康診断結果、家庭での日々の実態や情報等を基に、子どもの見えない声に気づけるように努めている。日々の子どもの健康と安全について担任を始め教職員及び家庭との連携を重視するためにも、養護教諭は重要な役割を担っている。

（4）保健指導

　学校保健安全法第9条には、「養護教諭その他の職員は、相互に連携して、健康相談又は児童生徒等の健康状態の日常的な観察により、児童生徒等の心身の状況を把握し、健康上の問題があると認めるときは、遅滞なく、当該児童生徒等に対して必要な指導を行うとともに、必要に応じて、その保護者に対して必要な助言を行うものとする。」と養護教諭は子どもに対する保健指導や保護者に対する助言をその他の職員と相互に連携して取り組まなければならないことが明記されている。

　メンタルヘルスに関する課題やアレルギー疾患等の現代的な健康課題が生ずるなど児童生徒等の心身の健康問題が多様化、深刻化している中、保健指導は、子ども一人

一人の健康問題の解決を目的として実施している。養護教諭は、日常的にきめ細かな健康観察や担任情報から子どもの健康問題を健康相談に繋げ、さらに個別の保健指導を担任と協力し家庭と連携しながら、子どもの健康上の問題の改善に努めることを重視しなければならない。

（5）地域の医療機関等との連携

　学校保健安全法第 10 条には、「学校においては、救急処置、健康相談または、保健指導を行うに当たっては、必要に応じ、当該学校の所在する地域の医療機関その他の関係機関との連携を図るよう努めるものとする。」と学校は地域の医療機関その他の関係機関との連携が求められている。

　学校では養護教諭の救急処置、健康相談、保健指導を行うに当たり、児童生徒の心身の健康課題を解決するために、日頃より学校内の情報共有を生かすチーム態勢が重要となる。養護教諭は、救急処置対応も含め教職員との情報共有を図りながら地域の医療機関等との連携、必要に応じ地域の関係機関との連携も併せ進めていくことが重要と言える。

　一人一人が、安全で安心な学校生活を送るための地域の医療機関等の連携は、子どもや家族及び学校において重視すべき安全な生活の確保に他ならない。そのことは、将来に向けた子どもの成長過程において健康と安全の確保は学校の重要な役割であると言える。

（6）学校安全計画の策定等

　学校保健安全法第 27 条には、「学校においては、児童生徒等の安全の確保を図るため、当該学校の施設及び設備の安全点検、児童生徒等に対する通学を含めた学校生活その他の日常生活における安全に関する指導、職員の研修その他学校における安全に関する事項について計画を策定し、これを実施しなければならない。」と児童生徒等の安全の確保を図るための学校安全計画が明記されている。

　養護教諭は、その学校の実態に即し、児童生徒等の健康実態等により児童生徒の健やかな成長を支えるための取組を計画的に年間計画に取り入れて推進している。特に、職員の研修として、水泳事故及びアナフィラキシーショック等の対応を迅速にできるように、外部講師によるＡＥＤ講習会を毎年実施し、危機管理による意識強化を図っている。また、学校保健計画と同様に、関係機関との連携や協力が欠かせないため、

学校安全計画の内容について保護者の理解と協力態勢を得るためにも周知徹底と共通理解は不可欠である。

（7）危険等発生時対処要領の作成等

　学校保健安全法第 29 条 3 項には、「3　学校においては、事故等により児童生徒等に危害が生じた場合において、当該児童生徒等及び当該事故等により心理的外傷その他の心身の健康に対する影響を受けた児童生徒等その他の関係者の心身の健康を回復させるため、これらの者に対して必要な支援を行うものとする。」と学校は危険等発生時対処要領の作成等を実施していかなければならないことが明記された。

　学校は、危機管理のマニュアルの作成が規定された。危機発生を未然に防止し、可能な限り危険を回避する事前の管理と、危機発生後に迅速かつ適切に対応して被害を最小限度に押さえる事後の危機管理の管理態勢が示された。具体的には、危険発生時におけるリスクの洗い出しやそれに向けた対応及び、机上訓練やシミュレーションの研修も学校安全計画に位置付け、組織的に取り組めるよう事件・事故の再発防止に努めることが必要である。養護教諭は、災害における救急体制や具体的対応及び子どもの心のケアのために、最悪な状況を想定しながら最善を尽くす必要性を意識し、全教職員の共通理解を図るよう努めることが重要である。

3．学校保健及び学校安全の領域と構造からとらえた養護教諭の役割

　図 1、図 2 は「新訂版　学校保健実務必携　第 5 次改訂版」の学校保健（ p 13）及び学校安全（ p 1,075）の領域と構造を基に編者が作成したものである。2 つの領域と構造は、具体的に取り組む内容を領域別に構造的に見やすくまとめたものである。養護教諭の仕事として取り組む内容が分かるように作られてある。

　学校保健及び学校安全では、全ての教職員が学校保健安全法に基づき推進していくことで子どもの健康の保持増進及び安全を確保することが重要視されている。

　養護教諭は、児童生徒が健康な生活に必要な基礎的・基本的な知識・技能の修得を図るための支援や、保健教育と保健管理及び安全教育と安全管理の活動を円滑に推進していくため、具体的取組において重要な役割を担っている。そのためには、教職員による役割の明確化や活動を通しての組織的な協力体制の確立は重要であり、家庭及び地域の関係機関との連携を密にするための学校保健・学校安全に関する組織活動の充実と組織の整備が不可欠となる。養護教諭は組織活動ができるように、これら 2 つ

の領域と構造を周知していく必要がある。

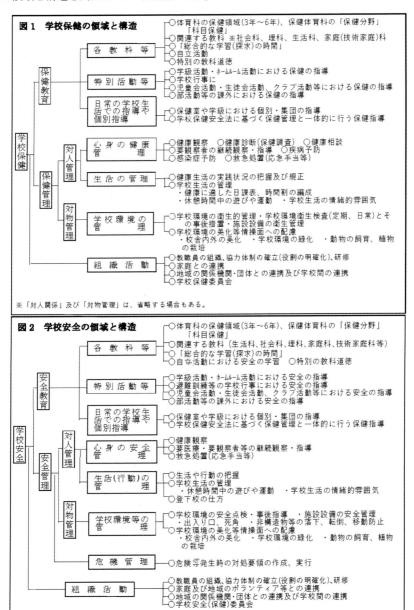

図1　学校保健の領域と構造

図2　学校安全の領域と構造

４．子どもの現状と養護教諭

　子どもにおける健康課題は社会環境の急激な変化やコロナ禍の生活の変化に伴い子どもの成長発達に大きな影響を与えている。このことについて以下の調査結果を基に述べていく。

（１）健康状態調査について

　2022年度（令和4年度）学校保健統計によると健康診断は学校の教育活動を行う上で、児童生徒の健康状態を把握し、必要な措置を講じるという重要な役割を担っている。本調査結果（特に(1)～(3)）を基に各学校での学校保健活動に取り入れ、きめ細かな教育活動に生かしていくことが重要である。

　(1)　裸眼視力1.0未満の者の割合は、学校段階が進むにつれて高くなっており、小学校で3割を超えて、中学校では約6割、高等学校では約7割となっている。

　(2)　むし歯（う歯）の者の割合は、小学校・高等学校で4割以下、幼稚園・中学校では3割以下となっている。

　(3)　鼻・副鼻腔疾患の者の割合は、小学校・中学校で1割程度となっている。

　（※なお、いずれの項目も調査時期の影響が含まれるため、2020年度（令和2年度）、2021年度（令和3年度）に引き続き2022年度（令和4年度）の数値についても、2019年度（令和元年度）までの数値と単純な比較はできない。）

　健康診断結果を受け、各学校においての課題解決に向け、児童生徒や教職員の健康の保持増進を図ることを目的とし、年間を見通した計画を立てていく。その際、保護者や地域及び医療機関等の連携も図っていくことが重要である。また、保健管理の実施においては、学校医、学校歯科医、学校薬剤師の専門性の活用を図ることや、個別や集団での指導の場を位置づけること等は養護教諭の職務として求められている。

（２）生徒指導上の諸問題について

　2022年度（令和4年度）児童生徒の問題行動・不登校等生徒　指導上の諸課題に関する調査結果によると、いじめ、暴力行為、不登校、自殺は以下の通りである。

①いじめ　小・中・高等学校及び特別支援学校におけるいじめの認知件数は681,948件であった。前年度は615,351件で66,597件(10.8%)増加してしまった。児童生徒1,000人に当たりの認知件数は53.3件（前年度47.7件)の報告となった。

②**暴力行為**　小・中・高等学校における暴力行為の発生件数は 95,426 件であった。前年度は 76,441 件で 18,985 件(24.8%)増加してしまった。児童生徒 1,000 人当たりの発生件数は 7.5 件(前年度 6.0 件)の報告となった。

③**不登校**　小・中学校における長期欠席者数は 460,648 人であった。前年度は 413,750 人で、不登校児童生徒数は 299,048 人であった。不登校問題においては、10 年連続で増加傾向にあり、小学校は 10 年前の 5 倍、中学校は 2 倍に増えている現状がある。

④**自殺**　小・中・高等学校から報告のあった自殺した児童生徒数は 411 人（前年度 368 人）であった。調査開始以来過去最多であった 2020 年度（令和 2 年度）より 2021 年度（令和 3 年度）には減少したものの、2022 年度（令和 4 年度）は増加となった。また、警察省と厚生労働省による自殺統計によると令和 4 年度の児童生徒の自殺数は 514 人となり、1980 年に統計を開始してから 500 人を超え、過去最多の報告があり、非常に憂慮すべき状況にあることが公表された。

上記 4 点は、子どものメンタルヘルスに関わる点が多く、学校における個別の取組と、集団の取組とＳＣ・ＳＳＷを含めたチームでの取組のほか、保護者も含め専門機関や医療との多方面からの支援体制が重要である。いじめ問題で重視すべき共通認識は、「いじめは、相手に精神的・身体的な苦痛を与える犯罪行為である。」ということである。そのいじめにより、自尊感情の低下や精神的苦痛を感じることも多く、被害者は人間関係においてのトラウマを一生抱えることになるという事実も大きな問題として捉えることが重要である。特に学校においては、いじめから受ける子どもの精神的苦痛は非常に重視する必要がある。さらに、いじめからの暴力行為や、不登校との関連性も否めないため、常に他教員との連携を図りながら注視しなければならない。

小学校低学年による暴力行為の増加では、就学前や低学年の時期にコロナ禍によるコミュニケーション不足に加えて、言語による自己表出が未熟なため、不安があってもうまく言葉を介して伝えられないことも大きな要因の一つと言える。聞けない、関われない、常に周りからせかされている、何をどうすればいいか分からない、それらにより不安や焦りが増大していく。その不安や焦りは、やがてイライラ感となり、ちょっとした友達の言葉に腹が立ち暴力を振るってしまうという問題行動に繋がってしまう。

不登校要因として、「生活習慣の乱れ」が今回の文部科学省の調査で指摘されている。学校や家庭という環境下での「自信」の欠如が原因として挙げられる。自信が欠如す

ることで、自己肯定感が下がり、不安や怒りや悲しみが身体症状として表出されてくることが多い。やがて、そのような健康状態からの生活習慣の乱れとなり、昼夜逆転の生活が不登校に繋がることも大きい理由として挙げられる。大切なことは、子どもの発信を待つのではなく、異変を発信と捉え子どもの異変に気づいたら声をかけることである。養護教諭は日常の子どもの様子にいち早く気づける立場にある。担任やＳＣ・ＳＳＷに繋なげ、学校全体及び保護者や医療との連携も視野に入れながら子ども支援をしていく体制をとるように努める必要がある。日頃の子どもの心や体の健康を把握し、子ども一人一人を理解しているからこそ、教職員との連携を図り具体的支援の中心の一人として、その役割は大変重要であり責任も重い。

　自殺対策については、2023(令和5)年6月に政府にてとりまとめた「子どもの自殺対策緊急対策強化プラン」に基づき、学校では共通理解の中で、親支援や他機関連携も含め情報共有の必要性を重視した対応を図っている。また、2022(令和4)年8月に群馬県教育委員会が作成した「未来を生きぬく力を育む教育」では、自殺予防教育の目標として自殺の危機が高まった生徒への危機介入マニュアルが示され、自殺予防教育の目標として「心の危機理解」と「相談する力の育成」の重要性が挙げられている。このことは、自分の心の危機(不安、怒り、身体不調)に気づき、周りの人(教師や友達、家族等)が子どもの変化に気づき、まず、声をかけることにあるとしている。周りの人が子どもの心の危機に気づき声をかけることで相談することに繋がるのである。相談においては、子どもの気持ちを尊重し受容することが大前提となる。そして、養護教諭は心の安心安全を図り、早めの医療へ繋げることも子どもの命を守る危機対応の一つとして意識して取り組むことが非常に重要である。

５．養護教諭の仕事を通して

　養護教諭は、学校保健や学校安全の活動における中核的な役割を担っている。学校においては、病気やけがの救急処置をはじめ、日々の子どもの命の安全を最優先に一人一人の成長支援に心がけている。さらに、深刻化している不登校、いじめなどの心の健康課題に対応するヘルスカウンセリングの充実に向け、教職員やＳＣ・ＳＳＷ、保護者、医療、他機関等の連携もコーディネーター役として行っている。また、兼職発令を受けての保健の授業ができるなどの職務内容の拡大もあり専門職としての授業への期待も大きい。

　養護教諭として大切なことは、子どもとの日々の学校保健や学校安全の活動を通し

て、子どもが健康であること、そして、安全・安心できる環境で自己肯定感を育むことである。それは、「大丈夫。」と思える自分を確立すること。困ったときは、誰かに相談できる力をつけること。しっかり自分の健康を考え、行動できる力や技術を身につけること。そして周りと協力する力を育てることである。これらを支えているのが養護教諭である。

　養護教諭は、常に子どもの声に対し、耳を傾け、「どうありたいか」の目標を一緒に見つけ、子どものペースに合わせて見守り、声をかけながら子どもが持った目標が達成できるように支援していく。養護教諭の仕事は、常に、成長過程を丁寧に捉え、子どもを取り巻く様々な環境に対し、子どもの発信する健康課題を発達段階に応じてしっかり理解することにある。そして、「心と体に関する今の思い「感情」を受け止める役割」を自覚し、子ども一人一人の健康と安全を学校全体で取り組めるように働きかけて行くことである。

　そのために、養護教諭はいかなる子どもに関わる健康課題、安全課題に対しても、迅速に対処できるように常に学ぶ姿勢を持ち、新しい知識や技能等を修得していくことが養護教諭の仕事として望まれる。

（八重樫節子）

参考文献

①　杉浦守邦著『養護教諭はどうしてこの名が付いたか』日本養護教諭教育学会誌第 5 巻第 1 号、日本養護教諭教育学会誌編集委員会、2002 年 3 月。

②　三木とみ子・大沼久美子編『新訂養護概説 第 12 版』ぎょうせい、2022 年 3 月。

③　教員養成系大学保健協議会『学校保健ハンドブック第 7 次改訂』ぎょうせい、2020 年 3 月。

④　岡田可奈子・河田史宝編『養護教諭のための現代の教育ニーズに対応した養護概論―理論と実践―』東山書房、2021 年。

⑤　文部科学省『現代的健康課題を抱える子共たちへの支援～養護教諭の役割を中心として～』2017 年 3 月。

⑥　学校保健・実務研究会『新改訂版学校保健実務必携（第 5 次改訂版)』第一法規、2020 年。

⑦　文部科学省総合教育政策調査企画課『令和 4 年度学校保健統計　調査結果の

ポイント』令和 4 年度学校保健統計（確定値）の公表について、2023 年 11 月 28 日。

⑧　文部科学省初等中等教育局児童生徒課『令和 4 年度児童生徒の問題行動・不登校等生徒指導上の諸課題に関する調査結果について』、2023 年 10 月 4 日。

⑨　こどもの自殺対策に関する関係省庁連絡会議『子どもの自殺対策緊急対策強化プラン』、2023 年 6 月 2 日

⑩　群馬県教育委員会『自殺の危機が高まった生徒への危機介入マニュアル』2022 年 8 月。

第11章　インクルーシブ教育と教師

　インクルーシブの理念を取り入れた「特別支援教育」がスタートしたのは、2007年のことである。その前は、「特殊教育」と呼ばれる制度の下で、健常な子どもと障害をもつ子どもは学ぶ場所を分けられ、同じ教室で学ぶことは少なかった。教育の効率だけを考えたときには、できるだけ発達段階がそろった子どもたちを集めて教育する方が、健常な子ども、障害を持つ子ども、双方にとって利が大きいという考え方である。しかし、この「分離別学」のシステムは、人権侵害や差別の問題をはらんでいることに気付くだろう。教育の受ける当事者である子どもや保護者の思いを受け容れることなく、同じ地域の子どもと別の学校で学ぶことを強制されるとき、「近所のみんなと一緒に学びたい」というごく当たり前の人間的な思いは切り捨てられ、我慢を強いられることになる。インクルーシブ教育の推進は、差別と決別し、相互に人権を尊重し合う共生社会実現への道筋である。学校制度の黎明期からずっと存続してきた「分離別学」の考え方を転換するのは容易なことではないが、子どもたちにインクルージョンの理念を伝え、共生社会を実現しようとする人間を育成しようとするならば、まずは教師が変わらねばならない。本章では、インクルーシブ教育を推進する教師の在り方について考えていきたい。

1．インクルーシブ教育とは

（1）特別支援教育を支える理念

　「特別支援教育」を支える理念は、ノーマライゼーション（Normalization）とインクルージョン（Inclusion）である。ノーマライゼーションとは、「たとえ障害があっても、その人を平等な人として受け入れ、同時に、その人たちの生活条件を普通の生活条件と同じものとするよう努める考え方」（Mikkelsen, 1969）である。インクルージョンはインクルーシブ（inclusive）の名詞形であり、「包括」や「包含」といった意味をあらわす言葉である。インクルージョンの理念は、1970年代のフランスで誕生したが、

教育現場に普及したきっかけは、国連教育科学文化機関 (UNESCO) の 1992 年の「サラマンカ宣言」である。その中でインクルージョンは、「不利と障害を持つ子どもを含むすべての子どもたちが可能な限り通常の学校・学級で、個々の教育的ニーズを踏まえた教育を行うこと」と示されている。すなわち、インクルーシブ教育とは「結果」ではなく「プロセス」であり、多様なニーズをもつ全ての学習者が排除されず、学びに参加できるように取り組み、適切に対応しようとする教育のプロセスそのものが、インクルーシブ教育なのである。このように、ノーマライゼーションとインクルージョンは「特別支援教育」を支える理念であるいう点で共通しているが、ノーマライゼーションは「普通と同じようにする」というように、一般社会への同化のニュアンスがあるのに対し、インクルージョンは「障害の有無に関係なく、すべての者が一緒に」という共生の理念が強調されていると解釈できる。いわば、ノーマライゼーションを発展させた考え方がインクルージョンだといえる。

　インクルーシブ教育の目的は、共生社会の形成である（文部科学省, 2012）。共生社会とは、障害者等の集団への参加・貢献を保障し、誰もが相互に人格と個性を尊重し支え合い、人々の多様な在り方を相互に認め合える全員参加型の社会である。つまり、インクルーシブ教育は一部のマイノリティのためにある教育ではなく、すべての子どもたちに共生社会の形成者となる資質・能力を育成するための教育なのである。

（2）海外との違い

　インクルーシブ教育と一口に言っても、国によって違いがみられる。NISE（独立行政法人国立特別支援教育総合研究所インクルーシブ教育システム推進センター）の調査報告によると、各国のインクルーシブ教育は、以下の 3 つのタイプに分類される。

① 単線型教育システム

　インクルーシブ教育の教育機会を最も与えている国の代表として挙げられるのが、イタリアである。イタリアでは、法律上の取り決めにより特別な学校が廃止され、現在はほぼ全ての子どもが通常の学校に就学している。一般の教師の他に、児童生徒全体の数に対し一定の割合で支援教師を配置する。支援教師は対象となる子どもだけでなく、配置された学級全体に対しても責任をもつとされている。特別な学校を設置しないフルインクルージョンの体制をとっているのは、イタリアだけであるが、それに近い「単線型（一般学校ですべての子どもがインクルージョンされることを目指し、一般学校を中心にサービスを提供するタイプ）」の教育システムをとる国々はいくつか

存在する。スウェーデン、ノルウェー、スペイン、ポルトガル、ギリシャなどである。

② 二線型教育システム

　ベルギーやドイツ、フランス、スイスなど、特別な学校への就学率が高い国もある。健常な子どもは通常の学校、障害のある子どもは特別な学校と学びの場を別に用意する二線型の教育システムをとる国である。年に数回の交流教育の場は設定されるものの、基本的には特別なニーズのある子どもは特別な学校または特別な学級に在籍して、一般教育カリキュラム（mainstream curriculum）とは別の特別なカリキュラムを学ぶ。「特別支援教育」が始まる以前の日本の教育は、この二線型に分類される。

③ 多重線型教育システム

　ニーズに応じた多様な学びの場を用意し、適切な評価と当事者の要望により最も適切な場を準備しようとする多重線型の教育システムをとる。イギリス、オーストリア、フィンランド、デンマーク、アイルランド、ルクセンブルク、ポーランド、フランス、アメリカなどである。通常学校で学ぶことを原則とするが、特別学校も手厚く準備されている。一人一人の子どもへのアセスメントが丁寧に実施され、最も適した場が選択される。

　日本の「特別支援教育」は、この多重線型教育システムを目指している。多様な学びの場として、小・中学校等の通常の学級、通級による指導及び特別支援学級、特別支援学校が整備されている。小・中学校等からの学びの連続性を確保し、一人一人の教育的ニーズに即した適切な指導及び必要な支援を提供するために、2018 年度から高等学校においても通級による指導が実施されている。

２．特別支援教育のいま

（1）特別支援教育の現状

① 対象者数の増加

　障害のある子どもの数は、「特別支援教育」の開始以来、増加の一途をたどる。2021年度に障害などで特別支援教育を必要とする学齢期の子どもの数は約 53 万人、10 年前と比べて、約 2 倍である（表 1）。

　なぜ、こんなに増えているのだろうか。その理由として考えられているのは次の 4つである。一つめは「社会的認知の高まり」である。ここ数年で知的や発達障害のある子への社会の理解や認識が高まり、これまで「ちょっと変わっている子」程度の認識で放っておかれた子どもが、医療機関等で診断を受けるようになってきた。以前は、

障害があると認知されなかった子どもがカウントされるようになったのではないかと考えられている。

　二つめは、「障害の特性や程度に応じた学びの場が整備されてきたこと」が挙げられる。学校や教師が子どもの成長を願って提案する多様な選択肢により、障害を隠したり、否認したりするのは子どもにとってはむしろ不利益となる判断であることが保護者等に認知されてきたと言える。成長のために、子どものニーズをとらえて適切な学びの場を提供したいという考えが広がってきたのでのではないかと考えられている。

　三つめは「障害そのものが増加していること」が挙げられる。医師からは、内分泌かく乱化学物質（環境ホルモン）等の影響によって発生や発達に障害を与えることが明らかにされており、その数は増加傾向にあることが報告され、子どもの発達障害と無関係でないことが指摘されている（黒田・木村，2014）。

　四つめは、「通常学級で手に負えなくなった子どもたちが、特別支援教室にリファーされている」という可能性である。リファーとは、対人援助の分野でより適切な専門家にクライエントを紹介することである。この 10 年で特別支援教育の対象は 2 倍以上に増えているのが、その多くは特別支援学級と通級指導の子どもたちである。一方、通常学級と特別支援学校の在籍数はそれほど増えていないというデータから、2022 年に行われた国連障害者権利委員会による審査により、日本の特別支援教育は分離教育から抜け出せないまま、むしろインクルーシブ教育に逆行しているのではないかと懸念が示され、インクルーシブ教育を推進する国の行動計画を作るよう求められた。

　これらの理由は、どれか一つということではなく、複合的に作用して対象者数の増加につながっていると考えられる。

表1　障害のある子どもの学びの場（義務教育）

通常学級	通級指導教室
・発達障害の可能性のある児童生徒が 8.8% ・35 人学級ならば 3 人の割合（2022）。	・通常学級の在籍で週に数時間の個別指導。 ・約 13 万 3400 人（2021）。
特別支援学校	特別支援学級
・障害のある児童生徒だけの学校。 ・視覚障害・聴覚障害・知的障害・肢体不自由者・病弱者に分かれ、それぞれ基準がある。 ・約 7 万 9600 人（2021）。	・7 種（弱視、難聴、肢体不自由、病弱・身体虚弱、言語障害、知的障害、自閉症・情緒障害）。 ・小中学校の 8 割に設置、障害のある児童生徒だけの学級。 ・約 32 万 4000 人（2021）。

② 整備の進展

　2014 年、日本は「障害者の権利に関する条約」を批准するに至り、学校教育法改正、障害者基本法改正、学校教育法施行令改正、障害者差別解消法成立と、条約の批准に向けて進めてきた特別支援教育に関する一連の法的整備が一応の完成をみた。文部科学省が行った 2022 年の調査において、小学校では、校内委員会の設置率が 99.6％、実態把握の実施率が 99.4％、特別支援教育コーディネーターの配置率が 99.3％、通常学級に在籍する対象児童の個別の指導計画の作成率が 98.4％と高い数値を示し、体制整備が進んでいることが報告されている。また、自治体による格差はあるものの、スクールカウンセラーや特別支援教育支援員の配置にむけた財政的措置もなされるようになってきている。つまり、特別支援教育がスタートした時点と比べると、障害のある子どもを受け入れるための法的整備や体制整備は格段に進展したといえる。

（3）特別支援教育の課題
① 特別支援学校教諭の免許取得者が少ない

　一つめの課題は、特別支援教育を行う教師に、専門的な知識が不足しているということである。特別支援学校で教える教師は通常の免許に加え、「特別支援学校教諭免許状」が必要だが、特別支援学校の教師以外は、この免許の取得が法律で義務付けられていないため、特別支援学級の担当教師であっても約 4 割（2021）しか取得していない。さらに、特別支援学級では年度ごとに採用される講師（非正規の教師）の割合が高く、長期的な育成がされにくい現状がある。また、特別支援学級の担任は校長が決めるが、教える子どもの数が一クラス 8 人までと少ないため、本来ならば、通常学級の担任以上の資質・能力が必要であるにもかかわらず、なかには、通常学級の担任がうまくできなかった教師を任命しているという指摘もある。もちろん、免許がなくても熱心に指導する教師のほうが多いが、免許取得によって得られる専門的な教育を受けられない子どもも少なからずいるということである。

　こうした状況に対して、誰もが特別支援教育に関わるようすべての教師が採用から 10 年程度の間に 2 年以上、特別支援学級の担任などを経験すること、または、特別支援学級の担任が難しい場合でも、一部の教科を通年で担当して経験を積むことが求められている。ただし、知識も経験も浅い教師にすべてを任せるわけではなく、必要なサポートとして、特別支援教育に詳しいベテラン先生と組む、あるいは外部の専門家と連携し、定期的に指導や助言を得て支えるとし、これを 2024 年度までに実現させ

る旨が示されている（文部科学省，2023）。つまり、現場での経験を通して、障害のある子どもへの理解を深めさせようとしているのである。

② 通常学級への就学

　二つめの課題は、障害のある子どもが通常学級で学べないということである。障害のある子どもとない子どもが共に学ぶことにより、一人一人の個性を尊重する意識を養い、多様な人と一緒に暮らすことが当たり前だという状況を受け容れることにつながるだろう。特別支援教育では「障害のある子どもとない子どもが可能な限り共に教育を受けられる学びの場を整備する」ことが示されており、学校教育法施行令の改正（2013）により、子どもと保護者の意見を十分に尊重し、総合的に判断すると定めている。しかし、最終決定権は教育委員会がもつため、教育委員会によっては、少しでも障害があると特別支援学級や特別支援学校を保護者に強く勧め、考えを押し付けるということが起きている。保護者からは「通常学級で学べることを知らなかった」という声も少なからず聞かれる。つまり、子どもと保護者の意見を十分に尊重していない教育委員会が、通常学級での支援策を講じることなく安易に学びの場を振り分け、障害のある子どもとない子どもが共に学ぶ機会を奪っているともいえる。就学に際しては、法令に規定されている通り教育委員会が教育の受け手である子どもと保護者の意見を最大限に尊重しているのかを点検・評価する仕組みをつくる必要があるだろう。

③ 特別支援の対象となる子どもたちの不適応

　特別支援の対象となる子どもたちは、所属する学級の中でどのような思いをもって過ごしているのだろうか。深沢・河村（2012）の調査によると、特別支援対象児は非対象児よりも、学級の中で認められることが少なく、いじめやからかいを受けている可能性があること、また、特別支援対象児の半数以上が学級集団の中で不適応の状態になっていることを指摘している。

　特別支援の対象となる子どもたちは、周囲から受け入れられないことが続くと、さらに不適応傾向を強く示すようになる。いわゆる二次障害の問題を抱えており、不適応症状が増加・悪化すれば、周囲は拒否や排斥の態度をさらに強めるといった悪循環に陥っていく。通常学級における特別支援教育を考えるとき、二次障害の予防・改善は大きなテーマであり、教師には、個別の支援だけでなく受容的な学級集団を育成するという全体対応をいかに充実させるかが課題となる。とかく、個への支援に偏りがちであるが、個別対応と全体対応のバランスを考慮することが特別支援教育を成立させるためのポイントである。

３．特別支援教育を推進する教師の意識

（１）教師の障害観を問う

　教師が障害をどうとらえるかによって、同じような指導をしたとしても子どもへの伝わり方は変わってくる。障害をどう見るか、いわゆる障害観に関する３つのモデルがある。

　一つは、「障害は治すべきものとしてとらえ、困難を改善又は克服する必要がある」という医学モデルに基づく障害観である。みんなと同じようにうまくできない子どもに対して「なおしなさい」「できるまで練習しなさい」と声をかける教師は、障害を治そうとする医学モデルの立場で子どもを見ているのである。

　二つめは、「障害は本人の問題ではなく、社会や環境の側に問題があるために生じている」という社会モデルに基づく障害観である。障害の社会モデル（Oliver, 1983）とは、身体能力に着目するのではなく、社会の障壁に着目し、障害を生んでいるのは、社会の環境に問題があるという考え方である。座席位置を工夫したり、スロープを設置したり、合理的配慮や基本的環境整備によって、個に応じた変更や調整を行うのは、環境を変えようとする障害の社会モデルの立場に他ならない。

　三つめは、「障害は個性であり、その人に応じた多様な参加貢献の仕方がある、障害者は決して一方的に守られるべき存在ではない」という人権モデルに基づく障害観である。障害の人権モデル（Degener, 2014）とは、無力、無益な者として否定する周囲の捉え方こそ障壁であるとし、機能障害をそもそもマイナスに捉えることなく人間の多様性の一部として評価し、人権の尊重と社会への参加貢献を保障していく考え方である。障害を持つ子どもの意見・要望を丁寧に聞き、できること・得意なことを活かして集団活動に参加貢献できるように一緒に考える姿勢は、障害をもつ子どもの意思を尊重する障害の人権モデルの立場である。

　すなわち、障害の社会モデル・人権モデルは、周囲にいる人間の障害の捉え方を含めた社会の障壁によって作り出されるという考え方であり、この考え方によれば、必然的に支援は社会の障壁の除去を目的とした環境改善に働きかけることに向かう。つまり、共生社会の実現を目的とするならば、障害のある子どもが身を置く環境である学級集団や学校集団は重要であり、学級経営を行い、学級集団を育成する役割を担う教師は、社会モデル・人権モデルの障害観をもつ必要がある。

（２）「合理的配慮の提供」の義務がある

　不当な差別的扱いの禁止と合理的配慮の提供は、障害者差別解消法によって法的義

務となっている。すなわち、学校や教師が障害をもつ子どもの学習や生活において、わかっているのに何も配慮しない、しようと思えばできる調整がなされていない場合には、不当な差別に該当し、義務違反となる。どのような配慮が「合理的配慮」に当たるかは個別のケースで異なるが、典型的な例としては、車いすの子どもが乗り物に乗るときに手助けをすることや、障害のある子どもの特性に応じたコミュニケーション手段（筆談、読み上げなど）で対応することなどが挙げられる。

教育分野における「合理的配慮」の定義

　障害のある子どもが、障害のない子どもと平等に「教育を受ける権利」を享有し行使することを確保するために

- ・学校の設置者及び学校が行う、必要かつ適当な変更及び調整のこと
- ・障害のある子どもに対し、その状況に応じて、個別に必要とされるもの
- ・学校の設置者及び学校に対して、均衡を失した又は過度の負担を課さないもの

４．インクルーシブな学級づくりのポイント

（１）学級の状態と個の抱える困難をアセスメントする

　個への対応と全体への対応のバランスや対応の優先順位を考える上で、個と全体の両方をアセスメントすることは欠かせない。個の抱える困難さを把握するための個別知能検査（例えば、WISC や K-ABC など）が実施できれば有効な情報が得られるが、実際は保護者の理解が得られず実施できない場合も多い。そのような場合でも日常の記録を蓄積することで理解と支援につながる。いつ、どこで、誰と一緒に、どのような場面で、どのような困難を示したのか、あるいはうまくいったのか、子どもが抱える困難を把握した上で困難の要因となる環境を調整して困難の軽減を図るようにしたい。

　学級の状態は、困難を抱える子どもを取り巻く環境の一つであることから、その子どもを含めた集団の状態を把握する必要がある。アセスメントの結果、学級内のルールの定着が不十分な場合には、ルール重視の取組として、例えば「掃除をしっかりとさせる」取組があるだろう。特別な支援が必要な子どもの存在を特に考慮しないのならば「分担表、手順表を作る」という一般的な対応策でもよかった。そこからもう一歩進めて「（特別支援対象の）A さんが周囲に認められ、学級に位置づく対応を考えていく」というインクルーシブな視点から対応策を練り直す必要がある。

（2）インクルーシブな学級づくりのための 3 層対応

　特別支援対象の子どもたちがしっかりと位置づいている学級の授業では、自然に拍手が湧き起こったり、「ありがとう」、「だいじょうぶだよ」、「がんばったね」、「うれしかったよ」などの言葉がかけられたり、教室内が優しくて温かい雰囲気で満たされる。そんな雰囲気の中で学ぶ子どもたちは喜びを感じながら成長することができるのである。特別支援教育がうまくいっている学級をいくつか観察してみると、教師の対応に共通するものがあることに気付く。個別対応と全体対応の両立に懸命になっている教師は多いが、うまい教師は、それらを別々には行わない。個別対応と全体対応が混然一体となっているのである。学級全体に指導するとき、特別支援対象のＡさんに視線をやり、こちらに意識を向けさせてから話したり、見ればわかる掲示物をさっと示したり、全体対応の中にＡさんへの個別対応がさりげなく含まれているのである。また、Ａさんに個別対応しているときも、他の児童がそのやりとりを見ていることを意識して対応している。「ああ、そういうふうに対応すればいいのか」とか「Ａさんって、そ

ういうとらえ方をするんだな」とか、周りで見ている子どもたちが自然と、Ａさんを理解したり、対応の仕方を学んだりするのである。特別支援対象の子どもたちを学級の中に位置づかせるためのこうした対応を深沢・河村（2020）は「架け橋対応」と呼んだ。インクルーシブな学級づくりを進める教師はもれなく、この「架け橋対応」を行っている。全体対応、架け橋対応、個別対応の 3 層対応こそが、特別支援を特別にしないためのインクルーシブな対応である。

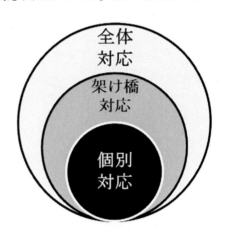

（3）個別対応

① 特別支援対象の子どもとの二者関係を築く

　「○○先生の言うことなんだから、聞き入れよう」と、子どもが教師を受け容れてくれて初めて指導は成り立つ。信頼感がベースになければ、どんな指導も効き目はない。教師と特別支援対象の子どもの立場で想像してみる。「認められたい、みんなと同

じようにできるようになりたい、友だちと仲良く活動したい、そう思って頑張ってみるけど、いつもうまくいかない、どうしてそうなってしまうのかわからないけど、いつもみんなから怒られる、何度も何度も責められて、嫌になった、もうどうでもよくなった、どうせぼくにはできない、むかむかする、イライラする」このような心理に対して注意や叱責は逆効果である。教師は、安心感をもたせ、わかるように教えてくれる存在となる必要がある。ポイントは、「笑顔」「話を面白がって聞く」「よさを認める」「どうしてそうしたのか思いや行動の理由を聞く」「なぜいけないのか、どうすればよかったのか丁寧に教える」の５つである。

② 勝負しない

　特別支援対象の子どもは、教師や友達が注意しても平気な顔で無視するため、さらに強くしつこく注意すると、かんしゃくを起こし手がつけられなくなることもある。教師が正当に注意したにもかかわらず悪態をつくので、腹が立つこともあるのだが、これを繰り返していると学級はよい方に向かわない。教師は自分の指導力に無力感を感じるばかりでなく、他の子どもたちはそういう無力な教師を尊敬できなくなってしまい、信頼関係は築かれない。また、他の子どもたちに「言うことを聞かない時は、怒鳴りつけてもよい」という誤った対応のモデルを示すことにもなり、学級は徐々に崩れ始める。ではどうするか。「力の勝負をしない」と決意することである。「Ａさんは、すぐに行動を切り替えるのが苦手なんだよ」「Ａさんは、どうして怒ったんだと思う？」と、他の子どもたちに問いかけ、特性の理解や感情の理解を促すことで、周囲の理解を意図的につくることが大切である。「きっと、何度もみんなから強く注意されて爆発しちゃったんだと思う」と、特別支援対象の子どもの気持ちを推測させた後で、「こんな時はどうすればいいだろうか」と解決法まで考えさせてみる。「注意はやさしく、３回まで、それ以上は言わない」「注意したいときは、先生に言う」等の解決策が出てきたら、好転し始める。深追いしないことは、あきらめたのでもなく、Ａさんとの勝負に負けたのでもなく、Ａさんの気持ちを察しての優しさなのである。

（４）架け橋対応と全体対応
① 個別対応に偏りすぎない、担任の仕事の中心は学級全体への指導

　学級状態が良くないときには、学級担任は全体対応を優先しなければならない。個別対応の充実はもちろん大切であるが、個別対応ばかりに偏ると他の子どもたちの学習や生活への支援はどうしてもおろそかになる。個別対応のために、他の子どもたち

の自習時間が多くなったり、他の子どもたちが常に我慢することを求められたりすると、しだいに周囲の子どもたちの不満が蓄積し、学級集団そのものが崩れ始めて個別対応も成立しなくなる。失敗の多くは、学級全体への指導が浸透していないのに特別支援対象の子どもを深追いしてしまうことから起きている。最初からベストな対応は難しい。初めのうちは全体対応を対象児が理解できるように伝えるという配慮だけでも十分である。学級の状態がよくなっていくにしたがって、個別対応の時間は確保されていく。また、担任一人で対応できない場合は、学年主任や管理職に相談し、支援員等の加配やチームでの対応を求めるようにしたい。担任一人で黙って耐えるような状況が続いた場合、担任だけでなく、多くの子どもたちの心に傷を負わせることになる。

② 個と集団をつなぐのが教師の役割

　インクルーシブな学級づくりにおける最大のポイントは、教師が代弁者、通訳となり、学級集団（小さな社会）と特別支援対象の子どもをつなぐ、アドボカシー（権利の弁護、擁護）である。子ども同士では理解できない行動でも、教師は行動の理由を理解できる場合が多い。その時、「Aさん、本当は、（こういうふうに）したかったんだよ」と、周囲の子どもたちに理解できるように代弁したり、周囲の子どもたちの思いをAさんが受け入れられるような言い方で説諭したりしながら、両者の意思をつなぐのである。インクルーシブ教育が目指そうとする共生社会を実現するためのキーワードは、多様性の尊重である。多様性を認め合うには、相互理解が必要であるが、メンバー間に考え方や言語の相違があれば、相互理解の大きな障壁となってしまう。この障壁を乗り越えられる程度にまで下げてあげる役割を誰かが果たさなければならない。学級内でこの役割を果たすのは担任教師以外にいないのである。この対応は、決して特別支援対象の子どものためだけにするのではない。集団になじみにくい、ちょっと変わったところがある存在を仲間として受け容れることができた集団は、「多様性を尊重し、協働する」という大切な資質を身に付けることができるのである。共生社会は、まず共生学級づくりからである。

③ 周囲の理解は教師がつくる

　周囲の子どもたちは、時として困難を抱える子どもの行動を理解できず、「わがまま」「努力不足」「わざとやっている」と受けとめてしまうことがある。ルールの逸脱や不足する部分ばかりが目につき、困難を抱える子どもを承認する視点は、自然には作られにくい。「誰にでも長所・短所はあるよ」「誰にでもくせがある」「Aさんもがんばっているんだ、でもうまくできなくて辛いんだよ」等、くり返し伝えるなど、理解不能

な行動を周囲の子どもたちにも理解できるように担任がかみ砕いて伝える必要がある。

　また、意識して観察を続けていると、絵画や造形、演劇、朗読などの表現活動に表れる豊かな感性やこだわりから生まれる得意分野が発見できることがある。教師が発見したその子の「よさ」は、発揮できる場を設定して他の児童が気づくように意図的に伝えていくようにしたい。教師は、自転車の部品の一つ一つまで細かく描かれた絵を取り上げて「へぇ〜、Ａさん、こんなに細かく描けるなんてすごいね、よく観察して描いたね」と、聞いている周囲の子どもの認知をつくるための声をかければよい。子どもたちは、信頼する教師の対応をじっと見ていてそれをモデリングし、徐々に教師のものの見方を自分の中に取り入れていくのだと心得ておきたい。

④ すべての子どもの承認欲求に応える

　周囲の子どもたちの不満やストレスは、困難を抱える子どもへの攻撃や排斥として表面化してくることがある。「あいつばかりずるい」「Ａさんが困る」と不満を訴えてくる子どもたちは、訴えてくる子ども自身も何らかの満たされない思いを抱いていると考えた方がよい。周囲の子どもたちのストレスに対して我慢を強いると、不満は大きくなり集団は崩れ始めていく。周りの子どもたちが不満を訴えてきたときには「それは辛かったね」「よく我慢してくれたね」「いつもありがとう、助かるよ」と感謝を伝え、「がんばっているね」と承認の言葉をかけることが大切である。受け入れがたい行動をとる友だちを受容することができるのは、自分自身が十分に周囲から受け入れられ、承認されているときである。教師の仕事は、子どもたちの姿をつぶさに見ていて「すべての子どもたちの頑張りを見逃がさず、声をかける」ことである。教師はとかく特別支援対象の子どもに向かいがちであるが、教師に注目してほしいのはどの子どもも同じである。

⑤ 学校組織として取り組む

　ここまで教師個人のインクルーシブな学級づくりのポイントを中心に示したが、教師一人一人は学校組織の一員であり、多くの学級の集合体として学校がある。インクルーシブ教育は一つの学級に閉じられた問題ではなく、学校全体、地域全体、さらには世界全体に共生社会を実現するプロセスである。それゆえに、学校組織で特別支援教育のビジョンと方法を共有し、教職員が協働して実践していくことでインクルーシブ教育の進展につながるのである。管理職や特別支援コーディネーター等をリーダーとした組織的な取組の中での学級づくりが期待されている。

（深沢　和彦）

参考文献

① Degener, Theresia 著 「A human rights model of disability.」『Routledge Handbook of Disability Law and Human Rights.』2014 年。

② 深沢和彦著「多様性を認め合う人間関係づくり」河村茂雄編著『学級担任が進める特別支援教育の知識と実際』図書文化、2017 年。

③ 深沢和彦・河村茂雄著「小学校通常学級における特別支援対象児の学級適応の現状」『学級経営心理学研究』第 1 巻 1 号、pp2－12、2012 年。

④ 深沢和彦・河村茂雄「インクルーシブ指導行動自己評定尺度（小学校版）の開発」『学級経営心理学研究』第 9 巻 1 号、pp7－17、2020 年。

⑤ 黒田洋一郎・木村（黒田）純子著『発達障害の原因と発症メカニズム：脳神経科学の視点から』河出書房、2014 年。

⑥ 文部科学省「障害のある子供の教育支援の手引～子供たち一人一人の教育的ニーズを踏まえた学びの充実に向けて～」2021 年。

⑦ 文部科学省「令和 4 年度 特別支援教育に関する調査結果について」2023 年。

⑧ NISE（独立行政法人国立特別支援教育総合研究所インクルーシブ教育システム推進センター）『諸外国におけるインクルーシブ教育システムに関する動向－令和元年度国別調査から－』2020 年。

⑨ Oliver, Michael 著『Understanding disability: From theory to practice』 St Martin's Press, London.1996 年。

　　日本の道徳教育における教師の役割
　　　　　　―特別教科化でどう変わるのか―

　あなたが小学生・中学生だった頃、どのような道徳教育を受けてきただろうか。時間割にあった「道徳」はどんな時間だっただろうか。この「道徳の時間」は1958(昭和33)年以来、教育課程上は教科外教育の「領域」として位置づけられていたものだった。しかし、2014(平成 26)年の中央教育審議会答申を受け、学習指導要領等が改正され、「特別の教科　道徳」が新設されて、道徳教育は大きな転換を迫られることとなった。では、この道徳の特別教科化によって何がどう変わったのだろうか。新たな道徳教育に向けて教師はどうあるべきなのだろうか。本章ではこうした問いについて考えていきたい。

1．道徳の特別教科化がめざしていること

　今回の道徳教育の改革は何をめざしているのだろうか。道徳教育の目標は「道徳性を養うこと」である。教育基本法には、教育の目的として、人格の完成を目指すことが示されているが、その人格の基盤になるのが道徳性である。つまり、道徳教育は「自立した一人の人間として人生を他者と共により良く生きる人格を形成すること」を目指す、教育の中核をなすものである。そのため、学校における道徳教育は、学校のあらゆる教育活動全般を通じて行われるべきものとされてきた。しかし、従来の道徳教育の実態については、様々な課題が繰り返し指摘されてきた。また、現代社会の急速な変化や様々な社会問題への対応として道徳教育の重要性が増し、その充実が求められてきたことも、今回の道徳教育改革の背景にある。具体的には、道徳の「特別の教科」化がめざしていることは、主に以下の2つにまとめることができる。

（1）量的課題に対する「量的確保」

　「道徳教育の充実に関する懇談会」報告によると、従来の「道徳の時間」は、歴史的経緯(後述する)に影響され、いまだに道徳教育を忌避しがちな風潮があったことが

指摘されている。また、教科書や評価がない「道徳の時間」は他教科などに比べて軽んじられ、他の教科などに振り替えられていることもあったと言われている。教科ではないため、校内研修を行って切磋琢磨し、お互いの力を磨く機会も少なく、それぞれの先生の思いで指導が行われてしまう傾向があり、有効に機能していないことも多く、このことが道徳教育全体の停滞につながっているとの指摘もあった。こうした問題に対応するため、新しい道徳教育は、教科としての「道徳科」を新設することで、年間 35 単位時間（小学校 1 年生は年間 34 時間）を確実にするという「量的確保」をめざしているのである。

（2）質的課題に対する「質的転換」

　前出の報告によると、従来の「道徳の時間」においては、教員にもその理念が十分に理解されておらず、効果的な指導方法も共有されていないため、地域間、学校間、教師間の差が大きく、道徳教育に関する理解や道徳の時間の指導方法にばらつきが大きい、と指摘されていた。さらに、授業方法が、読み物の登場人物の心情を理解させるだけなどの型にはまったものになりがちであるなど十分な指導に至らず、学年が上がるにつれて、道徳の時間に関する児童生徒の受け止めがよくない状況にあるという批判もあった。

　これを受けて道徳教育の充実を図るため、2014 年に文部科学大臣から中央教育審議会に対して諮問がなされ、道徳教育専門部会を設置して審議が重ねられ、同年 10 月に「道徳に係る教育課程の改善等について」答申が行われた。そこでは、以下の様に従来の道徳教育からの脱却を求めている。

　　　「… 特定の価値観を押し付けたり、主体性を持たず言われるままに行動するよう指導したりすることは、道徳教育がめざす方向の対極にあるものと言わなければならない。むしろ、多様な価値観の、時に対立がある場合を含めて、誠実にそれらの価値に向き合い、道徳としての問題を考え続ける姿勢こそ、道徳教育で養うべき基本的資質であると考えられる。」（中央教育審議会 2014）

　そこで、「道徳科」を新設し、これまでの道徳教育から、児童生徒一人ひとりが、答えが 1 つではない、道徳的な課題を自分自身の問題として捉えて向き合う、「考え、議論する道徳」へと質的転換を図ることが求められたのである。こうした要望は、2016

年11月18日に発表された文部科学大臣のメッセージからも読み取ることができる；

　　「道徳の特別の教科化の大きなきっかけはいじめに関する痛ましい
　　事案でした。これまでも道徳教育はいじめの防止に関して大きな役割を
　　負っていました。しかし、これまでの道徳教育は、読み物の登場人物の
　　気持ちを読み取ることで終わってしまっていたり、『いじめは許されな
　　い』ということを児童生徒に言わせたり書かせたりするだけの授業にな
　　りがちと言われてきました。現実のいじめの問題に対応できる資質・能
　　力を育むためには、『あなたならどうするか』を真正面から問い、自分
　　自身の事として、多面的・多角的に考え、議論していく『考え、議論す
　　る道徳』へと転換することが求められています。」(松野 2016)

　また、急速に変化する社会に対応する意味でも、従来の道徳教育からの質的転換が
求められている。少子高齢化、情報化、グローバル化、人工知能の発達などの社会の
変革が加速度的に進み、VUCA という言葉に象徴されるように、現代社会はますます
Volatility(変動性)や **U**ncertainty(不確実性)、**C**omplexity(複雑性)、**A**mbiguity(曖昧
性)が増しており、より一層予測困難な状況になると言われている。そんな答えのない
困難な時代において、多様な価値観の存在を認識しつつ、「自ら感じ、考え、他者と対
話し協働しながら、より良い方向を目指し「納得解」（自分が納得でき周囲の納得も得
られる解）を得るための資質・能力」が求められており、「どのように社会・世界と関
わり、よりよい人生を送るか」が問われている。道徳性の育成はこのような観点から
ますます重要となっている。そのため、新学習指導要領が掲げている多様な他者と議
論を重ねて探究し、「主体的・対話的で深い学び」（＝アクティブラーニング）の観点か
らも、道徳教育の「考える道徳」「議論する道徳」への変換がめざされているのである。

２．道徳の「特別の教科」化のポイント

　「特別の教科」道徳を新設した今回の改定は、従来の道徳教育の課題、いじめなど
の現実的問題、急速に変化する社会への対応として、道徳教育の量的確保と質的転換
をめざすものであった。では、実際に何がどう変わったのだろうか。ここでは、道徳
の「特別の教科」化の具体的なポイントを４つ示すとともに、それに対する教師側の
反応についても触れたい。

（1）「道徳科」における検定教科書の導入

　これまでの「道徳の時間」では、教科書の指定はなかったため、各出版社が発行している「副読本」、文部科学省や地方公共団体が作成した資料や映像資料、あるいは教員による自作資料などを自由に活用して様々な授業が展開されていた。2002年からは文部科学省主導で製作された補助教材『心（こころ）のノート』が全国の小中学校に無償配布されており、使用義務はなかったものの約9割の小中学校が使用していた。

　「道徳科」の新設により、学校教育法第34条に基づいて、文科省による検定済教科書の使用が義務づけられることとなり、小学校では2018年度、中学校では2019年度から検定教科書の導入が始まった。各教科書会社は学習指導要領に準拠した道徳科の教科書を製作しており、各都道府県採択地区も教科書採択プロセスに沿って道徳科の教科書を採択している。各教科書会社は、学習指導要領に示されている「道徳科」で扱うべき内容項目（図1参照）に沿った教材を作成し、その呼応関係を明示して、カリュキュラム・マネジメントに活用しやすいように工夫している。

図1　道徳科の内容項目一覧　学習指導要領(平成29年告知)から筆者が作成

A　自分自身に関すること

① 善悪の判断、(自主)、自律、自由と責任
② 正直、誠実
③ 節度、節制
④ 個性の伸長 (向上心)
⑤ 希望と勇気、努力(克己)と強い意志
　（真理の探究）

B　人との関わりに関すること

⑦ 親切、思いやり
⑧ 感謝
⑨ 礼儀
⑩ 友情、信頼
⑪ (相互理解、寛容)

C　集団や社会との関わりに関すること

⑫ 　規律の尊重、(遵法精神、公徳心)
⑬ 公正、公平、社会正義
⑭ (社会参画)、勤労、公共の精神、
⑮ 家族愛、家庭生活の充実
⑯ よりよい学校生活、集団生活の充実
⑰ 　(郷土の)伝統と文化の尊重、郷土を愛する態度、(我が国の伝統と文化の尊重、国を愛する態度)
⑱ 国際理解、国際親善

D　生命や自然、崇高なものとの関わりに関すること

⑲ 　生命の尊さ、⑳自然愛護、㉑感動、畏敬の念
㉒ (よりよく生きる喜び)

＊下線は小学校低学年／小学校中学年のみ　＊（ ）は小学校高学年／中学校から

学習指導要領には「児童（生徒）の発達の段階や特性、地域の実情等を考慮し、多

様な教材の活用に努めること。特に、生命の尊厳、（社会参画、）自然、伝統と文化、先人の伝記、スポーツ、情報化への対応等の現代的な課題などを題材とし、児童（生徒）が問題意識をもって多面的・多角的に考えたり、感動を覚えたりするような充実した教材の開発や活用を行うこと」と書かれており、教科書以外の教材を使用することも可能である。文部科学省の道徳教育アーカイブには、参考資料として文部科学省製作教材（『私（わたし）たちの道徳』や『心(こころ)のノート』）、また郷土教材や地域版アーカイブ資料などが掲載されている。

2021(令和 3)年度道徳教育実施状況調査によると、道徳の特別教科化により、道徳教育に対する教師の意識が高まり、教科書という共通の教材があることで学校間を超えて指導法や教材の確保・交換が容易にできるようになったと前向きにとらえる教師が多いことが分かる。

（2）評価の充実：「道徳科」の評価

従来の道徳教育においても「児童（生徒）の道徳性については、常にその実態を把握して指導に生かすよう努める必要がある。ただし、道徳の時間に関して数値などによる評価は行わないものとする」との学習指導要領の規定に基づき道徳性の評価は行われてきた。例えば、評価の公的な文書である「指導要録」には「行動の記録」という欄において、「基本的な生活習慣、健康・体力の向上、自主自立、責任感、創意工夫、思いやり・協力…」などの観点において十分に満足できると判断される場合に〇印をつけるといった評価、また「総合所見及び指導上参考となる諸事項」において、児童生徒の成長の状況を総合的に捉え記述する評価があった。しかし、「道徳の時間」に特化した評価を記載する欄はなく、教育活動全体において児童生徒の道徳的な行為などから見取る評価であった。

こうした教育活動全体における道徳性の評価は今後も継続する一方、新たに加わったのが新設「道徳科」の評価である。学習指導要領には「児童(生徒)の学習状況や道徳性に係る成長の様子を継続的に把握し、指導に生かすように努める必要がある。ただし、数値などによる評価は行わないものとする」と定められ、指導要録や通知表には新たに「道徳科」の評価の記述枠が設けられることとなった。専門家会議で以下のようにまとめられた道徳科の評価の在り方は指導要録の参考様式と共に 2016(平成 28)年に各都道府県教育委員会等に通知された（図2 参照）。

道徳科の学習評価の在り方　基本的な考え方

○数値による評価ではなく、「記述式」とすること

○個々の内容項目ごとではなく、「大くくりなまとまり」を踏まえた評価とすること

○他の児童生徒との比較による評価ではなく、「児童生徒がいかに成長したか」を
　「積極的に受け止めて認め、励ます個人内評価」として行うこと

○学習活動において児童生徒が「より多面的・多角的な見方へと発展しているか」、
　道徳的価値の理解を「自分自身との関わりの中で深めているか」といった点を
　重視すること

○調査書(いわゆる内申書)に記載せず、中学校・高等学校の入学者選抜の合否判定
　に活用することの無いようにすること

図2　道徳科の学習評価の在り方「28文科初第604号(通知文)」より筆者が作成

　現場の教師たちが最も大きな不安を示したのがこの道徳科の評価である。道徳科は、「各教科(外国語活動)、総合的な学習の時間及び特別活動における道徳教育と密接な関連を図りながら、計画的、発展的な指導によって道徳性を養う」ことがねらいである。道徳性とは例えば「友達にやさしい」「明るく挨拶ができる」「決まりが守れる」のように、人間としてより良く生きようとする人格的特性であり、道徳的判断力、道徳的心情、道徳的実践意欲および態度を諸様相とする内面的資質である。こうした目には見えない心の中の部分について、道徳科の授業で育ったと判断することは果たして可能なのだろうか。確かに道徳性が養われたか否かについては、容易に判断できるものではない。

　では、道徳科の授業では児童生徒の何を見取ればいいのだろうか。道徳科では、他の教科と異なり、授業のねらいがどれだけ達成できたかということを観点別に評価することはなじまない。たとえば「思いやり」といった道徳的価値について、「これが一番高いレベルの思いやり」などといった評価基準はなく、授業内で達成度を評価することはできない。また他教科と異なり、道徳的価値をどれだけ理解できたかを評価することもそぐわない。従って道徳科の評価においては、道徳科の授業において児童生徒がどのように学んでいたか、といった学習状況を評価することになる。特に児童生

徒がより多面的・多角的な見方へと発展しているか、また道徳的価値の理解を自分自身とのかかわりの中で深めているか、といったことが評価の視点となる。具体的には「自分と違う立場の感じ方、考え方を理解しようとしている」とか「道徳的価値の実現の難しさを自分のこととして捉え考えようとしている」といったことを積極的に評価することになる。また道徳科の「自己の(人間としての)生き方についての考えを深める学習活動」における児童生徒の様々な学習の姿を見取り、他との比較ではなく、一人一人のよい点や可能性、進歩の状態を褒めて認めて励ましていく評価が大切となる。また、道徳科の評価では学期や年間といった大くくりな期間の中で継続的に成長の様子を見取っていくことが重要となる。

　評価の根拠となる資料は、例えば授業中の児童生徒の学習過程や成果などの記録を計画的にファイルに蓄積したもの、授業中の発言やエピソードの記録、作文、レポート、スピーチ、プレゼンテーション、また児童生徒が行う自己評価や相互評価も活用することができる。同時に、授業中の発言があまりない、文章表現が得意ではない、表情にも表れにくい児童生徒についてはどのように見取っていくべきかについて校内で十分に検討しておくことや、授業者として意図的に観察したり、指名したりして評価できる根拠を集めるなどの工夫をすることも必要となってくる。

　道徳科の評価はまた、主に学級担任などの評価者のみに任せるのではなく、組織的、計画的な取り組みが重要である。学校や学年としてどのように評価をしていくのか、研修などを通じて共通理解を図り、評価に関する実践事例を蓄積し共有していくことが、評価の妥当性や信頼性を高め、そして評価者の自信や負担感軽減にもつながっていく。特に発達障害がある、海外から帰国した、日本語習得に困難のある児童生徒など、それぞれの困難さの状態を把握した道徳科の指導と評価への配慮について検討しておく必要があるだろう。

　こうした児童生徒の評価ができる道徳科の授業を目指し、教師自身が自らの授業に対して振り返る評価も重要である。道徳科の目標に示されている学習活動を行っていたか、発問の仕方などの学習指導過程や指導方法は適切だったかを振り返り、自らの授業の質を高めるために常に研修に励むことが求められる。つまり、評価とは児童生徒の成長につながるものであると同時に、教師の指導に生かされものでなくてはならない。こうした「指導と評価の一体化」は、道徳科に限らず、全ての教育活動においてますます重要になっている。前述した2021年道徳教育実態調査によると、「評価することで今まで以上に児童生徒の成長が把握でき、指導の効果が実感できるように

なった」と考える教師が多く、また「記述評価により、児童生徒が自分の良さや成長を実感できるようになった」「評価をすることにより指導中の児童生徒の発言や様子に教師自身が様々な視点で目を向けることが増えた」という意見が見られた。

（3）道徳科の内容の改善：いじめ対応の充実と発達段階を踏まえた体系的な内容へ

　これまでの道徳教育も「道徳の時間」を要として学校の教育活動全体を通じて行うとされていたが、その基本的な考え方は引き継ぎつつ、「要」として、効果的な指導をより確実に展開できるよう、新設「道徳科」の目標は明確化され、よりわかりやすくなっている。

> 「より良く生きるための基盤となる道徳性を養うため、道徳的諸価値についての理解を基に、自己を見つめ物事を(広い視野から)多面的・多角的に考え、自己（人間として）の生き方についての考えを深める学習を通して、道徳的な判断力、心情、実践意欲と態度を育てる（（　）内は中学校)」（文部科学省 2017）

　新たに「自己を見つめ物事を(広い視野から)多面的・多角的に考え」が追加され、「道徳の時間」の目標になっていた「道徳的実践力を育成する」という曖昧な表現を削除し、「道徳的な判断力、心情、実践意欲と態度を育てる」と変更されている。

　また、小学校から中学校までの内容の体系性を高め、多くの人に理解され、家庭や地域の人とも共有しやすいものとするため、学ぶことが必要と考えられる道徳的価値を含む内容項目、特にそれを端的に表す言葉「善悪の判断、自律、自由と責任」などの小項目が新たに設定された（図1参照）。それらの内容項目は発達的特質に応じて小学校低学年 19 項目、中学年 20 項目、高学年 22 項目、中学校 22 項目にまとめられおり、児童生徒の発達の段階を考慮し、最も指導の適時性のある内容項目が学年段階ごとに精選され、重点的に示されている。

　また、いじめに関する内容の充実を求めて、低・中学年に「公平、公正、社会正義」、中学年に「相互理解、寛容」、そして高学年に「より良く生きる喜び」が新たに追加されている。例えば「公平、公正、社会正義」については、いじめなどの問題が表面化してくる高学年からではなく、低中学年から段階的に指導する必要性の認識がここに表れている。社会には差別や偏見が存在し、いじめの問題も人間の弱さに起因しているという認識の下、そうした弱さを克服するため、低学年においては「自分の好き嫌

いにとらわれないで接すること」、中学年においては「誰に対しても分け隔てをせず、公正、公平な態度で接すること」、高学年においては「誰に対しても差別をすることや偏見を持つことなく、公正、公平な態度で接し、正義の実現に努めること」として児童の発達段階を踏まえた内容項目が設定されているのである。その他、小学校の低学年に「個性の伸長」や「国際理解、国際親善」も追加された。

さらに、情報モラルに関する指導を充実すること、また、科学技術の発展と生命倫理との関係や社会の持続可能な発展などの現代的課題の取り扱いにも留意し、身近な社会的課題を自分との関係において考え、それらの解決に寄与しようとする意欲や態度を育てるように努めることが新たに追加された。その上で、多様な見方や考え方のできる事柄については、特定の見方や考え方に偏った指導を行うことの無いようにする配慮も同時に求められている。

前出の道徳教育実態調査(2021)によると、「道徳科」の新設によって「学校として育てようとする児童生徒をより意識するようになった」という意見が多く、児童生徒や学校の実態に応じて、道徳科の内容項目を活用して道徳教育を計画的に推進しようとしていることがわかる。また、カリキュラム・マネジメントの重要性がより意識され、道徳教育の充実のために多くの教員が様々な道徳教育の研修に参加して指導力向上を目指していることが明らかになっている。

（４）指導方法の工夫：問題解決的な学習や体験的な学習の積極的な活用

新設「道徳科」においては、「問題解決的な学習、道徳的行為に関する体験的な学習などを適切に取り入れるなど、指導方法を工夫すること」が明記されている。また「一つの内容項目を複数の時間で扱う指導を取り入れるなどの工夫」が追加されたことで、これまでは一つの主題を１単位時間で取り扱うことが一般的であったが、より柔軟な重点的指導や発展的指導の実施、そして各教科等や体験活動等との関連的指導の工夫が計画しやすくなっている。また、相反する道徳的価値についてどちらか一方を求められる場面、答えは一つではなく正解は存在しない問題について、児童生徒が自分との関わりの中で捉え、多面的・多角的に考察できるような問題解決的な学習を取り入れることが奨励されている。

特にいじめに関する問題を「あなたならどうするか」と真正面から問い、「自分自身のこととして」考え議論する積極的な取り組みについて様々な事例が共有され、研修に活用されている（図３　参照）。

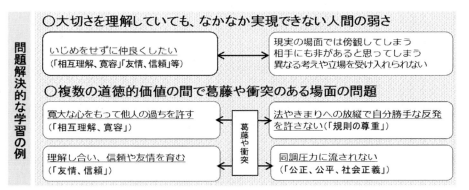

○大切さを理解していても、なかなか実現できない人間の弱さ

いじめをせずに仲良くしたい
（「相互理解、寛容」「友情、信頼」等）
⟷
現実の場面では傍観してしまう
相手にも非があると思ってしまう
異なる考えや立場を受け入れられない

○複数の道徳的価値の間で葛藤や衝突のある場面の問題

寛大な心をもって他人の過ちを許す
（「相互理解、寛容」）
⟷（葛藤や衝突）⟷
法やきまりへの放縦で自分勝手な反発を許さない（「規則の尊重」）

理解し合い、信頼や友情を育む
（「友情、信頼」）
⟷（葛藤や衝突）⟷
同調圧力に流されない
（「公正、公平、社会正義」）

（左側ラベル：問題解決的な学習の例）

図3　問題解決的な学習の例　「道徳教育の抜本的充実に向けて」（文科省 2017）より抜粋

　体験的な学習は、児童生徒がより主体的に道徳的諸価値について考える上で非常に重要であり、有効に活用することが奨励されている。体験的学習の例として、読み物教材についてロールプレイして疑似体験することをはじめ、特別活動等における学級

いじめについて考え、議論する積極的な取り組みの例

（中2）道徳の授業で出たいじめに関する意見を学級通信で紹介し、考えを広げ深める授業
【1時間目】「いじめられる側にも問題があるのか」（本音を引き出す）→学級新聞（可視化）
→【2時間目】いじめられる側が主人公教材を用いて再度討論（本音で）→学級新聞（可視化）

（小6）傍観者、いじめる側、いじめられる側、それぞれの視点に立って考える授業
教材「そうじの時間」A:ごみ箱当番、B:「C、お前が行けよ」、C:(ごみ箱を押し付けられる)
→あなたが A さんなら、C さんなら、どのように行動するのがよいのか考える

（小5）問題場面において「何が問題だったのか」「自分ならばどうするか」を問う授業
教材「知らない間の出来事」主人公が友達に「転校してきた子が携帯を持っていない」と伝えた
「前の学校で仲間外れにされていた」と歪曲して伝言されてしまう
→「何が問題だったか」「どうすれば回避できたか」相手も自分も幸福になれる関係とは

（小4）教室の風景を描いた絵を見て、どこに問題があるのか考えさせる授業
休み時間の教室の様子の絵（右図）を見て、いじめやいじめにつながるものは何かを考える

（小2）役割演技を通して、仲間外れにする側の気持ち、される側の気持ちを考える授業
教材「およげないりすさん」かめ・あひる・白鳥は、池の中の島へ泳いで遊びに行こうとする。泳げないりすから「いっしょにつれて行ってね」と頼まれるが断って行ってしまう。→仲間はずれにしようとする役(あひる)と一緒に連れていこうとする役（白鳥）といった役割を演じることで、平等なやさしさで接することができたときの気持ちなどを実感する。

↓

「考え、議論する道徳」への転換を全国の学校、学級において実現させる
○優れた取り組み例の共有のための「道徳アーカイブ」構築　→いじめの具体的な場面を考え、議論させる様々な取り組みを共有し、研修などに活用
○学校教育全体で行う道徳教育としての取組の促進　　　　　[道徳教育アーカイブ][検索]

図4「道徳教育の抜本的充実に向けて」（文科省 2017）より抜粋し筆者が作成

や学校生活における集団宿泊活動、ボランティア活動、自然体験活動などの多様な体験活動の中で感じたことや考えたことを道徳科の話し合いに生かすことなど様々な取り組みが考えられる。また道徳科の授業を公開したり、授業の実施や地域教材開発や活用において、家庭や地域社会、各分野の専門家等を含めた団体や外部人材の協力を得ることも、授業の効果を一層高める効果が期待できる（図4　参照）。

　前出の実施状況調査によると、道徳教育の充実のために、多くの学校が「道徳教育に関わる体験活動の充実を図った」「各教科等や体験活動において、道徳科の内容項目との関連を意識して指導を行った」と回答している。

　道徳の「特別の教科」化によって目指していた道徳教育の量的確保は確実に定着しており、「考え、議論する道徳」への質的転換においても、教師たちの意識の変化や不断の授業改善、評価の改善の努力により着実に進展していると言える。今後も更なる研修や情報共有相互連携によって道徳科の授業改善が図られることが期待されている。

３．日本の道徳教育の歴史的経緯

　ここで、日本の道徳教育の歴史的経緯について簡単に触れておく。前述した「道徳の時間」が忌避されてきた風潮の背景など、道徳教育にまつわるイデオロギー対立の構図を理解しておくことも大切である。

　日本の道徳教育の起源は、1872(明治 5)年に明治新政府が発布した「学制」によって、我が国に初めて近代公教育制度が導入され全国的に急拡大していた時代の、小学校低学年の「修身口授」であった。当初は西洋の道徳倫理の翻訳書を用いるなど教科書も未整備で、欧米列強に追いつこうと近代化を急ぐ知識偏重の混乱期の中で、あまり重要視されていなかった。

　こうした「欧米化」に反発して 1879(明治 12)年に起草された「教学聖旨」は、国民教育の根本方針として、まず「仁義忠孝」を説く儒教の教えを中心とし、それから西洋の知識と技術を学ぶべきだと示した。これを受け、学校教育が徐々に組織化する過程で、それまでの西洋崇拝から儒教を基本とする皇国思想への転換があり、「修身科」は筆頭教科となるが、そのねらいは国民意識の滋養であった。1885(明治 18)年に文部省が設置され、学校教育制度が確立される中で 1890(明治 23)年にいわゆる「教育勅語」が発表され、教育の基本方針と国民道徳の基準が示された。そこには孝行、友愛、夫婦の和、朋友の信、謙遜、博愛、修学修業、智能啓発、徳器成就、公益世務、遵法、義勇といった 12 の徳目があったが、この内容以上に、「勅語」（天皇から直接国民に発

した言葉）としての絶対性の影響が大きく、戦時下には軍国主義に利用された。「修身科」は戦前には最重要科目と位置づけられ、国定教科書を通じて、戦争を神国日本の聖戦だと教え込む場となっていた。

　敗戦後、「修身科」は連合国軍占領下において軍国主義教育だとして廃止され、日本は平和を愛する民主主義国家として生まれ変わるべく日本国憲法を掲げ、教育基本法や学校教育法が整備された。「修身科」の復活を求める声もあったが、戦前の反省から否定されてきた。しかし、逆コースの流れの中、1958(昭和 33)年に「道徳の時間」が特設され、これが新設「道徳科」に至るまで続いたのである。特設当時は、労働運動が隆盛を極めた時期であり、「教え子を再び戦場に送るな」というスローガンを掲げる日本教職員組合は「道徳の時間」に反対し、文部省と対立する教育不毛の時代が続いた。この対立はその後も道徳教育推進を妨げる潜在要因として作用していたのである。

　「道徳科」が新設されたことにより、戦後 75 年も十分に議論されてこなかった道徳教育の内容や方法に関心が向けられたことは大きな前進である。現場の教師たちは道徳科をどう指導するのか、評価はどうするのかという実践的な課題にようやく向き合っている。しかし、これまでの議論の蓄積や教師たち自身の経験が少ない分、道徳的価値と正面から向き合い、「考え、議論する」道徳教育を本当に実りあるものにできるかは、むしろこれからの真摯な努力にかかっていると言えよう。

4．道徳教育の国際比較と新たな世界的潮流

　諸外国の道徳教育はどうなっているのだろうか。こうした国際比較や世界的潮流を参照することは日本の道徳教育を相対的客観的に考察する一助となるだろう。

　欧米諸国では、道徳性のような価値観の滋養は宗教が担ってきた歴史がある。イングランドやドイツでは宗教科が学校教育課程に位置づけられているが、公教育のライシテ（政教分離、非宗教性）を掲げるフランスには宗教科は存在せず、アメリカは合衆国憲法で公教育における宗教教育を禁止している。知育は学校で、徳育は家庭と教会でと伝統的に区別してきたフランスと、国家の教育への関与を最小限に留めるとしたものの、ナチズム後の教育再建をキリスト教倫理に求めてきたドイツとでは道徳教育の発展の仕方は異なっている。フランスでは「自由」「平等」などの「共和国の価値」については学校教育全体または「道徳・市民」や「歴史、地理、道徳・市民」を通して学ばれてきた。2015 年からは多様な価値観の中で共に生きるために必要な「感受性」の教育が導入されている。ドイツでは学校は午前で終了し午後は各家庭で地域のサッ

カークラブや合唱団などの無償プログラムに参加することが一般的で、知徳体は学校だけでなく家庭や地域コミュニティ全体で担うものだった。しかし PISA 調査が明らかにした移民の子どもの低学力等が問題視され 2003 年以降は「半日学校」は徐々に変化している。また移民増加に伴う社会の多様性への対応として宗教別の宗教科や世俗的な倫理・哲学科も選択できるよう州毎の改革が進められている。アメリカも各州や学区において教育は様々だが、基本的に道徳教育は学校教育全体で行われ、米国民としての「責任」「権利」などを学ぶ「公民教育(civic education)」が社会科を中心に実施されてきた。近年は価値観の多様性や規範意識の低下から生じる様々な社会問題に対応した「新しい人格教育(character education)」が注目されている。イングランドでも伝統的な宗教教育の他に、2002 年に「市民性教育(Citizenship Education)」が中等科必修科目となり教科横断的に実践されており、「人格、社会性、健康、経済教育」(PSHE: Personal, Social, Health, and Economic Education)と呼ばれる教育活動においては「人間関係」と「健康」が 2020 年から必修となり、特にメンタルヘルスに関する具体的な学習内容が多く盛り込まれることになった。韓国の地球市民教育、中国の素質教育などアジア地域においても、またその他多くの国において、道徳的価値教育に関する新たな取り組みが進められている。

　この様に、VUCA の時代に対応して新しい教育を模索する動きは世界的潮流となっている。OECD は、これからの教育では、将来のウェルビーイングのために、いわゆるペーパーテストでは測ることが難しく、伝統的な「認知スキル」の枠組みには収まらない、社会情動的スキル、実践的スキル、態度や価値観を総動員して複雑な文脈に対応できるコンピテンシー（資質・能力）やエージェンシー（変化を起こすために、自分で目標を設定し、振り返り、責任を持って行動する能力）の育成が重要だとしている（白井 2020）。国連は 2022 年に「教育変革サミット」を開催し、ユネスコは 2021 年に「教育の未来」レポートを出し、2023 年には約半世紀ぶりにユネスコ国際教育勧告を改定している。こうした世界的な動きの中で提唱される教育テーマは多岐にわたっているが、いずれも主体性や共感性、レジリエンスなどの価値教育の重要性や、学校全体・家庭・地域を含めた包括的アプローチ、対話協働型・変容的プロセス志向などが謳われている。新設「道徳科」を含めた日本の教育改革もこうした流れに沿ったものだが、他の多くの国においても、それぞれこれまでになかった「新たな学びの形」を手探りで作り上げようと今まさに挑戦しているところであると言える。

5．おわりに：カリキュラム・マネージメントの重要性

　では，あなたが実際に教師として道徳科を指導する際には，どのように授業を組み立てることになるのだろうか。道徳科は，校長の方針の下に学校の全教員が協力しながら取組を進めていくことが求められている。道徳教育推進教師を中心として，児童生徒や地域の実態を把握した上で，道徳教育の全体計画および詳細な「別葉」を作成し，全教職員が共通理解，共通実践していくことになる。つまりカリキュラム・マネージメントが重要となる。まずは教師として目の前の児童生徒との信頼関係を築き，児童生徒相互の人間関係を育てておくことが大切である。その上で計画に即した実際の授業づくりの際には道徳教育アーカイブの授業実践例や教職員支援機構(NITS)の資料，「子どもの哲学(P4C)」「SEL(社会情動的学び)」「どう解く（ポプラ社)」，society5.0時代に対応した ICT 活用術などの先行事例を参考にし，活用して試行錯誤することになるだろう。そして PDCA サイクルを繰り返しながら，周囲と連携しつつ改善を図っていくことが求められている。誰にとっても新しい取り組みが始まっている。あなたの挑戦が今後の道徳教育をつくっていくのである。

（阿部　裕子）

参考文献

① 　浅見哲也著・安井政樹著『道徳授業の個別最適な学びと協働的な学び』明治図書、2023 年。

② 　白井俊著『OECD Education 2030 プロジェクトが描く教育の未来：エージェンシー、資質・能力とカリキュラム』ミネルヴァ書房、2020 年。

③ 　田沼茂紀著『道徳科教育学の構想とその展開』北樹出版、2022 年。

④ 　中央教育審議会「道徳に係る教育課程の改善等について」（答申）2014 年。

⑤ 　中央教育審議会「『令和の日本型学校教育』の構築を目指して　～全ての子供たちの可能性を引き出す，個別最適な学びと，　協働的な学びの実現～」（答申）2021 年。

⑥ 　道徳科教育学を考える会著『道徳科教育学研究』NextPublishing Authors Press、2023 年。

⑦ 　独立行政法人教職員支援機構(NITS)　"NITS 戦略～新たな学びへ"（2023-12 一部改訂）　https://www.nits.go.jp/about/strategy/（参照 2024-01-15)。

⑧ 　日本道徳教育学会全集編集委員会編著『新道徳教育全集　第 2 巻　諸外国の道

徳教育の動向と展望』学文社、2021年。

⑨　松野博一「いじめに正面から向きあう『考え、議論する道徳』への転換に向けて」（文部科学大臣メッセージ）　文部科学省、2016年。

⑩　文部科学省「小学校学習指導要領（平成29年告示）解説　特別の教科　道徳編」2017年。

⑪　文部科学省　"道徳教育アーカイブ　〜特別の教科道徳の全面実施〜"文部科学省　https://doutoku.mext.go.jp/（参照 2023-12-11）。

第13章　学校における性教育の現状と課題
―カリキュラム設計から評価まで―

　学校教育における性教育は、児童生徒に性の知識を提供し、性に関連する健康や人権、関係性についての理解を深めることにより、児童生徒の健全な成長と発展を支援する役割を果たす。しかし、性教育の実施には多くの課題が伴う。これらの課題には、教材の選定、教育方法、教師の準備、そして多様性とインクルージョンの考慮が含まれる。効果的な性教育を実施するためには、これらの課題を適切に対処することが不可欠である。

　この章では、これらの課題を考慮し、性教育の実施における多様な側面と課題を理解し、それに対処するための知識と技術を獲得することを目的とする。さらに、性教育が学校教育全体とどのように連携し、性教育を効果的に実施することができるかについて洞察していく。

１．性教育と学習指導要領

　学校教育における性教育は、学習指導要領に基づいて設計されている。この学習指導要領は、性教育の目的や内容を明確にし、教師に指針を提供している。そして教育の段階や学年に応じて、適切な内容と方法が選ばれている。

　性教育は保健や保健体育だけでなく、他の教科や道徳、特別活動、総合的な学習など学校教育活動全体を通じて取り組むことが重要である。それぞれの教科や活動における役割分担を明確化し、連携して性教育を進めるのである。そして児童生徒の心身の発達に関する理解や性感染症等の予防知識、人間関係の理解やコミュニケーション能力の養成が重要である。具体的には、保健では身体の成長や性感染症等の科学的知識を、道徳や特別活動、総合的な学習では性に関する倫理的な面や人間関係の重要性を教えることが推奨されている。

　それらのことを踏まえ、性教育カリキュラムを設計する上で重要な「3 原則プラス1」と「はどめ規定」について、始めに確認したい。

（1）性教育の「3原則プラス1」

　性教育の3原則とは、①発達の段階を踏まえること、②学校全体で共通理解を図ること、③保護者の理解を得ることである。これらの原則は、児童生徒が性に関して正しく理解し、適切に行動を取れるようにすることを目的としている。学習指導要領の解説書においても、性に関する指導の項目については、必ずこの3原則を留意することが明記されている。逆に、この3原則があれば性教育の記述であると理解できるのである。それぞれの要点は以下の通りである。

①発達の段階を踏まえる：各校種内で性教育の内容を網羅しようとし教え込む傾向があるが、これは時にその年齢層や発達段階に必ずしも適切でない内容が含まれることもある。重要なのは、児童生徒の理解度や興味、必要性に基づいて内容を調整することである。それぞれの学校、学年やクラスの状況に合わせた柔軟なアプローチが求められる。

②学校全体で共通理解を図る：教員が独自に性教育を行うことで、学校全体としての一貫した方針や内容が不足することが往々にして起こる。管理職を含めた教員間でのコミュニケーションと共通理解の形成が不可欠である。定期的な研修や情報共有の場の設定が、この課題を克服する鍵となる。

③保護者の理解を得る：性教育は特にセンシティブなトピックなので、保護者への説明は非常に丁寧に行う必要がある。保護者が性教育の目的と内容を正しく理解し、自宅でもその延長として子どもとの対話が行えるようにすることが大切である。保護者向けの説明会や資料配布、質疑応答の機会を設けることで、保護者の理解と協力を得ることができる。

④集団指導と個別指導の区別：3原則に付帯して、性教育においては集団指導と個別指導の区別を明確にすることの重要性を示しているものが「プラス1」である。集団指導においては、基本的には学習指導要領が定める範囲内で、全児童生徒に共通する基本的な知識やスキルを教えることが目的である。これには、性の生物学的側面、性的健康、人間関係のスキルなど、すべての児童生徒に等しく必要とされるテーマが含まれる。集団指導の主な役割は、児童生徒全体の発達段階や学校教育全体の目標に合わせて、基本的な性教育の枠組みを提供することである。
　一方で、個別指導は集団指導ではカバーしにくい個々の児童生徒の特定のニーズに対応する。これには、SNSに関連する問題、性別不合あるいは性的指向など、より個人的かつ複雑な問題が含まれることがある。個別指導の目的は、児童生徒一人一人の

状況に合わせてカスタマイズされたサポートを提供することにある。

　これらの区別を正しく理解し、実践することが、児童生徒たちにとって有意義かつ効果的な性教育を提供する鍵である。

（2）「はどめ規定」と学習指導要領の内容以外の指導事例

　学習指導要領には「はどめ規定」と呼ばれる一文があり、これにより特定の内容（特に性交に関する具体的な情報）の教育は行われないことが定められている。例えば、小学 5 年の理科では「人の受精に至る過程は取り扱わないものとする」、中学 1 年の保健体育科では「妊娠の経過は取り扱わないものとする」とされている。この規定の理解は基本事項として重要であり、不適切な性教育の指導事案が発生するのは、このことの理解不足によることが多い。

　しかし一方では文部科学省によれば、各学校がその必要性を感じれば、「はどめ規定」の内容についても指導することができるとされている。学習指導要領が示すのは最低基準であり、必要と判断されれば「はどめ規定」の内容や学習指導要領に示されていない内容も指導することが可能である。ただし、この際に不適切な性教育の指導に当たらないのは、校長がその必要性を判断し、児童生徒の発達段階、学校全体の共通理解、保護者や地域の理解、集団指導と個別指導の区別を明確にし、適切に実行している場合である。教師の個人的な判断では許されてはいない。

　具体的な例として、東京都教育委員会の取り組みが挙げられる。学習指導要領の範囲だけでは学校での現代的な課題に対応することが難しい場面があることから、東京都教育委員会は 2019 年 3 月に教員向けの「性教育の手引」の改訂版を公表し、学習指導要領に示されていない内容の授業の実施方法を示している。改訂版の手引には、小学校、中学校、高校および特別支援学校での性教育の考え方がまとめられている。具体的には、産婦人科医による中学校でのモデル授業を例に、コンドームやピルでの避妊、人工妊娠中絶を含む授業の流れ、保護者への通知文案が掲載されている。この授業を受けた生徒の 94%が「役に立つと思う」と回答している。

　東京都教育委員会は学習指導要領に示されていない内容の性教育を実施することを容認し、具体的な手順と内容を提供することで、教育現場の先生方が豊かな性教育を実践できるようサポートしていることがわかる。このような取り組みは、児童生徒に対してより包括的で現実的な性教育を提供するための重要なステップである。

２．教育課程にみる性教育の指導内容

　性教育は教科としてはないが、幅広い視点で行われ、指導は多様なアプローチが取られている。生殖器の構造や機能、性の多様性、性加害と性被害の予防、リレーションシップ（人間関係）、コミュニケーションスキル、性感染症や避妊方法など幅広くカバーしている。また、最近では、LGBTQ+（Lesbian, Gay, Bisexual, Transgender, and Queer or Questioning〜レズビアン、ゲイ、バイセクシュアル、トランスジェンダー、クィアまたはクエスチョニング、その他）の認識や SOGI（Sexual Orientation and Gender Identity〜性的指向、性自認）の理解を含めた教育も始められている。以下に、それぞれの校種の教育課程における性教育の指導内容を示す。

（１）小学校の指導内容

　小学校での性教育は、児童たちが思春期を迎える前の基礎知識として重要である。年齢に応じて段階的に教育することで、児童たちは自己の身体や感情を理解し、社会的な相互作用において適切な判断ができるようになる。自尊心の育成や健康な人間関係の構築にも寄与する（表１）。

表１　小学校の性教育指導内容例

小学校低学年（1年生〜3年生）	
生　活　科	「家族と自分の身体」について学ぶ。自分の身体の部分の名称と基本的な機能を理解する。
道　　　徳	「友達との関わり方」や「お互いの違いを尊重すること」について学ぶ。
学　級　活　動	「お互いの身体の違い」や「プライバシーの尊重」について話し合う。
小学校中学年（4年生〜5年生）	
理　　　科	「人間の身体と健康」に焦点を当て、基本的な生理機能について学ぶ。
社　会　科	「家族の形態」や「異なる文化における性の観点」について考察する。
道　　　徳	「自己尊重」と「他者尊重」の重要性について学ぶ。
小学校高学年（6年生）	
保　　　健	「思春期の変化」について詳細に学び、身体的、感情的な変化を理解する。
学　級　活　動	「友情と恋愛」や「異性との適切な関わり方」について議論する。
総合的な学習の時間	「インターネット上の性に関する情報」や「メディアの影響」について考察する。

出典：学習指導要領に基づき著者が整理。以下表も同様。

（２）中学校の指導内容

　中学校での性教育は、思春期の生徒たちにとって、身体的、心理的な変化を理解する上で重要である。学ぶ内容は、生徒たちが自己理解を深め、異性や多様な性に対す

る理解を促進することを目指す。生徒たちが健康的な生活を送るための基礎知識とし
て、生殖健康や性感染症予防に関する教育も行なわれる（表2）。

表2　中学校の性教育指導内容例

中学1年生	
学 級 活 動	「人間の性とは何か」について議論。
道　　　　徳	「自他の生命尊重」に焦点を当てる。
保 健 体 育	「思春期の体の変化」や「思春期の心」について学ぶ。
技術・家庭科	「これからの自分と家族」について考える。
中学2年生	
学 級 活 動	「性情報と社会環境」や「性の悩みへの対処」について学ぶ。
道　　　　徳	「自己の性の受容」、「異性の理解と協力」や「多様な性」について考察。
中学3年生	
理　　　　科	「生物の細胞と生殖」を学ぶ。
社　会　科	「現代社会と私たちの生活」や「人権の尊重と性感染症（エイズ）」について学ぶ。
保 健 体 育	「エイズと性感染症予防」について学ぶ。

（3）高等学校の指導内容

　高等学校での性教育の内容は、中学校での基礎教育を受けた生徒たちが高等学校でよ
り深く、広範な知識と理解を身につけることを目指している。性教育は、生物学的側面
だけでなく、社会的、心理的、倫理的側面をも含めて多角的に扱う必要がある。（表3）

表3　高等学校の性教育指導内容例

高等学校1年生	
学 級 活 動	「性の健康と権利」についての議論と理解を深める。
倫 理・公 民	「ジェンダー平等と社会的正義」や「個人の尊厳と性的自己決定」に焦点を当てる。
保 健 体 育	「性感染症の予防と健康管理」や「思春期から成人期への身体と心の変化」について学ぶ。
家　庭　科	「将来の家族計画とパートナーシップ」について考察。
高等学校2年生	
学 級 活 動	「メディアと性表象」や「セクシュアリティと社会的圧力」についての理解を深める。
倫 理・公 民	「性の多様性と包摂性」や「性教育の社会的意義」について考察。
保 健 体 育	「リプロダクティブヘルス」や「健全な恋愛関係の構築」について学ぶ。
高等学校3年生	
生　物　学	「人間の生殖システム」や「遺伝と生殖技術」について学ぶ。
社　会　科	「現代社会における性の課題と人権問題」や「セクシュアルハラスメントと性差別」に焦点を当てる。
保 健 体 育	「成人期の性と健康」や「人間関係とコミュニケーションスキル」について学ぶ。

　以上、学校における性教育の実践は、児童生徒の発達段階や個別のニーズ、現代社
会における多様な性の理解など、多角的な視点からアプローチされていることがわか

る。性教育は、単に生物学的な知識の伝達にとどまらず、児童生徒が自分自身と他者を尊重し、健康で安全な人生を歩むための基盤を築く役割を果たしている。

3．教師の役割と性教育教材の選定
（1）教師の役割
　教師は、児童生徒に安全で健康的な性教育を提供する責任を担っている。この責任は、児童生徒に正確かつ適切な性教育情報を提供し、性に関連する健康や関係性、そして個人の権利についての理解を深めることを含む。このように教師は、児童生徒が性に関する知識を獲得し、自分の身体や感情を理解し、健康的な関係を築く能力を育むことを支援する役割を果たすのである。また、教師は、児童生徒が性に関する疑問や懸念を安心して共有できる安全な学習環境を作成する責任も担っている。この役割を果たすために、教師の準備についてその主な要素を以下にまとめる。

①知識とスキルの習得：教師は、性教育に関する基本的な知識と教えるスキルを持っていることが求められる。これには、生殖器の構造と機能、性感染症、避妊方法、性の多様性、性加害と性被害の予防などの知識が含まる。また、教師は、これらのトピックを教える方法や、児童生徒の質問に対応する方法、適切な言葉を使って性に関するトピックを説明する方法を学ぶ必要がある。

②継続的な学習とアップデート：教師は、性教育に関する最新の情報や研究を常に追求し、自らの知識とスキルを更新する必要がある。これには、関連する研修やセミナーに参加すること、専門書を読むこと、オンラインの教育リソースを利用することなどが含まれる。特に進展の速い、性の多様性やSOGIに関する最新の理解を深めることは重要であり、これらのトピックに関する意識のアップデートは、教師が児童生徒に対して適切かつ包括的な性教育を提供する上で不可欠である。教師は、これらの領域においても継続的な学習を行い、教育プログラムを適切にアップデートすることで、児童生徒に対する教育の質を保ち、さらに向上させることができる。

③学校との協力：教師は、学校の管理職や同僚教師と連携し、性教育のカリキュラムや教材の選定、教育方法の開発と実施に関して協力する必要がある。これには、学校全体での性教育の目標や方針を明確にし、共通の理解を持つことが大切である。

④外部の関係機関、保護者やコミュニティとの連携：教師は外部の関係機関や専門

家、保護者、コミュニティと連携し、性教育のプログラムの開発や実施において支援を受けることが重要である。このことは、地域社会のニーズや特定の課題に対応するためにも、外部のリソースや専門知識を活用することが大切なのである。具体的な例として、学校は地域の保健所や性教育を専門とする信頼の高い NPO とパートナーシップを結び、専門家を定期的に招いて児童生徒に直接話を聞かせる機会を設けることができる。これにより、児童生徒は日々の授業では触れることのない生の情報や実践的なアドバイスを得ることが可能になる。

　さらに、保護者との連携を密にし、性教育の目的や内容についての理解を深め、家庭でのフォローを得られるよう努める。例えば、性教育の授業で使用する教材のコピーを保護者に提供し、授業で扱ったトピックについて家庭でも話し合うことができるようにするのである。また、性教育の一環として保護者を対象にした情報交換会を開催することで、家庭での性に関する話題がオープンになり、児童生徒たちが学校で学んだことを家庭でも応用できるようになる。他にも、学校が主催する性教育に関する公開フォーラムやパネルディスカッションに保護者や地域住民を招待することで、性教育に対する理解とサポートを地域レベルで高めることができる。

（2）性教育の教材の選定

　教材の選定は非常に重要なプロセスであり、これには学習指導要領に則って行われる必要がある。そして教材は、児童生徒の理解と興味を引き出すものであることが重要であり、同時に児童生徒の年齢や発達段階、学校や地域社会のニーズに応じて、そして学校全体での共通理解を基に選ばれる。学校全体で認められた教材を使用することにより、性教育の目的と内容が一貫して伝えられることが保証される。性教育では、教科書や教育委員会が発行する手引書、ビデオ、パンフレット、インタラクティブ（相互作用的）教材またはそのオンラインリソースなど、多岐にわたる教材が利用されている。

　この教材の利用においては、児童生徒たちが積極的に参加し、学習内容をより深く理解することを助けるように設計される。例えば、グループディスカッションやロールプレイ、ケーススタディなど、実践的な学習方法が取り入れられている。インタラクティブ教材の実践例を以下に示す。

　①ディスカッションカードやケーススタディ：生徒たちが特定のシナリオについて

議論するためのカードや資料を使用する。「デート中の同意」や「インターネット上のセーフティ」に関するシナリオを提示し、クラスでディスカッションを行う。例えば、あるキャラクターが性的同意や避妊の問題に直面しているシナリオを生徒に提示し、生徒は小グループに分かれ、キャラクターがどのように対応すべきかを議論し、その後全体で意見を共有する。この活動により、性的同意の重要性や避妊の選択肢について、生徒たちが深く考える機会を提供できる。

②ロールプレイングアクティビティ：生徒たちが特定の役割を演じ、異なる視点から性に関するトピックを考えることを促す。例えば、異性間のコミュニケーションや友情と恋愛の境界についてのシナリオを用いてロールプレイを行なう。

③インタラクティブなオンラインツールやアプリ：性教育に特化したウェブサイトやアプリを使用して、生徒たちが自分のペースで学習できるようにする。これらのツールは、クイズ、インフォグラフィック（視覚化）、教育的なゲームなどを含むことがある。

④シミュレーションゲーム：生徒たちが特定の状況を「体験」するためのゲームやシミュレーション。例えば、仮想のキャラクターとの関係をナビゲートするシミュレーションを通じて、相互尊重や適切な境界の設定について学ぶ。

⑤ビデオやアニメーション：性教育に関連するトピックを扱った教育ビデオやアニメーション。これらのメディアは、リアルなシナリオや問題を生徒たちに提示し、それに対する議論を促す。

４．多様性と性教育におけるインクルーシブ教育

　今後の性教育は、多様性やジェンダー、SOGI や LGBTQ+コミュニティに対する理解を深めることにより、より包括的なアプローチが求められる。この理解とアプローチなしに性教育を進めることはできない時代になっているとも言える。

（１）多様性の理解

　多様性は、異なる背景、信念、性別、性的指向そして性自認を持つ個人が共に生活し、学ぶ環境を認識し尊重することを意味する。LGBTQ+コミュニティや、その他のSOGI の多様性を認識し、尊重することは、性教育における重要な側面である。

　文部科学省は、性の多様性を含む幅広い理解を推進しており、この方針はいくつかの法律や通知に明示されている。特に、2013 年 6 月に施行された「いじめ防止対策推

進法」では、学校におけるいじめの問題に対処するための具体的な指針が示されている。この法律は、いじめにおける性の多様性の側面にも言及しており、性的少数者が直面する困難に対する意識向上が求められている。

　また、文部科学省は 2016 年 4 月に「性同一性障害や性的指向・性自認に係る、児童生徒に対するきめ細かな対応等の実施について（教職員向け）」を通じて、教育現場での性教育の指導に際して性の多様性への理解と適切な配慮を促している。この通知は、SOGI に関する問題に対する教師の対応策を提供し、すべての児童生徒が自己を尊重し、健やかに成長できるよう支援することを目的としている。

（2）性教育におけるインクルーシブ教育

　インクルーシブ教育とは、すべての児童生徒がそれぞれの特性やニーズに合わせた教育を受けることを保証する教育の概念である。性教育では性の多様性を含めた各種の多様性を受け入れ、促進することを目的とする。実践に当たっては、アンコンシャスバイアスとマイクロアグレッションに対する理解と対策を踏まえた教育実践を教師は留意したい。

　アンコンシャスバイアスとは、個人が意識しないうちに持っている先入観や偏見のことで、これが無意識のうちに行動や判断に影響を与えることがある。例えば、教師が男女の児童生徒に対して性別に基づいた役割を無意識に期待することがある。このようなバイアスに基づく行動は、性別に対する固定観念を強化することに繋がる。

　マイクロアグレッションは、意図せずに行う小さな言葉や行動で、特定の集団に属する人々を侮辱したり排除したりするものである。例えば、「本当の女の子らしくないね」という一見無害なコメントが、ジェンダーに関するマイクロアグレッションとなり得る。

　具体的なインクルーシブな性教育の実践例は以下の通りである。

①ジェンダー中立的な言語の使用：教師は、教育現場で「彼ら」や「学生」といった性別を特定しない代名詞や名前の呼称に「〜さん」を使用することで、性別に基づく偏見やステレオタイプから自由なコミュニケーションを奨励する。授業資料や校内の標識にも同様の配慮し、例えばジェンダーニュートラルな色彩を使用するなど、性別の多様性が尊重される教室環境を推進する。

②多様なファミリー構造の尊重：家族に関する授業では、様々な家庭の形態を取り上げ、教材や事例を通じて、同性のカップルやシングルペアレント、再婚家族な

どを含む多様性を紹介する。これにより、児童生徒は自らの家族だけでなく、他者の家族形態も理解し、尊重することを学ぶ。

③性的マイノリティの経験の組み込み：LGBTQ+コミュニティの経験を教材やディスカッションに組み込むことで、性的マイノリティの視点を反映させる。実際のLGBTQ+の人々の経験談を読み聞かせたり、彼らの権利に関する課題について学習することで、多様な性のアイデンティティに対する理解と共感を深める。異性愛だけでなく同性愛、双性愛、アセクシュアルを含む性的指向の広がりを説明するために、実際の人物の経験に基づいたケーススタディを紹介したり、性自認が一般的な性別のカテゴリに当てはまらない人々の物語を共有することで、生徒たちはジェンダーのスペクトラムと個人のアイデンティティの多様性を理解することが促される。具体的には、異性愛ではないカップルの日常生活や挑戦を描いたドキュメンタリー映画の視聴や、性的マイノリティの著名人の伝記の読み合わせが考えられる。これらの活動を通じて、生徒は性的マイノリティが直面する困難や社会的な偏見について学び、多様性への理解を深めることができる。

④事例研究とディスカッションの促進：異なる文化や背景を持つ実際の人々の事例研究を授業に取り入れ、生徒主導のディスカッションを通じて、それぞれの事例に対する感想や考えを共有させる。この活動は、多様な視点を持つ人々への共感と理解を養う。そして文化的背景の違いに焦点を当てた授業活動を通して、様々な民族や文化についての理解を深めさせることができる。例えば、世界中の異なる文化での性に関する慣習や儀式について学ぶ単元を設けることで、生徒たちは自らの文化を相対化し、他者の視点を尊重することを学ぶ。これらの活動は、教室内での相互理解と尊重の精神を育むために不可欠である。

⑤学校行事での多様性の表現：学校行事では、性的少数者や異文化の参加を奨励し、それらの文化やアイデンティティを祝うことで、学校全体の包括性を高める。例えば、文化祭では異文化をテーマにしたブースを設けたり、スポーツデーではすべての生徒が参加できるよう配慮した競技を企画する。

これらの具体的な実践を通じて、インクルーシブな教育環境を実現し、すべての児童生徒が互いの違いを受け入れ、尊重する社会的スキルを身につけることができる。

５．評価と児童生徒からのフィードバック

（１）評価方法

　性教育の評価は、教育プログラムの効果を測定し、教育の質を向上させるために重要な要素である。評価は、児童生徒の知識、技能、態度の変化を測定し、教育プログラムの効果を検証する目的で実施される。評価方法は大きく形成的評価と総括的評価に分けられる。

　形成的評価は授業の進行中に実施され、児童生徒の理解と学習の進捗を随時把握する目的で行われる。この評価方法には、教師による観察、小テスト、クラスディスカッション、そしてグループワークの評価が含まれる。また、児童生徒自身が自分の理解度を評価するセルフアセスメントや、ピアアセスメント（児童生徒同士で互いの作業を評価する方法）も形成的評価の一部となる。

　一方、総括的評価は授業の終了後に実施され、児童生徒が目標を達成し、必要な知識と技能を獲得したかを評価する目的で行われる。総括的評価の方法には、最終テスト、プロジェクトの提出、口頭発表、そしてポートフォリオ評価が含まれる。これらの評価方法は、児童生徒が性教育の各側面についてどれだけ理解しているか、そしてどれだけ適切にその知識を適用できるかを測定することを目的とする。

　中でも、ポートフォリオ評価は性教育ではとても有効な評価方法である。児童生徒は、性教育の授業で学んだ内容に基づいて、自分の意見や感想を記録し、それをポートフォリオとしてまとめる。例えば、性的同意やリレーションシップ（性的関係性）に関するエッセイ、性的アイデンティティについてのリフレクション（内省）、性感染症に関するリサーチレポートなどを含めることができる。ポートフォリオを通じて、児童生徒がどのように知識を吸収し、理解を深めているかを評価することができる。

（２）児童生徒からのフィードバックの重要性

　性教育において児童生徒からのフィードバックは、児童生徒の学びを深め、教師の教授法を改善するために欠かせない要素である。たとえば、性教育の授業終了後に、児童生徒たちにアンケートを実施して、彼らがどのトピックを理解しやすかったか、どの点で疑問を持っているかを尋ねることができる。また、児童生徒からの質問やコメントを受け付けることで、彼らがどのように情報を処理し、どのような点でさらに支援が必要かを把握することが可能になる。これらの児童生徒からのフィードバックは、教師が次回の授業計画を立てる際の貴重な指標となり、より効果的な性教育を提

供するための改善点を明らかにする。

　また、保護者からのフィードバックも同様に重要である。保護者が性教育の内容について理解し、家庭でのフォローアップを行うことができるように、学校は保護者向けの説明会を開催したり、授業内容の概要を送付したりする。その際、保護者からの意見や感想を受け取ることで、教師は家庭と学校の間のコミュニケーションを強化し、一貫性のある性教育を推進することができる。

　以上、現代の性教育について洞察してきた。現代の性教育は生殖健康や性感染症予防に限定されず、デジタルメディア使用のリスク、同意の概念、性的多様性への理解など、より広範なトピックを含むよう進化していることがわかる。これは、教材内容を現代の児童生徒の生活実態や社会問題に即して更新し続ける必要性を示唆している。特に、オンライン交流の普及に伴い、インターネットセキュリティ、個人情報保護、デジタルコミュニケーションのマナー、ネットいじめへの対処など、インターネット関連の問題も性教育が対応すべき面が含まれていることを自覚したい。また、性教育を巡る社会的な誤解やタブーを解消するためには、学校が保護者や地域社会と積極的に対話し、共通の理解を築くことが求められている。

（郡　吉範）

参考文献

①　郡　吉範『LGBTQ+に配慮する学校教育の試み』教育実践研究会、2022 年

②　郡　吉範「青年期における生物学的・社会的・人権的ジェンダー観の認知的推移の特質と社会的有能観との関連に関する実証的研究」鳴門教育大学、1999 年

③　文部科学省『生徒指導提要』東洋館出版社、2022 年。

④　日本性教育協会『すぐ授業に使える性教育実践資料集　中学校改訂版』小学館、2020 年。

⑤　東京都教育委員会『性教育の手引き』2019 年。

⑥　文部科学省『中学校学習指導要領解説　総則編』東山書房、2018 年。

第14章　研究者としての教師

　教育と研究は不可分の関係にある。教育をするにあたり研究は欠かせないものであり、教師は常に研究者でもあるといえる。本章では教師がもつ研究者としての一面に着目し、なぜ研究が必要となるのか、何を研究するのか、どのような研究の機会があるのかを包括的に見ていく。

1．研究し続ける教師像

　教師における研究の必要性は、教育基本法に示されていることからも明らかである。教員に関する条文にて次のようにうたわれている。

教育基本法

　　第九条　法律に定める学校の教員は、自己の崇高な使命を深く自覚し、絶えず
　　研究と修養に励み、その職責の遂行に努めなければならない。

　このように、教師には絶え間ない研究が求められ、それは奨励にとどまらず責務とされている。同様に、教育公務員特例法においても研究と修養、すなわち研修について明記され、それは教師の義務であり権利であると定められている（教員研修制度については次章で詳しく述べられる）。

　教育公務員特例法　第四章　研修
第二十一条　教育公務員は、その職責を遂行するために、絶えず研究と修養に努めなければならない。
2　教育公務員の研修実施者は、教育公務員（公立の小学校等の校長及び教員（臨時的に任用された者その他の政令で定める者を除く。以下この章において同じ。）を除く。）の研修について、それに要する施設、研修を奨励するための方途その他研修に

関する計画を樹立し、その実施に努めなければならない。

第二十二条　教育公務員には、研修を受ける機会が与えられなければならない。
2　教員は、授業に支障のない限り、本属長の承認を受けて、勤務場所を離れて研修を行うことができる。
3　教育公務員は、任命権者（第二十条第一項第一号に掲げる者については、同号に定める市町村の教育委員会。以下この章において同じ。）の定めるところにより、現職のままで、長期にわたる研修を受けることができる。

なぜこれほどまでに教師には研究が必要とされるのか。教職における研究の重要性を、まずは根本的に理解していこう。

2．教師による研究の目的と課題

仮に教師の役割が、教科書によって与えられた内容を記された通りに伝えるだけならば、研究は不要であり、教師の存在意義すら失われかねないであろう。教育という営みは現場や時代とともに刻々と変化し、学習者とともに探究を続ける創造的活動である。そのため、教師には新旧の教育を視野に入れた深い思考と、技能の鍛錬をいとわない向学心が欠かせないのである。日常的にどのような研究が必要とされるのか、整理すると以下のようにまとめられる。

（1）教育観に関する研究

教育は、教育する者がもつ教育観によって大きな影響を受ける。例えば「教育とは特定の知識を与える活動である」という教育観に基づく授業では教科書からの知識伝達が中心となり、「教育とは学習者が考え知識を探し求める活動である」という教育観に基づいた授業では探究学習が主として行われるであろう。つまり、教師が教育活動を企画する限り、教師のもつ教育観次第で教育はいかようにも変わる可能性を有している。したがって、教師は自身の教育観を常に客観視し、自分がどのような教育観を抱いているのかを把握した上で、その教育観を他者の見解と照らし合わせながら絶えず磨きあげる姿勢が不可欠となる。

まずは、日本の教育制度や学習指導要領を通して示される学校教育の方向性を学ぶ。自身の疑問や着眼点に応じて教育学など各分野で展開されている先行研究にも目を向

けると、さらに理解が深まるであろう。思考の幅を広げるために、これまでの教育の歴史を学ぶことも一助となる。現在行われている教育は一夜にして成し遂げられたものではなく、紆余曲折を経て今に至る。明治時代に導入された日本の近代教育制度は欧米からの影響を色濃く受けており、その背景にある西洋の教育思想についても学ぶことで、時代の流れに伴う教育の変遷が見えてくる。さらに江戸時代以前の教育まで遡れば漢学の存在も欠かせない。また、日本でもこれまでに多くの教育思想家や教育実践家が熟考と試行を重ねており、そこから得られる知見は現代においても示唆に富むため、それらに触れることで教師の思考にさらなる柔軟性がもたらされる。

　教育観が教育活動の内容や方法を導くがゆえに、こうした教育観の吟味なくしては、教育は教師自身の教育経験の範囲内にとどまる。自身が経験してきた教育は不変ではなく、いざ教師になった時には既に昔の教育として見なされていることも珍しくない。教育をさらに発展させていくためには、自他の教育観に関心をもち、自身の思考に疑いと期待を抱きながら考え続けることが肝要である。

（2）教育内容に関する研究

　教育内容に関する研究として筆頭にあがるのは教材研究である。教材、すなわち教師が学習者とともに教育活動を行う際に取り扱われる材料について、教師が予め詳細に調べ深く理解しておくことが必要となる。教科書や副読本に記載された内容をはじめ、視聴覚資料、実験・観察などに使用する実物、探究学習を進める中で学習者の興味関心が及ぶと予想される題材など、教材研究の対象は多岐にわたる。何事も突き詰めて知ろうとすれば際限がなく、限られた時間で取り組むことになるものの、その教材を効果的かつ効率的に活用できるかどうかはこの教材研究にかかっているといっても過言ではない。

　教材研究は、まず対象そのものに教師が向き合う素材研究にはじまり、理解を深めることでその素材がもつ教材としての価値を確認していく。さらには、各単元における位置づけ、他の教材との繋がり、学習目標を達成するために果たす役割など、教育活動全体との関わりを捉えて研究することでその教材のもつ特徴を最大限に活かすことが可能となる。学習者にとって教材とは学びの契機であり、学習内容への橋渡し役となるため、教材の選定・検討・提示方法は授業の根幹に関わるのである。

　また、その教材に対して教師自身が興味を抱きながら調査することにより、たとえその研究成果のすべてを授業内で扱いきれずとも、教材のもつ魅力が伝わり学習者の

好奇心を大いに刺激するであろう。なお、教育に関する文献調査には国立国会図書館や国立教育政策研究所教育図書館の他に、各自治体の教育図書館・教育図書室、公益社団法人教科書研究センター附属の教科書図書館なども活用できる。教科書図書館は1977（昭和52）年に開館し、戦後の検定教科書、教師用指導書、学習指導要領などの教科書関係資料、海外の教科書が所蔵されている。同じ単元でも教科書や指導書によって教材の扱い方が異なり、横断的な比較によって新たな気づきを得ることができる。

（3）教育方法に関する研究

　先述の教育観や教育内容以上に目まぐるしく変化するのが、この教育方法である。大正自由教育運動において児童中心主義が提唱され、戦後の教育改革では知識詰め込み型教育からの脱却が図られ、ゆとり教育を経て学習者主体の学びが目指されるようになってから久しい。指導のパラダイムシフト、アクティブラーニング、ピアラーニングといった用語が飛び交い、「主体的・対話的で深い学び」を実現するために様々な教育方法が盛衰を繰り返している。また、時代の波や技術の発展による教具への影響も看過できない。ICT教育の一環としてPC・タブレットの導入が進められる中、2019（令和元）年以降には感染症の世界的流行により予期せぬ勢いでオンライン授業が普及したことも記憶に新しい。

　ここで重要となるのは、いわゆるトレンドとなった方法を取り入れることよりも、その方法によって何が期待され、何が実現し、どう評価されているかに注目することである。教育において方法の変化は目に見えやすく、改良の成果を測りやすい一方で、ややもすると形のみに囚われる恐れがある。だからこそ方法研究への需要は高まり、日々実践と理論との往還がなされている。

　データの収集や分析などの研究手法を取り入れることにより、教育方法に対する科学的な研究も行われている。教師の主観に頼ることなく、より客観的な評価を受けることで次なる課題が明確になり、教育の目的と内容に適した方法の開発が進められていくのである。

３．授業研究の重要性

　教師が上記のような研究を行うには、実際にどのような機会が設けられているのであろうか。

　教師にとって最も身近に感じられるのは授業の研究であろう。学校教育の中核とし

て行われる授業は、研究なくしては改善も進歩も見られない。学習者の学びに一層適した授業づくりをするために、授業研究とはまさに教師の「職責」であり、教師同士の学び合いの機会としても機能している。ここでは授業研究の重要性を改めて理解するとともに、その全体像や留意点を把握していこう。

（1）授業研究の目的

　はじめに、授業研究の趣旨、授業研究によって期待されるものを確認したい。

　そもそも何のために授業を研究するのか。それは疑いようもなく、学習者の学びや成長を促す授業を実現させるためである。学習者には一人ひとりに個性があり、授業に参加するすべての学習者を対象とし、どの学習者にとっても適した授業を行うことが重要である。学習者や状況に応じて「優れた授業」の在り方は一つに定まることなく多様に変化するため、教師にはその変化に対応し得る柔軟性と、よりよい授業の実現を自ら望み行動する向上心が求められる。

　授業づくりの試行錯誤は教師にとって決して容易な道のりではないものの、この授業研究こそが教師自身を成長させ、経験を積み、力量を磨く過程となる。それは教育基本法に「研究」と「修養」が併記されていることからも窺えよう。

（2）授業研究の過程

　授業という営みは構想・展開・省察によって構成され、これらは一連のサイクルを成している（鹿毛、2017）。教師は、誰と何をいかにして教え学ぶのかを想定し、前後の教育活動との結びつきを意識しながら各単元の目標を見据え、学習者に適した目的・内容・方法をデザインし具現化していく。さらに、教材や教室といった物的環境と、教師や互いに学び合う学習者を含む人的環境を整えつつ、構想した授業を実践することになる。授業において教師は学びのきっかけを提供するにとどまらず、予測しきれない学習者の思考や言動とともに授業を展開させる。そのため、予め構想した授業プランを臨機応変に調整しながら、実践の中で修正や変更を重ねていく。つまり、授業とは即興性を有し、実践しながら「再デザイン」していく営みであるといえる（鹿毛、2017）。そして、授業後は教師が自身の実践を振り返り、分析と自己評価を行う。特にこの省察がよりよい授業の実現に不可欠であり、次に役立つ気づきを得られるため、省察は授業研究の中心に据えられる。

　省察は日々教師自身によって行われるが、個人のみによる振り返りには限界がある

ため、日本では伝統的に同僚の教師や教育関係者による参観も実施されている。よっ
て、日本における「授業研究」という用語は、校内研修の一環として参観を伴う「校
内授業研究」を指すことが多い。この場合、参観の対象となる授業は「研究授業」と
呼ばれ、参観後には教師たちがともに実践を振り返る事後協議会が行われる。授業公
開前に研究の趣旨を共有し、公開後には参観者との意見交換がなされ、教材や方法の
工夫など授業づくりについて多面的に学ぶことができる。各々の授業を公開すること
で教師が授業の在り方を協同的に探究する機会となり、こうした取り組みは海外でも
「レッスンスタディ（Lesson Study）」という名称で高く評価されている（秋田ほか、
2008）。さらに経験を重ねた教師は研究主任の役割を担い、研究テーマを定めて研究授
業の調整を行うなど校内での研究体制を取りまとめることもある。以上のような研修
は校内に限らず、近年では教員研修制度が充実し、多種多様な機会が整備されつつあ
る。教員研修制度については次の第 15 章を参照されたい。

（3）授業研究の視点と方法
　教師が個人的に自身の授業を省察するにせよ、校内研修として複数名で授業を省察
するにせよ、授業研究では以下の視点と方法が要どなる。

① 授業研究における 2 つの視点
　教師が授業そのものをどう捉えるか、すなわち教師の授業観により授業研究の様式
も自ずと影響を受ける。
　例えば、授業を「技術的実践」として捉えることも可能である。このように授業を
捉えた場合、どのような授業にも共通して有効な原理や普遍的な技術が存在すると想
定し、いかなる授業にも通用する教授法や教材を開発していく科学的研究を行うこと
になる。実際にこれまでの授業研究でも科学的検証が重視されており、そうした研究
成果は時代を超えて今日に至るまでの授業力向上に貢献している。
　ただし一方で、「技術的実践」を志向するだけでは充分な授業研究とは言い難い。な
ぜなら、先述のように学習者一人ひとりにとって適した授業とは一定の型におさまる
ものではなく、多様な姿が存在するからである。この多様性を検討するためには、授
業を「反省的実践」として捉える必要が生じる。どの授業展開もその時限り、その場
限りであり、複製できない出来事として検討することで、その学習者・教師にとって
の学びや活動の意味を見出すことが可能となる。この場合、授業研究は技術の一般化

を図る研究とは異なり、事例研究など出来事を「物語（narrative）」として認識し捉え直す研究となる（稲垣ほか、1996）。

このように、授業研究には2つの様式があり、前者の「技術的実践」を志向する研究では普遍的な結論が求められ、後者の「反省的実践」を目指す研究では多様な結論が導かれることを念頭に置くとよいだろう。

② 授業研究の手順

授業研究、殊に事例研究は、主に次のような手続きに即して行われる。

まず欠かせないのは観察と記録である。授業を行う教師の進行のみならず、主役となる学習者の言動や表情、視線や声色までも重要な情報となる。また、机の配置、板書など環境構成も研究の手がかりとなる。観察する際には極力広い視野を確保し、学習者と教師の双方の立場から活動を見ることを確実に意識したい。記録にはビデオ撮影や音声収録など機材を活用するのも有効であろう。学習者の様子を観察するには、発言や挙手をする姿だけでなく、その周囲で話を聞く姿、黙って考える姿など、すべての学習者に視線を向けることが肝要である。また、観察者はその場に本来存在しない者として目立つことなく振る舞い、あくまでも日常的な光景を捉えることに専念し、学習者の貴重な学びの時間を妨げることのないよう充分に配慮すべきである。

次に、この観察による記録をもとに、その内容を整理し記述していく。この記述という作業こそが授業の「捉え直し」となり、現場で起こった出来事をどのような視点と言葉で綴るかが授業研究の着眼点を大きく左右する。記述者はその一言一句に自身の主観が反映されることを自覚し、客観性や妥当性を吟味しながら書き進めることとなる。この時、平素より自分がもつ教育観や授業観を把握していると、文章表現の過度な偏りを回避したり、これまでの自身の視線とはあえて異なる箇所に目を向けたりすることも可能となる。さらには授業の現場で目に映った情報に限らず、学習者や担当教師の基本的属性、当該学校の教育方針、単元および本時の目標や前回・次回の授業との繋がりなど、授業を単体としてではなく学校教育全体の流れの一部として捉える姿勢が欠かせない。こうした記述の段階でも既に多くの気づきを得られることが期待される。校内研修など複数の教師で振り返りを行う場合は、同じ授業を見たそれぞれの教師がどのように記述するのかを互いに参照することも大きな学びとなる。

記述を終えた後は、それをもとに分析し考察する。分析には大きく分けて量的分析と質的分析とがあり（武田ほか、2022）、挙手の頻度など数量的データに基づく分析や、

その挙手という行動の背景と当事者たちにとっての意味を検討する分析などを行う。必要に応じて、前者ではより長い観察期間を設けてデータを収集したり、後者では事後に当事者へインタビューを行ったりする場合もある。校内研修では、考察の段階で最も活発な意見交換がなされるであろう。研修のテーマによっては、予め着目する点をあえて定めた上で話し合うことで、特定の項目について踏み込んだ議論もできる。個人で自身の授業を分析する際には、先行研究も参照することで多様な視点を得ることができ、個人的作業であっても省察が深化する。

　こうして不断の研究を重ねることでよりよい授業が生み出され、それが学習者の意欲にも教師のやりがいにも結実するのである。自身の授業に停滞や問題が感じられた際には、この研究活動が突破口となり、より充実した授業へまた一歩近づくことができるであろう。

　なお、学校教育における研究についても当然ながら研究倫理を厳守すべきである。人格の尊重や盗用の禁止などいかなる研究においても遵守されるべき倫理があるが、殊に教育に関しては学習者や現場へも影響が及ぶため慎重を要する。人権侵害や教育活動へ支障が生じることのないよう、研究倫理審査委員会など第三者の確認を経ることも有効である。他者へ研究の協力を依頼する際には、必ず事前に先方との打ち合わせを行い、調査の目的や方法（対象者、実施日時、会場の安全管理、具体的な調査項目など）を充分に理解してもらう。場合によっては学習者の保護者からも許可を得る必要があり、写真や映像の撮影可否は施設長に判断を仰ぎ、調査結果の活用方法および公開範囲も予め説明する。こうした調査計画は書類に記して提出し、調査終了後は考察結果も添えて御礼を伝えるのが通例である。

４．多様化する研究の機会

　授業研究の他にも、校内にとどまらず様々な研究の機会が用意されている。続いて本項では、校外での代表的な研究の場を取り上げてみたい。

（１）研究会・学会での学び

　最新の情報に触れつつ、教育関係者間で活発な意見交換がなされる場として研究会・学会が挙げられる。各分野において関心の高い教員や学者が集い、各々の研究成果を発表し合う場である。

　定例会と研究大会では毎年多くの教師が全国から参加し、個人または団体による口

頭発表やポスター発表を通じて研究成果を報告している。事例研究、アンケート調査、史料の解析など様々な研究が行われ、新たな知識を得られるだけでなく、研究の動向を把握したり、自分とは異なる視点や考察から刺激を受けたりすることで視野の広がりを実感できる。研究発表ごとに質疑応答や全体討論を行い、建設的な質問や意見を交わすことで思考の深化、課題の共有へと繋がり、他校や他職種からの参加者たちと親交を深める機会ともなる。会場が遠方であっても、近年オンラインでも参加できるハイブリット型開催が増えているため、教職の経験年数を問わず自主的に参加してみるとよい。

　さらに、研究大会ではシンポジウムやテーマ別のラウンドテーブルが併せて開催されることも多く、先行研究者間の議論、海外研究者の講演、フロアの熱気を目の当たりにすることで日常とはまた違った方面から学ぶ意欲を得られるであろう。

　自身の研究発表内容を論文にまとめ、機関誌へ投稿することも可能である。刊行される機関誌に目を通すことを習慣化し、定期的に国内外の研究成果から学ぶのも有意義である。こうした研究活動は業績として残るだけでなく、日々の教育活動へと反映され、さらなる学びへと関心が広がる好循環を生み出していく。

　教育に関する研究分野は細分化される傾向にあり、教育研究を推進する学会は多数存在する。例えば代表格として知られる日本教育学会は 1941（昭和 16）年に初代会長・長田新（1887－1961）のもとで設立され、教育関連で最も歴史ある大規模な学会である。教育学の進歩普及と日本の学術発展に寄与することを目的とし、研究大会の開催や機関誌発行の他に、若手研究者の育成や海外の教育関連学会との連携にも力を入れている。教育研究の対象は広範にわたり、多領域において複合的に展開されているため、学会間の学術交流と連携を図り、2013（平成 25）年には教育関連学会連絡協議会が結成された。2023（令和 5）年 3 月 11 日現在で 74 団体が加盟しており、まずは加盟団体一覧から参加したい学会を選んでみるのもよいだろう。

教育関連学会連絡協議会
2023 年度教育関連学会
加盟団体一覧（五十音順）

アメリカ教育学会
異文化間教育学会
関東教育学会
教育史学会
教育思想史学会
教育哲学会
教育目標・評価学会
国際幼児教育学会
子どもと自然学会
社会系教科教育学会
心理科学研究会
全国英語教育学会
全国社会科教育学会
全国大学国語教育学会
大学英語教育学会
大学教育学会
大学評価学会
中部教育学会
日英教育学会
日本音楽教育学会
日本学校音楽教育実践学会
日本学校教育学会
日本学校保健学会
日本家庭科教育学会
日本カリキュラム学会
日本教育メディア学会
日本教科教育学会
日本教師学学会
日本教師教育学会
日本キリスト教教育学会
日本高等教育学会
日本国語教育学会
日本国際理解教育学会
日本産業技術教育学会
日本社会科教育学会
日本社会教育学会
日本職業教育学会

日本環境教育学会
日本技術史教育学会（JSEHT）
日本キャリア教育学会
日本教育学会
日本教育行政学会
日本教育経営学会
日本教育工学会
日本教育実践学会
日本教育社会学会
日本教育心理学会
日本教育政策学会
日本教育制度学会
日本教育方法学会
日本数学教育学会
日本生活指導学会
日本体育科教育学会
日本体育・スポーツ・健康学会
日本地理教育学会
日本道徳教育学会
日本特殊教育学会
日本読書学会
日本特別活動学会
日本特別ニーズ教育学会
日本乳幼児教育学会
日本比較教育学会
日本美術教育学会
日本福祉教育・ボランティア学習学会
日本部活動学会
日本保育学会
日本保育協会
日本モンテッソーリ協会（学会）
日本野外教育学会
日本幼少児健康教育学会
日本理科教育学会
日本リメディアル教育学会
美術科教育学会
幼児教育史学会

（2023 年 3 月 11 日現在）

（2）教職大学院

　2006（平成18）年中央教育審議会答申「今後の教員養成・免許制度の在り方について」にて提言がなされ、教師による研究の場として創設されたのが教職大学院である。2008（平成20）年に19大学において初めて設置された後徐々に増設され、国立大学の教員養成系修士課程は原則として教職大学院へ段階的に移行し、その数は2023（令和5）年5月現在54大学（国立大学47、私立大学7）に及ぶ。上記答申にて、その設立趣旨は以下のように述べられている。

今後の教員養成・免許制度の在り方について（答申）

平成18年7月11日　中央教育審議会

2.「教職大学院」制度の創設－教職課程改善のモデルとしての教員養成教育－
（1）「教職大学院」制度の創設の基本的な考え方

　近年の社会の大きな変動の中、様々な専門的職種や領域において、大学院段階で養成されるより高度な専門的職業能力を備えた人材が求められている。

　教員養成の分野についても、研究者養成と高度専門職業人養成の機能が不分明だった大学院の諸機能を整理し、専門職大学院制度を活用した教員養成教育の改善・充実を図るため、教員養成に特化した専門職大学院としての枠組み、すなわち「教職大学院」制度を創設することが必要である。

　このような改善・充実を図り、力量ある教員の養成のためのモデルを制度的に提示することにより、学部段階をはじめとする教員養成に対してより効果的な教員養成のための取組を促すことが期待される。

　既存の教員養成系修士課程では研究指導が中心となり、修了要件として修士論文の作成が求められていた。しかし、教職大学院では取得する45単位以上のうち10単位以上は学校などでの実習とされ、指導教員も4割以上は教職経験者などの実務家教員である。授業方法は事例研究、現地調査、授業観察など教員養成に特化しており、学位は「教職修士（専門職）」が与えられる。こうした教職大学院で目指されているのは、以下のような人材の養成である。

1. 学校現場における職務についての広い理解をもって自ら諸課題に積極的に取り組む資質能力を有し、新しい学校づくりの有力な一員となり得る新人教員

2. 学校現場が直面する諸課題の構造的・総合的な理解に立って、教科・学年・学校
種の枠を超えた幅広い指導性を発揮できるスクールリーダー

（文部科学省「教職大学院」）

　対象者となるのは学部新卒者から現職教員まで幅広く、標準修了年限は 2 年とされ
ているものの、大学院によっては現職教員が履修しやすいよう 1 年の短期履修コース
や 3 年の長期在学コースの開設も認めている。先述の設立趣旨にある通り、より高度
な専門的職業能力を備えた教師を育成するため、研究に専念できる場や時間を設けて
いるのである。
　文部科学省発行のパンフレットによると、教職大学院での事例研究・授業研究・教
材研究においては実務家教員と研究職教員の双方から指導を受け、勤務校も経験年数
も異なる様々な学生とともに取り組むことで学びが深まり、現場に役立ったとの声が
寄せられている。こうした教育機関の創設をみても、教師における研究機会の確保が
望まれ急務とされていることがわかる。

　以上のように、教育は研究と密接に関わっており、多方面からの研究により教育活
動を充実させることが可能となる。これまで教師たちは国内外を問わず広い視野を
もって理論を学び、実践と省察を繰り返しながら学校教育を発展させてきた。そうし
た教師による研究姿勢は、その成果が学校教育の課題解決に寄与するだけでなく、学
校で探究学習に励む学習者の目にもとまり記憶に刻まれることであろう。近年研究環
境が一層整い、研究の意義が広く認められる時代を迎えた。学習者の前に立つ教師が
研究の先達として学習者の探究学習に携わることもまた教師が果たせる役割のひとつ
であると考える。

（渡部　恭子）

参考文献

①　秋田喜代美、Catherine Lewis『授業の研究　教師の学習　レッスンスタディ
へのいざない』明石書店、2008 年。
②　一般社団法人　日本教育学会「学会の概要」（2023 年 12 月 25 日閲覧）
http://www.jera.jp/outline/
③　稲垣忠彦、佐藤学『授業研究入門』（子どもと教育）岩波書店、1996 年。

④　鹿毛雅治、藤本和久編『「授業研究」を創る―教師が学びあう学校を実現する
ために―』教育出版、2017 年。

⑤　教育関連学会連絡協議会「加盟学会一覧」（2023 年 12 月 25 日閲覧）
http://ed-asso.jp/asso_list/

⑥　武田明典、村瀬公胤編『教師と学生が知っておくべき教育方法論・ICT 活用』
北樹出版、2022 年。

⑦　日本教育方法学会編『日本の授業研究―Lesson Study in Japan―』（上・下
巻）学文社、2009 年。

⑧　溝上慎一『アクティブラーニングと教授学習パラダイムの転換』東信堂、2014
年。

⑨　文部科学省「教職大学院」（2023 年 12 月 25 日閲覧）
https://www.mext.go.jp/a_menu/koutou/kyoushoku/kyoushoku.htm

⑩　山本正身『日本教育史―教育の「今」を歴史から考える―』慶應義塾大学出版
会、2014 年。

第15章　学び続ける教師
—教員研修制度—

　良い教師像には、時代を超えて変わらない普遍的な資質がある。教師としての使命感があること、愛情を持って子どもたちの成長を見守ること、専門知識と幅広い教養を持っていること、これらは変わらぬものだろう。これらに加えて身につけておきたい資質がある。それは、かつてないスピードで変化する「現代社会への対応力」である。高度情報化が引き起こした変化は大きく、スピードも速い。政治・経済・環境などあらゆる分野において予想すらしなかった事象が地球規模で起こっている。こうした変化の激しい世の中にあって、学校教育が「未来を生きる子どもたちに必要な力」を提供するためには、教師も、今ある資質・能力のバージョンアップを図る必要がある。そのために「学び続ける教師」こそ、これから求められる教師像といえるであろう。本章では、教師が自分の資質・能力をバージョンアップさせるための手段の一つとして「教員研修制度」を取り上げる。

１．研修の義務
（１）教師は学び続けなければならない
　教員には、研究と修養の義務が法的に定められている。すなわち、学び続けなければならない職業であり、逆を言えば、教員の仕事の一部として学ぶことが義務付けられているのである。（法律に関わる記述は「教師」ではなく法定用語「教員」を用いる）

●法律に定める学校の教員は、自己の崇高な使命を深く自覚し、絶えず研究と修養に励み、その職責の遂行に努めなければならない（教育基本法第９条）
●教育公務員は、その職責を遂行するために、絶えず研究と修養に努めなければならない（教育公務員特例法第 21 条）

　「研究と修養」という言葉は、縮めると「研修」になる。この「研修」に励むのが、

法律で定められた教員の義務ということになる。まず「研究と修養」について、考えてみよう。

①研究

　教員は、「研究」に励まなければならない。これまで、子どもの視点からしか教師の仕事を見てこなかった多くの大学生は、「与えられた内容を、決められたとおりに教える」ことが教師の仕事だと思い込んでいるかもしれない。しかし、それは誤った解釈である。教育とは、極めて創造的な仕事である。例えば、同じ内容を教えるにしても、児童生徒の個性によってそれにマッチする教え方は変わってくる。多人数で対話する方が身につきやすい子どももいれば、一人で沈思黙考するほうが身につきやすい子どももいる。一人一人の個性に合わせて、その子どもに適した指導方法を選択できるのが優れた教師だといえる。教職とは、対象や状況によってその都度異なる、一回限りの創造的な仕事なのである。

　個に応じた適切な指導方法を選択するためには、児童生徒の発達に関する理解に加えて、教える内容についての幅広い知識と深い理解が不可欠である。教師が常に研究しなければならないというのは、一回限りの創造的な仕事という教職の本質を踏まえれば当然のことであろう。いつも同じように教科書を読めばいいだけならば、研究は必要ない。

②修養

　「研究」という言葉が、教育実践を省察し、追究していくイメージがあるのに対し、「修養」は、教師の資質・能力の向上や人間的な成長をイメージさせる。具体的には、仕事にすぐに直結するものを身につけようというよりは、仕事にはあまり関係のなさそうな経験を積みながら「幅広い教養」を身に付けることをイメージするとよいかもしれない。ジャンルを広げた読書、見聞を深める旅行、美術館や博物館の見学、劇や映画の鑑賞、他職種の職業体験、個人の趣味等、の様々な経験が教育実践に深みを与える。目の前の授業には、すぐには役立たないかもしれないが、子どもが魅力を感じる教師は決まって体験に裏付けられた説得力のある語りができるものである。

（2）研修を受ける機会の提供

　いくら研修に取り組む意欲があっても、研修に必要な費用や時間が不足している場合、教師個人の努力だけでは、研修に取り組めない状況もあり得る。そのようなとき、教師の成長のために環境を整えるのが、国や自治体の役目である。要するに、教員に

とって研修を受けることが義務であるのと同時に、国や自治体には、教員に研修を受けさせる体制を整備することが義務付けられているのである。それを規定しているのが、教育基本法第9条2項である。

> ●教員については、その使命と職責の重要性にかんがみ、その身分は尊重され、待遇の適正が期せられるとともに、養成と研修の充実が図られなければならない。
> （教育基本法第9条2項）

　国では、都道府県・指定都市等の教育委員会が行う研修事業に対する支援を行うとともに、独立行政法人教職員支援機構にて、各地域でリーダー的役割を果たす教職員を対象とした研修や、学校教育に係る喫緊の課題に対応するための研修等を実施している。また、都道府県・指定都市等の教育委員会は、研修の計画的な実施に努めるよう求められており、初任者研修をはじめとする各種研修の体系的な整備を図っている。

２．教員の権利としての研修

　教育公務員特例法第22条では、教育公務員だけに認められた「研修の権利」が定められている。

> ●教育公務員には、研修を受ける機会が与えられなければならない。（教育公務員特例法第22条）
> 2項　教員は、授業に支障のない限り、本属長の承認を受けて、勤務場所を離れて研修を行うことができる。
> 3項　教育公務員は、任命権者の定めるところにより、現職のままで、長期にわたる研修を受けることができる。

　第2項にある「本属長」とは、学校においては校長のことである。校長が研修の受講を承認すれば、勤務地である学校を離れて研修に参加することができる。教員には「職務専念義務」（地方公務員法35条）というものがあり、原則として勤務場所を離れることはできないが、校長が承認する研修はその例外とされている。
　第3項に記されている「任命権者」とは、通常は都道府県および指定都市等の教育委員会のことである。ここが許可すれば、教職を退職せずとも勤務場所を離れて長期の研修を受けることができる。長期というのは、1〜3年程度を指している。長期の研修は、主に大学院への内地留学や修学である。内地留学に関しては各都道府県等の教

育委員会により大きく制度が異なるが、多くの場合、教員の給与を受けながら大学院で半年間から 2 年間学び、その成果を報告して学校現場に還元するという形がとられている。大学院修学休業制度は、教育公務員特例法第 26 条と第 27 条で具体的に権利として明記されている。無給であるが教員の身分を保持したまま、自分を成長させる時間が保障されている。この制度を利用した教員が「専修免許状」を取得することにより、教育現場に有能な人材を確保することが目的である。このような制度の下、大学院では教員の身分を保持したまま、内地留学や修学をしている教師が多数いる。彼らは、大学を卒業して一旦教師になり、ある程度現場を経験したうえで、課題意識をもって研修に取り組んでいる。任命権者は、大学院での長期の研修を権利として認めることで、教師に自己成長の機会を与えているのである。

●公立の小学校等の主幹教諭、指導教諭、教諭、養護教諭、栄養教諭、主幹保育教諭、指導保育教諭、保育教諭又は講師（以下「主幹教諭等」という。）で次の各号のいずれにも該当するものは、任命権者の許可を受けて、三年を超えない範囲内で年を単位として定める期間、大学（短期大学を除く。）の大学院の課程若しくは専攻科の課程又はこれらの課程に相当する外国の大学の課程に在学してその課程を履修するための休業（以下「大学院修学休業」という。）をすることができる。（教育公務員特例法第 26 条）

●大学院修学休業をしている主幹教諭等は、地方公務員としての身分を保有するが、職務に従事しない。（教育公務員特例法第 27 条）

2 項　大学院修学休業をしている期間については、給与を支給しない。

3．教員研修の種類

　実際にどのような研修があるのだろうか。教員が受ける研修の種類は大きく 3 つに分けられ、勤務外に自主的に行うもの、勤務内に学校が行うもの、行政が行うものがある（図 1）。

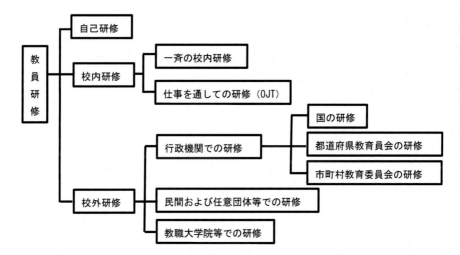

図1　研修の種類　（独立行政法人教職員支援機構，2018「教員研修の手引き」より作成）

（1）自己研修

　自己研修は勤務時間外に各自で行う研修のことである。自主的に必要な研修内容を考えて、専門書や実践書を読んで整理したり、指導案や教材を作成したりするのである。ただし、実際には校務が多忙なこともあり、実質的な自己研修が難しい状態にあることも否めない。そのため、個々の教師には校内外における研修において職能を高めることができる機会が与えられている。

（2）校内研修

　中留（1984）は 、校内研修とは「校内の全教職員が 自校の教育目標に対応した学校全体の教育課題を達成するために共通のテーマ（主題）を解決課題として設定し、それを外部の関係者との連携をふまえながら学校全体として計画的、組織的、科学的に解決していく過程を創造する営み」と定義している。つまり、校内研修は必ずしも学校内の施設で実施されていなくとも、学校単位での組織的に教育レベルの向上に取り組んでいれば校内研修に該当する。校内研修の形態は2つに大別され、①日々の業務を通じて行われる研修と、②校内研修という枠組みで時間設定し、教職員が集まっ

て行われる集合研修がある。①は実務をとおして知識やスキルを身につける人材育成の手法として OJT（On the Job Training）が取り入れられている。若手教師は、先輩教師等と一緒に校務にあたり、コミュニケーションを深めつつ、考え方やスキルを学び、実務を通して職能成長が促される。②の校内研修では外部から講師を招いて指導を受ける研修形態もあるが、多くの場合、授業実践を他の教員などに公開して、フィードバックをもらうという実践に即した研修が実施されている。自校の子どもの姿を中心に据えて語り合う教師相互の交流が実践の質を高めていくというという方法である。古く（明治期の学校制度の成立期）から日本には、学校文化・教師文化として、教員が相互に意見を出し、よりよい授業のあり方を追究するという授業研究が存在した。この授業研究は、1990 年代後半にレッスン・スタディとしてアメリカを始めとする海外に紹介され、日本の学校教育のレベルの高さを支える文化として海外の教育にも広く取り入れられてきた歴史がある（秋田, 2008）。日本の学校教育が誇れる一面だといえる。

（3）校外研修

　校外研修とは学校外の機関による研修を指し、中心となるのは、国、都道府県または市町村の教育委員会などの行政機関による研修である。国は国単位での教育目標実現のために実施し、各教育委員会は個々の教員のレベルに合わせて最適な研修を提案・実施する。そのほかには民間企業や任意団体が行う研修会への参加も校外研修に該当する。また、前述のとおり、教員の身分のまま一定期間、教職大学院等で学ぶ研修も校外研修に該当する。

４．教員研修の実施体系

　教員研修は国単位で行うものと、都道府県あるいは指定都市の教育委員会（以降、都道府県等教育委員会）単位で行うものに大別される。研修の対象も内容も多岐にわたる（図 2）。

（1）国が実施する教員研修

　国が実施する研修の多くは、独立行政法人教職員支援機構によって実施される。前身の独立行政法人教育研修センターに代わって、2017 年より新たに発足した機関である。一堂に会する集合研修とは別にオンライン研修という形もとっている。目的別に

研修が分かれており、学校の経営力を育成するもの（主に学校の中核となる管理職やミドルリーダーが対象）と、研修指導者を養成するもの（主に教育員会の指導主事や教育課題に対応する指導者が対象）の2つに分類される。以下に示すような目的別の研修が設定されている。

①学校経営力の育成を目的とする研修

　教員の中から学校の中核となるべき人材を育成するため、経験年数に応じていくつかの育成研修が実施されている。「次世代リーダー育成研修」と「中堅教員研修」は経験年数10年前後の教員が対象となり、マネジメント力と若手教員をけん引する資質・能力の向上を図り、各地域において中心的存在となる中堅教員を育成する目的がある。また、「校長研修」や「副校長・教頭研修」は、今後各地域の中核となるべき、または活躍が期待されている管理職が、都道府県等教育委員会の推薦を受けて受講する。

②研修指導者の養成等を目的とする研修

　専門性を発揮し、地域の学校をリードする教師の育成が求められる。そこで研修指導者を養成する目的として、健康教育指導者、食育指導者、安全教育指導者、日本語指導指導者、教育の情報化指導者、キャリア教育指導者などの育成に向けた研修が用意されている。

　以上、①②のような国が実施する研修には、個々の専門性を高め、学校単位で教育目標を推進する能力を越えて、都道府県（あるいは指定都市）単位でその地域全体を巻き込み、地域をリードする人材を育成する目的がある。

（2）都道府県教育委員会等が実施する教員の研修

　都道府県等教育委員会が実施する研修は目的別でさらに細かく分類されている。各自治体の独自性があり、まったく同じではないが、概ね以下のような研修が設定されている。

①法定研修

　教員の研修の中で、法令上の実施義務が課せられる研修（以後、法定研修）とされるものがある。対象となる教員は受講が義務付けられる。法定研修に該当するのは、初任者研修と中堅教諭等資質向上研修、指導改善研修の3つである。

●初任者研修

　教育公務員特例法第23条に「公立の小学校等の教諭等に対して、その採用の日から1年間の教諭又は保育教諭の職務の遂行に必要な事項に関する実質的な研修を

実施しなければならない」と規定される。一般に「初任者研修」と呼ばれる法定研修である。1989 年から制度化され、初任者は所属校で学級や教科・科目を担当しながら研修を行うことになった。校内研修と校外研修があり、校内は週 10 時間以上で年間 300 時間以上、校外は年間 25 日以上実施されるよう規定されている。2003年からは校内指導教員だけでなく、拠点校方式による初任者研修に専念する教員を1 名配置し、より研修を細かく指導できる体制も整えた。しかし、皮肉にも 2004 年から新採用者の条件附き採用期間（1 年目）における依願退職者数が増える結果となってしまった。これには、初任者研修が負担になったことも要因の一つと考えられ、2015 年には校内、校外の研修の実施時間や日数の弾力化が可能となり、研修の軽減措置が図られた。

●中堅教諭等資質向上研修

　教育公務員特例法第 24 条に規定された法定研修である。2003 年から「10 年経験者研修」として実施してきた研修が、2016 年の教育公務員特例法改正により「中堅教諭等資質向上研修」と名称が変更され、教師としての資質向上を図るための研修として義務づけられた。中堅教諭等資質向上研修は、教育活動、その他の学校運営の円滑かつ効果的な実施において、中核的役割を果たすことが期待されるミドルリーダーとしての職務を遂行する上で、必要とされる資質の向上を図ることを目的とした研修である。目安として経験年数が 10 年を超える教員が対象となる。

●指導改善研修

　教育公務員特例法第 25 条に規定された法定研修である。任命権者が、児童生徒又は幼児に対する「指導が不適切である」と認定した教諭等に対して実施する、指導の改善を図るために行う研修である。1980 年代、小・中学校で頻発するいじめ、不登校、校内暴力等の教育問題の中で、世間から教員への批判が高まり、教員の指導力の低下が問題となった（臨時教育審議会，1984）。これが、指導改善研修が始まるきっかけとなった。指導改善研修と同様に、初任者研修や経験者研修、そして免許更新制が生まれる出発点も教員の指導力不足問題であったと考えられる。指導力不足教員や指導不適切教員の存在は、たとえその実数は少なかったとしても、保護者や地域から学校への信頼を失墜させるには十分な効力をもつ。そのため決して小さな問題と捉えることなく、任命権者（都道府県等教育委員会）は、独自に指導研修を実施していたが、2008 年に指導改善研修として 3 つめの法定研修となった。

　「指導が不適切である」ことの具体例として以下の 3 つが例示されている。

・教科に関する専門的知識、技術等が不足しているため、学習指導を適切に行うことができない場合（教える内容に誤りが多い、児童等の質問に正確に答え得ることができない等）

・指導方法が不適切であるため、学習指導を適切に行うことができない場合（ほとんど授業内容を板書するだけで、児童等の質問を受け付けない等）

・児童等の心を理解する能力や意欲に欠け、学級経営や生徒指導を適切に行うことができない場合（児童等の意見を全く聞かず、対話もしないなど、児童等とのコミュニケーションをとろうとしない等）

　指導改善研修の対象となる教員の多くが人間関係の構築に問題があるとされている。そこで、この研修では、該当の教員に対してカウンセリングや児童生徒との関係構築のためのソーシャルスキル・トレーニング、対話型の授業展開のトレーニングなどを実施する場合が多い。

②教職経験に応じた研修

　教職経験に応じた研修として「5年経験者研修」や「20年経験者研修」などがある。5年経験者研修は経験年数が4〜5年の教員を対象に実践経験を踏まえたうえで、教育の基本的な部分を再確認して、さらに応用的な部分の充実を図る目的がある。20年経験者研修は教職の折り返し地点でもある20年間の教員経験を振り返り、時代のニーズに対応した知識や教養を身に付けさせる目的がある。

③職能に応じた研修

　職能に応じた研修には「生徒指導主任研修」や「新任教務主任研修」などがあり、これらは主任教員として必要な資質の育成や向上を目的とした研修である。さらに「新任教頭・副校長研修」や「新任校長研修」など、新たな管理職のための研修も用意される。

④その他の研修

　その他の研修として「大学院・民間企業への長期派遣研修」、「教科指導・専門指導に関する専門的研修」などがある。

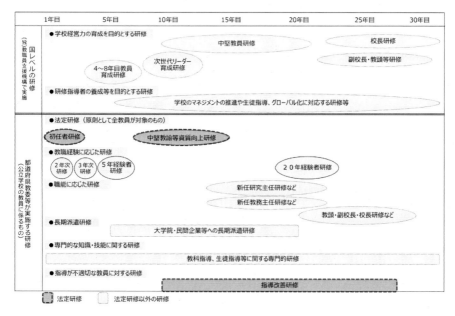

図 2　教員研修の実施体系　（文部科学省，2019）

5．新たな教員研修の枠組み

（1）教員免許更新制度の廃止

　教員免許更新制度以前には、教員免許に有効期限はなかった。教員免許更新制とは、その時々に応じた教員の資質・能力を保持することを目的に、2009 年に導入された制度である。教員の資格を取得してから 10 年ごとに 30 時間の講習を受けて、免許を更新することになっていた。中には更新をうっかりと忘れ、失効してしまう教師もいた。13 年余り続いた制度であるが、2022 年に廃止されている。その背景には、教師を取り巻く環境の変化や、教師に求められる資質・能力の変化がある。例えば、教員の労働時間の増加により、喫緊の課題として働き方改革が叫ばれるようになったこと、現代社会の急激な変化に対応するには 10 年に一度の更新講習では実態に追いつけないこと、講義形式の研修が多く主体的な研修にならないこと、現場の業務内容に即した研修にならず教師の職能の向上につながりにくいこと、などが挙げられた。

　学校教育の中で、子どもたちには「主体的・対話的で深い学び」を求める教師が、研修で、受け身の学び、孤立した学び、やらされている学びをしていたのでは、子ど

もたちに必要な資質・能力を育てることは到底できないであろう。子どもたちに求める学びは、教師にも同じように求められるのである。状況にそぐわない免許更新制度は廃止されるとともに、教育公務員特例法及び教育職員免許法の一部が改正され、2023年度から新たな教員研修の枠組がスタートすることになったのである。

（2）今後求められる「新たな教師の学びの姿」

　学習指導要領の改訂による「コンテンツ獲得からコンピテンシー育成」への理念転換、社会の在り方が劇的に変わる「Society5.0時代」の到来、新型コロナウイルスの感染拡大が象徴する先行き不透明な「予測困難な時代」、こうした状況の中で、新しい学校教育のあり方が「令和の日本型学校教育」（文部科学省，2021）として示された。令和の日本型学校教育とは、ICT（Information and Communication Technology）を活用した個別最適な学びと、経験と対話を重視した協働的な学びを統合的に実現する教育のことである。先進のICTを取り入れつつも、一人の教師が児童生徒の状況を学習指導と生徒指導の両面から総合的に把握して、子どもたちの知・徳・体を一体で育む日本型学校教育を引き続き維持していくことが宣言されたのである。

　では、「新たな教師（教師集団）の学びの姿」とはどのようなものであろうか。中央教育審議会答申（2022）「『令和の日本型学校教育』を担う教師の養成・採用・研修等の在り方について」のまとめでは、次の3つの姿が挙げられている。

● 「令和の日本型学校教育」を担う教師の姿は、①環境の変化を前向きに受け止め、教職生涯を通じて学び続けている、②子供一人一人の学びを最大限に引き出す教師としての役割を果たしている、③子供の主体的な学びを支援する伴走者としての能力も備えている。

● 教職員集団の姿は、多様な人材の確保や教師の資質・能力の向上により質の高い教職員集団が実現し、多様なスタッフ等とチームとなり、校長のリーダーシップの下、家庭や地域と連携しつつ学校が運営されている。

● また、教師が創造的で魅力ある仕事であることが再認識され、志望者が増加し、教師自身も志気を高め、誇りを持って働くことができている。

　また、ここで学び方として強調されている視点は、大きく次の2つであると考えられる。

> ●教師自身が主体的に学び、専門性を伸ばすこと
> ●学校（組織）全体で協働・対話しながら学びを深めること

　教師個人で講習を受けて修了するこれまでのような研修制度ではなく、個人での学びと学校全体での学びを一つのサイクルとして連携させる制度にしたいというねらいがある。上記 2 つの視点から研修制度を実現させるには、教師個人が主体的に学ぶことやそのための環境整備を行うことはもちろん、個人の職能成長を学校組織として促し、またそれを学校組織に活かしていく取組が必要となる。

（3）「新たな教師の学びの姿」を実現するための新研修制度

　新研修制度の柱は、「教員・学校管理者・教育委員会が連携して教員の学びを推進する環境をつくること」である。従来のように教師の資質・能力の向上を個人任せにするのではなく、組織的に取り組んで教員組織全体の能力向上を目指そうという意図がある。教師の新たな学びを推進するための仕組みとして示されているのは、以下の 3 つである。

> ●研修履歴を活用した資質向上
> ●研修推進体制の整備
> ●学校全体で教員の学びを推進する仕組みづくり

①研修履歴を活用した資質向上

　任命権者である都道府県等教育委員会が WEB 上にある教員の研修履歴等を記録及び管理し、これを活用しながら、各校の校長が対話によって自校の教員に資質向上のための研修の受講を奨励することを義務づける。また、期待する水準の研修を受けていると到底認められない教員には、職務命令に基づき研修を受講させる等の対応を行うことになっている。国においては、オンデマンド研修コンテンツ等を一元的に収集・整理・提供する「教員研修プラットフォーム」と、プラットフォームにおける研修受講履歴を自動的に記録可能な「研修受講履歴記録システム」の一体的構築を進めている。教師に共通に求められる資質能力の領域が、「教職に必要な素養」、「学習指導」、

「生徒指導」、「特別な配慮や支援を必要とする子どもへの対応」、「ICT や情報・教育データの利活用」の5項目に再整理されたことにより、研修内容もその枠組みで整理されている。

②研修推進体制の整備

　任命権者である都道府県等教育委員会においては、その任命に係る教師の人材育成の責任主体として、教員研修計画に基づき、資質向上の推進体制を整備することが求められる。その際、オンラインの活用も考慮しつつ、研修内容の重点化や精選なども含め、効果的・効率的な研修実施体制を整えることが重要である。また、研修の中核的組織である教育センターは、服務監督権者である市町村教育委員会や大学・教職大学院等とも連携しつつ、多様な研修プログラムを展開することが求められている。教育センターにはさらに、教師の個別最適な学びのため、これらの研修プログラムの情報を分かりやすく可視化し、必要な情報提供を行うなど、市町村教育委員会や学校にとってのセンター的機能を発揮することが求められる。

③学校全体で教師の学びを推進する仕組みづくり

　校内における教師同士の学び合いやチームとしての研修の推進は、教師の「主体的・対話的で深い学び」にも資することから、校長のリーダーシップの下での、協働的に学び合える職場環境づくりが期待される。また、教諭とは異なる専門性を有する養護教諭や栄養教諭等も含め、組織的に協働をつくっていく必要がある。その際、校長等の学校管理職は、研修履歴を活用した対話によって各教員の職能成長を促すとともに、主幹教諭、主任教諭などのミドルリーダー等の協力を得つつ、校内の研修推進体制を整える必要がある。協働して実践を構想したり、実践の途中で相互にフィードバックしあったり、実践後には協働して省察したりすることによって、教師としての教育観の転換が図られ、資質・能力が高められる。また、協働を通しての個々の教師の成長はそのまま学校全体の教育成果につながるであろう。

　教師同士の学び合いは校内に限らない。公開研究会に参加するなど、学校を越えて行うことも考えられる。他校の教師の実践を見たり、検討会に参加したりすることによって、所属校にはない別の視点を自分の中に取り入れることができ、専門職としての教師の成長がより深化していく機会となる。さらに、教育委員会の指導主事、大学教員、民間企業等の専門家など、別の立場の者からの指導助言や意見などを含む対話も、職能成長に寄与するであろう。校長等の学校管理職は、校内研修と関連させながら、このような学校外部の人材を交えた学びの機会を調整していくことが期待される。

　私は小学校の教員時代、様々な校内研修を経験してきた。その中に、「授業研究」という教科研修があった。年度初めに設定されるテーマは全教師が共通理解し、低学年、中学年、高学年の各グループに分かれて協働で授業をつくる。ベテラン教師が範を示そうと授業者を買って出る場合もあるが、たいていは若い教師が、力量を高めようとチャレンジする。もちろん同じグループの教師は、当事者意識をもって自分のことのように授業づくりに参加する。先輩や同僚から指導や助言、協力を受けながら、指導案、教材などの授業準備を四苦八苦しながら行い、ようやく研究発表にこぎつける。当日、授業は思い通りにいかず、失敗する。放課後、授業研究会が開催され、多くの指摘を受ける。この時、一人一人の課題が全体に広がる。教師同士で、子どもを語り、授業の在り方を語り、教育観を語り、一つの実践が共有される。教師の力量が形成される瞬間である。このように、各学校で目標を共有し、教師が協働して研究することにより、同僚性や協働性、自主性や向上心を伴いながら教師の力量が高まることを経験してきた。

　これからの教師に求められているのは、教師たちの協働による実践的な学びである。これは従来から教員組織の中で取り組まれてきた研修の在り方で、決して目新しいものではない。しかし、学校教育全体の改善を図る協働の営みが、個々のメンバーの職能成長を期して行われる研修であるということを再確認することに教員研修の新しさが見出せるのである。

（深沢　和彦）

参考文献

① 秋田喜代美著「授業検討会談話と教師の学習」、秋田喜代美・キャサリン＝ルイス編『授業の研究　教師の学習ーレッスンスタディへのいざない』明石書店、2008 年。
② 中央教育審議会『「令和の日本型学校教育」を担う新たな教師の学びの姿の実現に向けて（審議まとめ）』、2021 年。
③ 独立行政法人教職員支援機構『教員研修の手引き』、2018 年。
④ 文部科学省『研修履歴を活用した対話に基づく受講奨励に関するガイドライン』、2022 年。
⑤ 中留武昭著『校内研修を創る』エイデル研究所、1984 年。

第16章　　学校歳時記
―教師の一日、教師の一年―

　本稿はある公立小学校を想定し、そこに勤務する教員の一日と一年を描写し、背景となる事柄について説明を加えている。教育には「不易と流行」があるが、人間が人間を教え育てるという部分では時代を超えて変わらない人間の本質がある。一方変化の激しい現代社会においては教育を取り巻く様々な状況はめまぐるしく変わり、本稿のようにそれをなるべく的確に描写しようとしても、すでに書き終わった時点で陳腐になってしまうことは否めない。また、諸条件は自治体、各学校により、異なる。

　「教師の一日」と「教師の一年」は同じ学校について記述されており、関連した事項を比べると、学校の教育活動の営みを一日という短い単位と一年の両方から俯瞰できるだろう。

1．教師の一日

　ある５年生の新任２年目の若手の担任に注目し、その学校での一日を記述している。

始業前

　多くの小学校が徒歩通学であるので、児童は職員の勤務開始時刻よりかなり早い時刻に家を出る。児童が安全に登下校できるように保護者・地域と連携したボランティアや自治体から委嘱を受けた交通指導員が見守りを行う。教員にとっての勤務時間外の児童の安全確保に地域ぐるみで取り組んでいる。

　担任は児童が登校してくる前に教室に向かい、窓を開け児童を迎える。黒板には前日退勤前に書いた児童へのメッセージがある。

職員打ち合わせ

　職員の事務の効率化を進めるため、多くの学校で児童生徒からはアクセスできない校務支援システムが導入されている。また、児童と教員が情報共有できる汎用性の高いグループウェアも使用されている。朝の職員打ち合わせは、タブレットに入っているグループウェアで共有した日報を見ながら進められる。職員の打ち合わせ中も児童

は教室にいて、登校後の持ち物整理などをしているので、学年の教室では学年の職員の一人が輪番で児童に対応している。学校が最も忙しく、混とんとしている中にも秩序が生まれようとしている時間帯である。

　担任は打ち合わせ終了後、教室にいそいそと向かう。児童に伝えることを頭の中で整理する。

朝の会

　朝の会が始まる。児童の日直が前に出てプログラム通りに進めていく。まずは出欠確認であるが、すでに保護者からのメールで出欠席は確認できている。出欠確認は朝のコミュニケーションの一環である。様々な返事を児童は返してくるが、その様子で児童の心の状態を推し量ることができる。呼名と同時に児童の健康状態も把握していく。「今日の目当て」や「委員会からの連絡」などに続いて担任の話である。担任の明るい雰囲気と前向きな言葉はすべての子どもたちに活動の意欲を与える。説明に必要な視覚情報は教室にある大型モニターに手元の教員用タブレットコンピュータの画面を映して行う。児童は生活ノートを提出する。生活ノートは家庭と学校をつなぐ子どもに関するいろいろな情報が詰まっている。即刻対応すべきこともあるので、1 時間目が始まる前にすぐに全員の物にさっと目を通す。

午前中の授業

　時間割の実例を挙げて、授業の様子について記してみる。午前中の授業は国語、算数、体育、音楽である。

　国語の今の単元では最終的にグループごとに自分たちのタブレットコンピュータを用いて調べた内容をもとに作ってきた資料を用いて 3 分間の発表を行う。そのゴール、単元の目標から逆向きに単元設計をする。このような共同学習の成否は支持的、共感的な人間関係をいかにして普段から作っているかにかかっており、日頃の学級経営が如実に表れるものである。この単元は S D G s に関連し環境問題を扱っているので、国語だけでなく他教科での学習に関連付けて指導を行う。また、逆に他教科でもこの国語の学習内容に触れることにより、その教科の学習内容が深化統合される。このように一人の教員で教科横断的に指導が行えるのは、小学校の学級担任の大きな強みである。

　算数の授業では、問題の解き方を自分なりに工夫し、同じくタブレットコンピュータに記入して、班内で発表しあい、他の児童の画面を班内で共有してコメントを書き加えあう。ノートやワークシートは自分向けの記録や記述の道具であり、タブレット

コンピュータはそれぞれの児童が考えを他の児童と共有する効果的な道具である。

業間休み

　２時間目と３時間目の間には２０分の業間休みがある。

　この時間は担任と児童のふれあいの重要な場面である。運動が好きで外で遊ぶ児童、静かに教室で読書をする児童など様々な過ごし方をするが、担任はどの児童にも公平に関われるよう心掛ける。

　経験を積んでくると児童の普段とは少し違う様子からいじめを発見したり、不登校の前兆をつかんだりできる場合もあるが、児童との接し方は経験年数や年齢など教員の個性が表れるところである。

　３時間目の体育でもタブレットコンピュータが活躍する。跳び箱の授業だが、準備をし、児童は設置台に置いたタブレットコンピュータで録画した自分のフォームを確認している。そして、お互いに励ましあい、アドバイスをしている。対話的な活動である。

　４時間目の時間は音楽専科の教員が担当する。特に高学年では教科担任制が行われる場合が多い。比較的高度になる学習内容に対応し、専門性を生かしたより効果的な指導を行うのだが、中学校における教科担任制に児童が慣れる意味もある。特定の教科を他の教員に任せると、教材研究の時間も削減できる。児童が提出した生活ノートに書かれた一言日記と保護者からのメッセージに目を通し、コメントを書き、必要に応じて対応する。

給食

　給食は学校生活の中で児童が最も楽しみにしていることの一つである。自校給食の学校では温かいできたての給食が提供される。季節感があり、時には郷土食などを取り入れたメニューは食育、栄養バランス、費用、調理時間と配慮するべきことが多く、栄養教諭の工夫によるところが大きい。給食着とマスクをつけた児童を担任が引率して配膳室に給食と食器を取りに行く。給食調理員に大きな声であいさつをし、大切な感謝の気持ちを表す。給食を調理している人とそれをいただく児童が交流できることはとても意義深い。

　子どもの貧困化という社会問題がある。家庭によっては保護者が十分に朝食の準備をしない場合もある。以上の理由から給食が重要な栄養源となっている児童もいる。アレルギーをもつ児童には対応した給食が間違いなく提供されなければならない。

　担任は給食班に入り、雑談を交わすなどして一緒に食べ、児童との交流を深める。低学年では給食をのどに詰まらせないようにするなど、すべての児童を視野に入れて児童を観察しながら食べる必要がある。配膳がスムーズに行えるようにするには児童一人一人の手際の良さと協力体制が必要である。給食はただ、そこにある物を食べるだけではない。給食に限らず学校の諸活動は児童を理解し、育てる手立てである。

昼休み

　給食の片づけが終わると昼休みになる。業間休みと同様だが、生徒指導上の課題や悩み事がある児童と話すなどして、教育相談を行うこともある。その情報源は朝集めた生活ノートであったり、児童や他の教員から得たものであったりする。学校で起きる様々な問題は顕在してからでは対応が遅いものもあり、様々な予防的な対応をする必要もある。普段から一人一人の児童との関係を良好な状態にし、信頼関係を作っておくことはとても大切である。

　時には問題行動の指導をすることもある。けんかや軽いトラブルの解消などだ。しかし、児童に安易に謝らせるのは問題の根本的な解決につながらないこともある。自分に向い合い、なぜしてしまったのかを考えさせることが必要である。基本はよく話を聞いて、児童が自らの内面に気づくことを支援することである。

　若手の教員に限らず、何か問題が起きた時に大切なことは教員一人で抱え込まないということである。学校には相談員、教育相談主任、生徒指導主任など専門的な知識を持った教職員がいる。そして、管理職を含めベテラン教員はたくさんの児童に指導をした経験がある。生徒指導委員会、教育相談部会もある。情報共有をし、組織力を発揮してこそチーム学校である。児童に関する情報共有に役立てるため、校務支援ソフトには児童について気付いたことや指導履歴を職員なら誰でも書き込める機能がある。

　昼休みは校庭で遊ぶ児童などがけがをすることの多い時間帯である。首から上のけがは重大な結果に結びつくことが多いので、家庭と連携を通して受診をしてもらったりする。基本的に保健室で行えるのは応急処置であり、投薬などは行わない。

清掃

　児童が公共心を育て、勤労意識を高めるなど教育の一環として学校の清掃をするのが日本の教育の特徴である。担任は児童と一緒に清掃をし、自分の学級の清掃分担箇所を一通り見て回る。教員と児童が同じ作業を協力して行うことは意義深い交流の機会である。給食もそうだが、児童に活動させているときにはどんなに忙しくても学級

事務などをして、児童と大切な触れ合いをないがしろにしてはいけない。「師弟同行」はどんな場合でも必要である。よく児童を見てあげて、頑張っている児童は称賛し、そうでない児童にはさりげなく、自分のしていることの意味に気づかせる。見つけた児童のよい取り組みは帰りの会での励ましになどにつなげる。

清掃中は話をしないで清掃に集中するという無言清掃を行っている学校もある。

午後の授業

午後の授業は理科と学級会活動である。

5時間目の理科では、植物の発芽と成長について、実際にベランダのプランターに植えたインゲンを観察する。ここでもタブレットコンピュータのカメラが活躍する。

6時間目は学級会活動である。あらかじめ指導をした児童が進行し、話し合いの場面では担任はオブザーバーとして必要に応じてアドバイスをする。議題は6月に行われる運動会の応援合戦の内容である。これとは別の機会に応援団のリーダーを募る。誰もが認めることで称賛されたり、教科の学習などで活躍されたりする児童のリーダーと、ちょっとそれとは違った、周りをいい雰囲気にしたり、人を引っ張りまとめる魅力を持ったりする、行事を盛り上げるリーダーも学級には必要である。すべての場面で同じような児童がリーダーとして活躍するのでは輝ける児童とそうでない児童に大きな差ができてしまう。すべての児童が学校生活のいずれかの場面で活躍し、自己存在感と自己有用感を味合わせるチャンスをもつべきである。

帰りの会

児童は自分のランドセルに学用品を持ち帰るが、教科書がデジタル化されたとはいえ、紙の教科書も支給されている。特に夏場の酷暑の中での登下校の際にランドセルの重量が大きくならないように教科書を教室に置いて帰る、「置き勉」が許されている。

下校の用意が整うと帰りの会が始まる。すべての児童にとって毎日が達成感に満ちているわけではない。いやなことがあったり、やり残したことがあったりすることもある。そういったことに思いを巡らすために帰りの会の始めに黙想をすることがある。最後に担任の講話で締めくくられる。登下校時の安全にかかわることなど、必要事項を指導し、学級の一日を総括し、翌日の活動への意欲につなげる。

放課後

下校時、校門に立つなどして、児童を見送る。学校によっては下校前に学年の集会を開き、自宅の方面ごとに帰らせる場合がある。通学路の状況は地域性に大きく左右されるので、人家のまばらな地域を児童が帰る場合などは不審者の被害を防ぐために、

また上級生が下級生の世話をしながら帰れるよう、全学年が一斉に帰れる日などに通学班で集団下校を行う。通学班は上級生が下級生の面倒を見る、縦割りの人間関係を築く小集団である。そのような意義をもっと明確に打ち出し、「縦割り遊びの時間」を設定し、上級生と下級生の交流の機会を作る取り組みを進める学校もある。

　放課後児童が下校した後は教材研究と授業準備の時間になる。翌日の授業の準備を進める、教材研究は時間をどれだけ時間をかけてもゴールはない。研究心の旺盛な教員はいろいろな指導法を試したくなるが、重要なことは何のためにそれを行うかという目的志向であり、児童の現状がスタートであることは間違いない。

　一区切りをつけて退勤する。その前にグループウェアで翌日の日報を確認するなどする。個人情報に関するもの、児童のテスト用紙などは鍵のかかる机の引き出しにしまって鍵をかける。机上はすっきりとさせる。

　担任は退勤する前には教室に向かい、窓の開いているところはないか、必要なところに鍵は掛けてあるかなど、最後の確認をする。日直がきれいに清掃した黒板に翌日登校してきた児童が目にするメッセージを書く。そして、翌日の子どもたちの様子に思いを巡らす。

２．教師の一年

　ある公立小学校の一年の営みを書いたものである。先に記したとおり、新任２年目の５年生の担任の視点を中心としている。「教師の一日」と関連させて読むとよい。

４月－授業が始まるまで：最も大切な出会いのために

　職員会議では、校長の学校経営方針や勤務時間についての説明がある。続いて校長が熟慮の上作成した校務分掌が発表され、教員は５年生の担任として役割を与えられた。

　続いて学年会議が開かれ、担任する学級が決定される。学年主任から自分が担任する学級の児童の一覧が示される。

　これから一年間、担任する児童と学校生活を共にし、一人一人の児童の成長を支えるのだという決意がますます強くなってくる。話題の教員は初めての高学年の担任となる。学年主任から一人一人の児童の特徴や配慮事項が伝えられる。渡された名簿に必要な事項を記入していく。

　学校には様々な健康面や行動面で配慮が必要な児童がいる。その児童については児童に会う前の職員会議で全体に情報提供がされる。一人一人の児童を大切にし、知ら

なかったでは済まされない事態を避けるためである。

　これから 7 日の始業式までの 6 日間が児童との出会いのための準備に使われる大切でそして貴重な時間となる。

　始業式の前日、教室で自己紹介のリハーサルを行った。昨年もこの時期行ったが、まだ 2 年目ということを考えれば必要なことだと思う。昨年を思い起こせば、自分も教員として成長しているという実感がわいてくる。昨年は初任者指導の教員が児童の席に座ってアドバイスをもらった。

始業式　「黄金の 3 日間」の始まり

　始業式後の初めの 3 日間を「黄金の 3 日間」と呼ぶことがある。それだけ重要な意味を持つ 3 日間である。一年間の学級経営のためのとても大切な 3 日間である。担任にとっては一年間の学級のスタートを切るための大切な、児童にとっては期待と不安が入り混じった時間である。この 3 日間であるが、児童は担任がどういう人かであることを感じ取り、その印象はなかなか変わることはない。

　始業式翌日、新しい教室と学級の顔ぶれに慣れていない児童は担任をしっかり見つめながら話を聞いている。担任は自分がどのような学級を作りたいかを熱意を込めて話した。それは自分が教員を目指したきっかけと採用試験の面接で聞かれた小学校教員の志望理由で語った理想の学級像と一貫している。

授業が始まる

　本格的に授業が始まる前に、学級指導の時間が何時間も取られる。ここで、学校として大切にしている約束事の説明や確認が行われる。

　学級内の組織が作られ、生活班が決まり、一人一人に役割が与えられる。秩序があって、生活しやすい学校生活が作られていく。2 週目ぐらいから教科書を用いた授業が行われる。また、全国学力学習状況調査が行われるのも例年この時期である。児童生徒の前年度の達成状況を調査するのに都合がよいのだ。

　そしてゴールデンウィークの直前に最初の授業参観が行われる。まだまだ若手の担任にとって、保護者は人生の先輩である。授業参観では自分の子どもが学校で楽しく学んでいる様子を見てもらうために学級目標を作る学級会活動を見てもらった。続く学級懇談では謙虚に敬意をもって、しかも堂々と明朗に接することを心掛けた。

5 月　学年の本格的なスタート

　ある程度ペースを作れた 4 月から改めていろいろなことを再スタートすることにもなる。この学校ではこの時期には家の場所などを確認するための簡易な家庭訪問を実

施している。内科、耳鼻科、眼科検診、歯科健診、スポーツテストなどはこの時期の恒例行事であるが、すべて法令に基づき、国の調査などと関連して行われる。

　この時期に行われる春の校外学習や遠足などの旅行的行事は児童が楽しみにしているものである。生活科、社会科や理科の学習に関連する体験的な学習の場である。

　教職員の人事評価制度に基づいて、学校に勤めるすべての職員が目標を立て、管理職との当初申告の面談を行う。1月が最終面談で、自己評価を基に人事評価が行われ、処遇に反映される。面談は管理職とのコミュニケーションを図り、学校全体の経営方針と個々の教員の教育活動との連鎖を図る大切な場である。

　6月上旬の運動会に向けて、取り組みが始まっている。すべての学校行事は、事前、行事自体、事後指導と行事の目標を達成するためのプロセスを結果よりも重視する。

6月　運動会

　かつては運動会と言えば、9月、10月に行われるのが通例だったが、最近の気候変動により、熱中症対策として、6月のそれほど暑くない時期に行う学校が増えている。運動会が終わり、一人一人の児童の達成感と集団の中での自己存在感が高まった。学級の人間関係が深まると同時にいろいろな問題が起きてくるのがこの時期である。毎月のいじめアンケートはいじめ発見の大切な手段である。また、いじめとは言えなくても、人間関係の悩みなどをアンケートで訴えてくる児童がいる。それらに丁寧に対応していく。そして、アンケート用紙は管理職を含め学校で共有され、3年間保存される。

　かつては6月の終わりにプール掃除に続き、プール開き、水泳の授業が始まったが、Aの学校のある市では、児童が民間のスイミングスクールにバスで出向き、インストラクターから水泳の指導を受ける取り組みを今年度から始めた。給排水、水質管理、毎日の水温計測など、プールを学習の場として適切に管理するのは教員にとって負担であり、予算の限られた自治体にとって、老朽化したプールの改修などは大きな財政上の負担なのである。とはいっても学校のプールは防火用水の貯水施設としての意味もあり、なくすことは難しい。

7月　1学期の締めくくり

　児童は楽しみの多い夏休みを控えて気もそぞろである。5年生は林間学校として、公的な宿泊施設を用いて1泊2日の飯盒炊爨を含めた宿泊行事を行う。宿泊行事は普段の学校生活では見られないひとりひとりの児童の良い面が見られるとともに、集団としての課題も見える行事である。若手教員の担任は学生時代のボランティアの経験

を活かし、中心になって行事を進めた。

　一学期の締めくくりとして成績処理が行われるが、校務支援システムの導入で一時期に事務が集中するのではなく、毎日の入力が形となっていく。終業式では、校長の式の言葉の後、生徒指導主任と安全主任から、楽しく安全な夏休みが過ごせるように全体指導が行われる。その後、通知表がこれから夏休みというわくわく感がいっぱいの一人一人の児童に、ねぎらいの言葉とともに渡される。どの担任にとっても一つの学期を無事終えた安ど感がある。

８月　夏季休業日

　児童生徒が学校から離れて、２４時間、地域・家庭に任せられる長い時期である。この学校では家庭訪問を行わない代わりにこの時期に三者（児童、保護者と担任）面談を実施している。保護者との連携を図るとても大切な場である。

　研究課題を設定し、研修主任を中心に職員研修が行われる。教育委員会主催の研修会や教員の研究組織主催の研修会もある。授業がある日ではなかなかじっくりと研修に取り組むことはできないが、教員にとってとても大切な時間である。２学期の教材研究を先立って行うことにより、普段の業務負担を軽減することもできる。お盆の時期に学校を閉庁する自治体が増えており、日直の仕事もない。ちなみに登下校中の熱中症や交通事故のリスクと教員の業務量減のために夏休みのプール開放がなくなって数年たつ。夏季休業日の最後にはＰＴＡ主催の親子奉仕作業が行われ、暑い真夏に伸び放題だった校庭の雑草が取り除かれる。教員にとっては作業しながら保護者と交流する大切な時間である。

９月　長い２学期が始まる

　この学校では運動会を６月に行っているので、９月も比較的落ち着いた雰囲気で授業が再開される。暑い中での授業であるが、教室はすべてエアコンが設置されているので快適である。この時期は学年によっては大きな行事が予定されているが、学校全体として実施される大きな行事は少ない。例えば６年生は自治体単位で行われる陸上記録会に参加する練習を行ったり、自治体内で実施される音楽会に出場する学級の練習があったりする。６年生は陸上記録会後に実施される修学旅行の準備を始める。

１０月　２学期の順調な教育活動　次年度に向けて

　この時期には学校全体を挙げての就学時健康診断が行われる。入学予定の子どもたちの保護者に入学の準備の様々な情報提供が行われ、その間に子どもたちはグループごとに身体測定や検診を受ける。さらに田中ビネー式の知能検査などが教員の手で行

われる。就学時検診時時には教育委員会の指導主事や教育研究所の専門員もかかわるが、この就学時検診、事前の幼稚園、保育園訪問、情報収集などで、通常学級、通級指導の対象、特別支援学級、特別支援学校など一人一人に適した教育形態が検討される。教育形態の選択は保護者の意向がとても重要であるため、保護者と学校、関係機関との丁寧な面談の機会が何回も設けられる。これによって、次年度の学級数や教員定数が決まるのである。

　さらに現在勤務している職員の人事異動に関しての意向調査がされる。目の前の子どもたちをどう育てるかということが教員の最大の関心事だが、自分が教員としてどう成長していくかをじっくりと考える時である。

　校内音楽会が開かれるのもこの時期である。音楽の授業の成果を発表するのだが、学年ごとに器楽や合唱などの発表会が保護者を招いて行われる。学年としてのまとまりを作る、思い出に残る行事である。

１１月　多彩な教育活動

　気温が下がってきて、運動に適した時期になる。持久走大会に向けて、朝のランニングタイムが始まった。担任は一日のさわやかなスタートを切るために児童と一緒走る。

　持久走大会に先立って心肺蘇生法研修会が消防署員を招いて実施される。持久走大会は教員にとって児童の健康面での最大限の配慮を必要とする緊張感を伴う行事であるが、挑戦と達成感のある意義深い行事である。直前に内科検診が行われる。

　Aの学校ではこの時期は毎年芸術鑑賞会が開かれる。音楽会と演劇鑑賞、伝統芸能の鑑賞を年ごとに実施している。１０月の校内音楽会もそうだが、学校行事の文化的行事は児童の情操面での成長に大きくかかわる。

１２月　一年の締めくくり

　学年としてはまだ先があるが、一年の締めくくりの時期としてのこの時期は生活の中の一区切りの大きな意味を持つ時期である。

　学校応援団の方々のご協力のもと餅つき大会が開かれた高学年の児童は実際に杵を握らせてもらった。地域の教育力を学校教育に生かすのはとても重要なことである。学校応援団の取り組みは多岐にわたる。５年生は家庭科の授業において１グループに１人ずつ保護者に協力してもらいミシンの授業を行った。なお、家庭科の授業では音楽と同様、教員免許を持った自治体で雇用された教員免許を持った専科教員により授業が行われている。

学校運営の基本方針を承認したり、学校運営の内容について意見を述べたりする学校運営協議会も年に数回開かれている。構成員はＰＴＡ会長、保護者や地域の有識者や民生児童委員などである。毎回授業参観をおこない、にこやかに子どもたちの成長を見守ってくれている。

　あわただしい中、学期末の事務が進む。通知表の準備も終わり、２学期の終業式が行われ、教室で通知表を手渡す。そして、年末最後のあいさつの後に「よいお年を！」と付け加えられる。

１月　一年のスタート

　冬季休業日が終わり、教室に児童が戻ってくるいつもより入念に書かれた新年のあいさつが黒板にある。学校の昇降口には地域のお年寄りが作ってくださった門松が置いてある。教室に入ってきた児童と新年のあいさつを交わす。始業式の後、担任は新年の抱負を児童の前で語った。児童の新年の抱負を書いた短冊が教室に飾られる。

　三学期は大変あわただしく過ぎ、あっという間に年度末になる。始業式の後の職員会議では早くも卒業式計画が提案された。月末には入学説明会が開かれる。入学説明会では６年生は卒業して中学生になっているので、新年度に最上級生の５年生が大活躍である。

２月　年度末に向けて

　６年生は中学生になる準備を始める。中学校において開かれる入学説明会に参加する。中学生の学校訪問があり顔見知りの先輩から中学校の生活について情報を得る機会となる。中学校の体育科の教員が小学校に出向いて出前授業を行う。高学年の体育の授業の開始は中学校のそれと揃えられている。小中学校の連携はとても重要なことであり、様々な連携を図ることにより、子どもたちが円滑に進学できるようにする。卒業式に向けての取り組みも本格化するが、卒業式に先立ち「６年生を送る会」が５年生の児童と教員を中心に運営されて準備、実施される。こうやって５年生は次の学校を引っ張っていく意識を高めていく。

３月　卒業式・修了式

　各学年も履修の漏れがないように年間指導計画に基づきゆとりをもって授業が終わる必要がある。質・量ともに教育課程の管理は最重要事項である。また、年度末に向けて指導要録の作成も重要な仕事である。指導要録も電子化されていて、かつてのように作成が短い時期に集中的に行われることはない。

　卒業式の準備が着々と進む。６年生は式典の作法の指導から、卒業生の言葉の練習

（多くの場合は呼びかけ）の練習に時間をかける。式場の準備は 5 年生を中心に下級生が担当する。整然といすを並べ紅白幕が体育館のフロアーを取り囲む。盛花が飾られる。卒業式の主役は卒業する児童一人一人である。思い思いの服装で参加する。袴と振袖の卒業生もいるし、中学校の制服の卒業生もいる。どの卒業生も中学校生活への期待で晴れやかな表情である。卒業式の音楽担当である 5 年生の担任は体育館の放送室から一人一人の卒業生を見る。それは今担任している 5 年生の児童の来年の姿である。その子どもたちが立派な卒業式を迎えられるように力を尽くしたいという気持ちがわく。

　卒業式後、6 年生の担任と卒業生が進学する中学校の教員との情報交換会がもたれる。学級編成に必要な資料を作成、提供するのも児童をよく知っている小学校教員の務めである。

　卒業式が終わって日を空けず修了式が行われる。その前日、通知表が完成し、学年主任、教務のチェックを受けたあと、担任は校長室に学級児童文をまとめて持っていく。校長からねぎらいの言葉が掛けられて、通知表の最後にある修了証に職印が押される。修了式の当日、学級代表の児童に束になってまとめられた通知表が校長から渡される。教室に戻り、担任は一人一人に心を込めて励ましの言葉をかけながら通知表を手渡していく。

　担任にとっては、子どもたちの明るい未来を思い描きながら、子どもたちの成長に喜びそして時には悩んだ一年であった。最後のあいさつでは日直の号令に合わせて、児童全員が「一年間お世話になりました。」と大きな声で言ってくれた。一年間の担任の努力が報われ、学級全体に一体感が生まれた。短い学年末休業日と春季休業日を挟んで、また一年がスタートする。

　学校がチーム学校として組織的な力を発揮し、最大の教育効果を上げるとともにいじめや不登校などの教育的課題に対応するのは大変なことであるが、達成感と喜びも大きい。

　このようにして一日一日、四季それぞれの児童と教員の明るい未来に向けてのたゆまぬ歩みが続くのである。

（茂木　隆資）

参考文献・資料

① 　向山洋一『子どもを動かす法則と応用』明治図書、1984 年

② 　杉江修治『共同学習入門』ナカニシヤ出版、2011 年

③ 　『学校と家庭がつながる　欠席連絡をデジタル化』文部科学省
　　https://www.mext.go.jp/studxstyle/school-home/6.html,（参照 2023—11-28）

④ 　『文化芸術による子供育成推進事業』文化庁
　　https://www.bunka.go.jp/seisaku/geijutsubunka/shinshin/kodomo/,（参照 2023—11-28）

⑤ 　『コミュニティ・スクール（学校運営協議会制度）』
　　https://www.mext.go.jp/a_menu/shotou/community/,（参照 2023-11-28）

第17章　データから読み解く教育現場
―数字で見る教員の現状―

1．学校教育の現状

（1）学校数、児童生徒数、教員数の推移

　「令和 5（2023）年度学校基本調査」の初等・中等教育の学校数を見てみると、幼稚園は 8,837 園（前年度比 274 園減）、小学校は 18,980 校（前年度比 181 校減）、中学校は 9,944 校（前年度比 68 校減）、高等学校は 4,791 校（前年度比 33 校減）、特別支援学校は 1,178 校（前年度比 7 校増）で、特別支援学校以外は前年度より減少した。一方、新たな学校種として、2015 年から幼保連携型認定こども園（幼保連携型幼稚園的機能と保育所的機能の両方の機能をあわせ持つ施設）、2016 年から義務教育学校（小中一貫校）、1998 年から中等教育学校（中高一貫校）が新設され、幼保連携型認定こども園は 6,982 園（前年度比 325 園増）、義務教育学校は 207 校（前年度比 29 校増）、中等教育学校は 57 校（前年度同）で、前年度より増加した。しかし、初等・中等教育全体としては減少傾向にある（図 17-1）。

　次に、児童生徒数を見てみると、幼稚園園児は 841,824 人（前年度比 81,471 人減）、小学校児童は 6,049,685 人（前年度比 101,620 人減）、中学校生徒は 3,177,508 人（前年度比 27,712 人減）、高等学校生徒は 2,918,501 人（前年度比 38,399 人減）、特別支援学校生徒は 151,362 人（前年度比 2,727 人増）で、特別支援学校以外は前年度より減少した。一方、新たな学校種の幼保連携型認定こども園園児は 843,280 人（前年度比 21,869 人増）、義務教育学校児童生徒は 76,045 人（前年度比 8,246 人増）、中等教育学校生徒は 33,817 人（前年度比 450 人増）で、前年度より増加したが、初等・中等教育全体としては減少傾向にある。

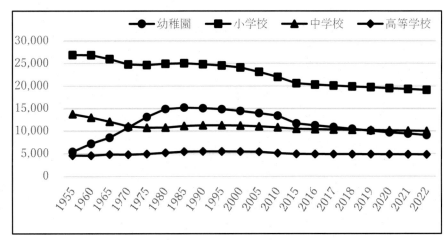

図 17-1　幼稚園・小学校・中学校・高等学校の学校数の推移

文部科学省「文部科学統計要覧（令和 5 年版）」より作成

　さらに、教員数を見てみると、幼稚園教員は 85,432 人（前年度比 2,320 人減）、小学校教員は 424,297 人（前年度比 857 人増）、中学校教員は 247,485 人（前年度比 137人増）、高等学校教員は 223,246 人（前年度比 1,488 人減）、特別支援学校教員は 87,869人（前年度比 1,053 人増）で、前年度より幼稚園、高等学校は減少したが、小学校、中学校、特別支援学校は増加した。また、新たな学校種の幼保連携型認定こども園教員は 142,281 人（前年度比 5,738 人増）、義務教育学校教員は 7,448 人（前年度比 1,080人増）、中等教育学校教員は 2,829 人（前年度比 80 人増）で、前年度より増加し、初等・中等教育全体としても増加傾向にある。

　初等・中等教育全体を見ると、学校数、児童生徒数は減少しているものの、教員数は、小学校、中学校、特別支援学校において増えており、増加傾向にある。しかし、全日本教職員組合の「教育に穴があく（教職員未配置）」（10 月）の実態調査結果から、32 都道府県・12 政令市に 3,112 人の教職員未配置が明らかになった（「全日本教職員組合ニュース」2023 年 12 月 25 日付）。これは、病気などで休職している教職員の欠員を補填できずに未配置となっているところが 3,112 人ということである。教員の採用者数を増やしているとは言え、依然として教員不足は解消されていないのが現状である。

（2）１学級あたり、教員１人あたりの児童生徒数の推移

　「文部科学統計要覧（令和 5（2023）年版）」から１学級あたりの児童生徒数を算出したところ、幼稚園は 18.8 人（前年度比 0.8 ポイント減）、幼保連携型認定こども園は 27.4 人（前年度比 0.7 ポイント減）、小学校は 22.1 人（前年度比 0.3 ポイント減）、中学校は 26.5 人（前年度比 0.2 ポイント減）、義務教育学校は 19.2 人（前年度比 0.5 ポイント減）で、前年度より減少し、1985 年から減少傾向にある（図 17-2）。これは少子化により児童生徒数が減少していることもあるが、2011 年度から小学校 1 学年の１学級あたりの編成上限が 40 人から 35 人に引き下げられたことも影響していると考えられる。さらに、2021 年度から小学校 2 学年、2022 年度から小学校 3 学年、2023 年度から小学校 4 学年、2024 年度には小学校 5 学年、2025 年度には全学年で 35 人学級となることから、今後も１学級あたりの児童生徒数の減少が見込まれる。

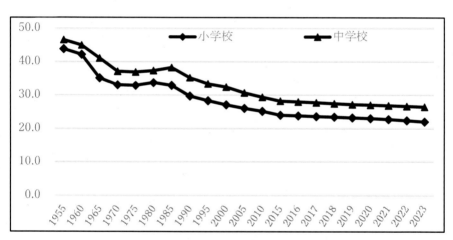

図 17-2　　１学級あたりの児童・生徒数の推移（小学校・中学校）

文部科学省「文部科学統計要覧（令和 5 年版）」より作成

　次に、教員１人あたりの児童生徒数を算出したところ、幼稚園は 9.9 人（前年度比 0.6 ポイント減）、幼保連携型認定こども園は 5.9 人（前年度比 0.1 ポイント減）、小学校は 14.3 人（前年度比 0.2 ポイント減）、中学校は 12.8 人（前年度比 0.2 ポイント減）、義務教育学校は 10.2 人（前年度比 0.4 ポイント減）、高等学校は 13.1 人（前年度比 0.1 ポイント減）、中等教育学校は 12.0 人（前年度比 0.1 ポイント減）で、減少

傾向にある（表 17-1）。また、経済協力開発機構（2022）によると、2019 年の OECD 加盟国の教員 1 人あたりの児童生徒数の平均が、小学校 15 人、中学校 13 人に対し、日本は小学校 16 人、中学校 13 人であり、OECD 加盟国平均と大きな差はない。

表 17-1　教員 1 人あたりの児童生徒数の推移

（単位：人）

	1955	1970	1985	2000	2018	2019	2020	2021	2022	2023
小学校	36.0	25.8	24.1	18.1	15.3	15.1	14.9	14.7	14.5	14.3
中学校	29.6	21.0	21.0	15.9	13.2	13.0	13.0	13.0	13.0	12.8
高等学校	23.2	20.9	19.4	15.5	13.9	13.7	13.5	13.3	13.2	13.1

文部科学省「文部科学統計要覧（令和 5 年版）」より作成

2．教員採用試験の現状

（1）教員採用倍率、3.4 倍へ

令和 4（2022）年度実施の公立学校教員採用試験の受験者数は 121,132 人（前年度比 5,258 人減）、採用者数は 35,981 人（前年度比 1,666 人増）で、競争率（採用倍率）は全体で 3.4 倍（前年度 3.7 倍）であった（表 17-2）。2000 年度以降、採用倍率は低下傾向にある（図 17-3）。文部科学省は採用倍率の低下について、大量退職等に伴う採用者数の増加と既卒受験者数の減少によるものであると分析している。

試験区分別で見てみると、小学校は 2.3 倍（前年度 2.5 倍）、中学校は 4.3 倍（前年度 4.7 倍）、高等学校は 4.9 倍（前年度 5.3 倍）、特別支援学校は 2.4 倍（前年度 2.8 倍）、養護教諭は 7.4 倍（前年度 7.2 倍）、栄養教諭は 8.8 倍（前年度 9.0 倍）で、養護教諭以外は前年度より低下した（表 17-3）。また、各都道府県の採用倍率を見てみると、8 倍と高い県もあるが、全体の約 3 割が 2 倍台と多くのところで低い数値となっている（表 17-4）。

表 17-2　公立学校教員採用選考試験の状況

（単位：人・倍）

区分（職種）	受験者数	採用者数	競争率 （採用倍率）
小学校	38,952	17,034	2.3
中学校	41,048	9,589	4.3
高等学校	22,463	4,599	4.9
特別支援学校	7,845	3,336	2.4
養護教諭	9,170	1,234	7.4
栄養教諭	1,654	189	8.8
計	121,132	35,981	3.4

文部科学省「令和 5 年度（令和 4 年度実施）公立学校教員採用選考試験の実施状況」

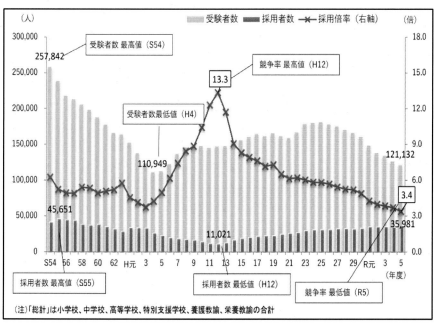

図 17-3　教員採用選考試験の受験者数・採用者数・競争率（採用倍率）の推移

文部科学省「令和 5 年度（令和 4 年度実施）公立学校教員採用選考試験の実施状況」より抜粋

表 17-3 　教員採用試験競争率の推移

(単位：倍)

実施年度	2013	2014	2015	2016	2017	2018	2019	2020	2021	2022	2023
小学校	4.3	4.1	3.9	3.6	3.5	3.2	2.8	2.7	2.6	2.5	2.3
中学校	7.5	7.4	7.2	7.1	7.4	6.8	5.7	5.1	4.4	4.7	4.3
高等学校	7.7	7.2	7.2	7.0	7.1	7.7	6.9	6.1	6.6	5.3	4.9
特別支援学校	3.6	3.9	3.8	3.7	3.8	3.5	3.2	3.1	3.1	2.8	2.4
養護教諭	8.4	8.2	7.3	7.4	7.4	6.7	6.3	6.6	7.0	7.2	7.4
栄養教諭	9.1	9.6	9.2	7.7	7.6	7.4	8.0	8.1	8.0	9.0	8.8
計	5.8	5.7	5.4	5.2	5.2	4.9	4.2	4.0	3.8	3.7	3.4

文部科学省「令和5年度（令和4年度実施）公立学校教員採用選考試験の実施状況」より作成

表 17-4 　都道府県別 公立学校教員採用選考試験競争率

(単位：倍)

北海道	3.2	東京都	2.3	滋賀県	3.4	香川県	4.6
青森県	4.0	神奈川県	3.6	京都府	3.9	愛媛県	3.0
岩手県	3.5	新潟県	2.7	大阪府	4.7	高知県	8.5
宮城県	2.9	富山県	2.1	兵庫県	4.5	福岡県	2.6
秋田県	3.0	石川県	3.2	奈良県	4.7	佐賀県	2.3
山形県	2.5	福井県	3.0	和歌山県	4.2	長崎県	2.1
福島県	3.5	山梨県	2.7	鳥取県	5.4	熊本県	2.6
茨城県	4.3	長野県	3.7	島根県	3.4	大分県	2.8
栃木県	4.8	岐阜県	2.9	岡山県	4.7	宮崎県	3.0
群馬県	4.0	静岡県	4.1	広島県	3.6	鹿児島県	2.5
埼玉県	2.9	愛知県	3.3	山口県	2.7	沖縄県	5.9
千葉県	3.0	三重県	4.5	徳島県	5.7		

文部科学省「令和5年度（令和4年度実施）公立学校教員採用選考試験の実施状況」より作成

　　受験者の学歴を見てみると、一般大学・学部出身者は 89,304 人(73.7%)、国立教員養成大学・学部出身者は 18,908 人（15.6%）、大学院出身者は 8,844 人（7.3%）、短期大学等出身者は 4,076 人（3.4%）と、一般大学・学部出身者が最も多くなっている（表17-5）。また、試験区分別に見ても、すべての区分において、一般大学・学部出身者が

最も多く、小学校が 27,783 人(71.3%)、中学校が 31,594 人(77.0%)、高等学校が 16,369 人(72.9%)、特別支援学校が 5,890 人(75.1%)、養護教諭が 6,319 人(68.9%)、栄養教諭が 1,349 人(81.6%)であった。

　学歴別の採用率は、国立教員養成大学・学部出身者が 46.6%、一般大学・学部出身者が 26.6%、大学院出身者が 29.2%、短期大学等出身者が 20.2%と、国立教員養成大学・学部出身者が最も高い（表 17-5）。また、採用者総数に占める新規学卒者は、2007 年度の 27.4%から年々増加し、2022 年度実施では 44.0%と高くなっている。これは、臨時的任用教員や非常勤講師などを続けながら受験していた既卒者が正規採用され、既卒受験者数が減少したことが影響していると考えられる。

表 17-5　受験者数・採用者数の学歴（出身大学等）別採用率

（単位：人・%）

区分	受験者数	採用者数	採用率
国立教員養成大学・学部	18,908	8,815	46.6
一般大学・学部	89,304	23,756	26.6
短期大学等	4,076	825	20.2
大学院	8,844	2,585	29.2

文部科学省「令和 5 年度（令和 4 年度実施）公立学校教員採用選考試験の実施状況」より作成
注）　1. 採用率（%）は、採用者数÷受験者数である。
　　　2.「国立教員養成大学・学部」とは、国立の教員養成大学・学部出身者をいう。
　　　3.「短期大学等」には、短期大学のほか、指定教員養成機関、高等専門学校、高等学校、専修学校等出身者等を含む。

（2）教員免許状とペーパーティーチャー

　教員免許状は、大学等の教職課程の単位修得、卒業・修了し、教育委員会に申請することで授与される。また、教員免許状は、全国の大学・短期大学・大学院等で取得可能であり（表 17-6）、試験が課されておらず、比較的取得しやすい資格の一つであるといえるだろう。そのため、教職課程受講・修了者が必ずしも教職に就くとは限らず、教職に就いていない教員免許所持者（ペーパーティーチャー）が毎年増え続けているのが現状である。

　文部科学省は、近年の教員不足解消に向け、「ペーパーティーチャー研修」の実施費

用を支援し、人材の掘り起こしを後押ししている。教育委員会は、ペーパーティーチャーを対象にイベント、研修を開催し、採用試験や講師登録を促している（「読売新聞オンライン」2023 年 2 月 7 日付）。教員不足解消の糸口として、ペーパーティーチャーの活用が期待されている。

表 17-6 課程認定大学等数（2019 年 4 月 1 日現在）

区分	大学等数 (H29.5.1)	課程認定大学等 (H31.4.1)		免許状の種類別の課程認定大学数等（H31.4.1）						
				幼稚園	小学校	中学校	高等学校	養護教諭	栄養教諭	特別支援 学校教諭
大学	756	606	80.2%	265	245	515	547	131	138	159
短期大学	332	228	68.7%	206	21	40		10	47	2
大学院	623	413	66.3%	111	129	347	386	61	45	60
専攻科	79	32	40.5%	3	7	12	14	1	0	13
短期大学 専攻科	105	17	16.2%	13	2	0		5	0	0

文部科学省「大学の教員養成に関する基礎資料集（令和元年）」より抜粋

３．変化しつつある教育現場

（１）民間企業から教員へ

　教育現場に多様な人材を幅広く確保するため、教員採用試験において教職経験や民間企業の勤務経験等を積極的に評価する取組みが行われている。令和 4（2022）年度実施の教員採用選考試験での民間企業等勤務経験者の採用割合は、4.0%（前年度比 0.4 ポイント増）であった。また、試験区分では、小学校 3.0%（前年度比 0.4 ポイント増）、中学校 3.5%（前年度比 0.2 ポイント増）、高等学校 6.3%（前年度同）、特別支援学校 6.0%（前年度比 0.8 ポイント増）、養護教諭 5.0%（前年度比 0.2 ポイント減）、栄養教諭 10.1%（前年度比 2.8 ポイント増）で、養護教諭以外、前年度より増加した（表 17-7）。しかし、全体では 4.0%で、2007 年度実施の 6.6%と比べると低い数値にとどまっている。

　また、2000 年には学校長の資格要件が緩和され、民間人校長登用制度が始まり、2006 年に民間人副校長も導入された。2018 年度の民間人校長は 116 人（前年度比 9 人減）であり、2015 年の 144 人をピークに減少している。民間人副校長は、2006 年の導入当初の 20 人から増加し続け、2018 年度は 118 人（前年度比 3 人増）だった。このように、民間人校長、民間人副校長は、いずれも 100 人を超えたものの、2023 年

度の校長数 31,417 人、副校長数 3,865 人、教頭数 31,918 人から見ると、全体に占める割合はかなり低い。

　しかし、教育現場全体に占める民間企業等勤務経験者の割合は低いとは言え、民間からの新しい風を取り込みながら、社会に開かれた教育の実現に向け、教育現場は変化し続けるだろう。

表 17-7　採用者数に占める教職経験者、民間企業等勤務経験者の数及び割合

（単位：人・%）

区分	採用者					
	全体	教職経験者〔内数〕	臨時的任用教員等のみ〔内数〕	教職経験者の割合（%）	民間企業等勤務経験者〔内数〕	民間企業等勤務経験者の割合（%）
小学校	17,034	6,718	5,312	39.4	519	3.0
中学校	9,589	4,867	4,249	50.8	336	3.5
高等学校	4,599	2,498	2,060	54.3	291	6.3
特別支援学校	3,336	1,991	1,708	59.7	201	6.0
養護教諭	1,234	721	590	58.4	62	5.0
栄養教諭	189	80	66	42.3	19	10.1
計	35,981	16,875	13,985	46.9	1,428	4.0

文部科学省「令和 5 年度（令和 4 年度実施）公立学校教員採用選考試験の実施状況」より作成

　（注）1.「教職経験者」とは、公立学校教員採用前の職として国公私立学校の教員であった者をいう。
　　　　2.「臨時的任用教員等のみ」とは、国公私立学校の臨時的任用教員、非常勤教員等として勤務していた経験のみを有する者をいう。
　　　　3.「民間企業等勤務経験者」とは、公立学校教員採用前の職として教職以外の継続的な雇用に係る勤務経験のあった者をいう。ただし、いわゆるアルバイトの経験は除く。

（2）女性管理職の登用

　男女共同参画社会の実現に向け、学校教育においても女性管理職の登用を積極的に行っている。2021 年 12 月に閣議決定された「第 5 次男女共同参画基本計画」において、初等中等教育機関の教頭以上に占める女性の割合の成果目標（副校長・教頭で25%、校長 20%）を設定している。2023 年度の文部科学省の公表によれば、校長は 31,417

人で、そのうち女性は 6,517 人(20.7%)、副校長は 3,865 人で、そのうち女性は 1,013 人(26.2%)、教頭は 31,918 人で、そのうち女性は 8,384 人(26.3%)で、前年度より女性が占める割合が高くなっている。しかし、学校種別における校長の女性の割合を見てみると、小学校は 26.7%、中学校・義務教育学校は 11.2%、高等学校・中等教育学校は 10.6%、特別支援学校は 31.7%となっており、小学校、特別支援学校以外は目標値からはほど遠い（表 17-8）。また、「OECD 国際教員指導環境調査（TALIS）2018 報告書」によると、中学校の女性校長の割合は TALIS 参加国平均 48.9%で、日本はそれと比べてもかなり低い数値である。

表 17-8 校長・副校長・教頭に占める女性の割合

（単位：%）

小学校		2019	2020	2021	2022	2023
	校長	20.6	21.8	23.4	25.2	26.7
	副校長	32.1	32.4	33.4	34.2	33.7
	教頭	27.0	28.5	29.9	30.9	32.0
中学校・義務教育学校						
	校長	7.4	7.4	8.6	9.8	11.2
	副校長	15.1	15.4	17.0	18.3	19.4
	教頭	13.3	15.0	16.4	17.6	19.2
高等学校・中等教育学校						
	校長	7.5	8.0	8.4	9.3	10.6
	副校長	10.9	12.4	12.9	13.6	14.2
	教頭	10.0	11.7	12.7	13.6	15.2
特別支援学校						
	校長	22.8	23.6	25.6	28.5	31.7
	副校長	29.5	30.3	35.5	35.5	36.7
	教頭	30.9	32.6	34.0	33.9	36.3

文部科学省「令和 4 年度公立学校教職員の人事行政状況調査について」より作成

4．教員の勤務実態

（1）長時間勤務

　文部科学省の 2022 年「教員勤務実態調査」によれば、教諭の 1 週間当たりの在校等時間は小学校教諭 52 時間 47 分で、前回調査があった 2016 年度に比べ 4 時間 42

分減少した。また、中学校教諭 57 時間 24 分で、2016 年度に比べ 5 時間 56 分減少した（表 17-9）。しかし、依然として正規の勤務時間を超えた長時間勤務である。また、「OECD 国際教員指導環境調査（TALIS）2018 報告書」によると、TALIS 参加国の中学校教員の平均勤務時間は 38.3 時間で、それと比べても日本の教育現場は長時間勤務である。

表 17-9　職種別　教諭 1 週間当たりの在校等時間

（時間:分）

	小学校			中学校		
	2016(H28)	2022(R4)	増減	2016(H28)	2022(R4)	増減
校長	55:03	51:21	-3:42	56:00	50:48	-5:12
副校長・教頭	63:38	58:33	-5:05	63:40	58:50	-4:50
教諭	57:29	52:47	-4:42	63:20	57:24	-5:56
講師	55:21	50:00	-5:21	61:36	53:45	-7:51
養護教諭	51:07	47:56	-3:11	52:48	48:11	-4:37

文部科学省「教員勤務実態調査（令和 4 年度）の集計（速報値）について」より作成

（2）多忙な業務実態

　文部科学省の 2022 年「教員勤務実態調査」の教諭の平日の在校等時間の内訳から多い順に挙げてみると、小学校教諭は授業（主担当）4 時間 13 分、授業準備 1 時間 16 分、生徒指導（集団 1）56 分、朝の業務 41 分、成績処理 25 分、中学校教諭は授業（主担当）3 時間 16 分、授業準備 1 時間 23 分、生徒指導（集団 1）49 分、朝の業務 44 分、部活動・クラブ活動 37 分であった。小学校、中学校いずれも、授業（主担当）が最も長く、次いで授業準備、生徒指導（集団 1）、朝の業務の時間の順であった（表 17-10）。中学校では部活動・クラブ活動が 5 番目に入り、部活動・クラブ活動の指導に時間を費やしている。ジブラルタ生命の「教員の意識に関する調査 2023」によれば、中学校の教員が仕事で苦労していることに、部活動・クラブ活動の指導が 37.9% と一番高く、中学校の教員にとって、部活動・クラブ活動の指導に負担を感じていることがわかる。

表 17-10 教諭の平日 1 日当たりの在校等時間の内訳（上位 5 項目）

（時間：分）

	小学校		中学校	
1	授業（主担当）	4:13	授業（主担当）	3:16
2	授業準備	1:16	授業準備	1:23
3	生徒指導（集団 1）	0:56	生徒指導（集団 1）	0:49
4	朝の業務	0:41	朝の業務	0:44
5	成績処理	0:25	部活動・クラブ活動	0:37

文部科学省「教員勤務実態調査（令和 4 年度）の集計（速報値）について」より作成

(注) 1.「生徒指導（集団 1）」とは、正規の授業時間以外に行われる次のような指導：給食・栄養指導、清掃指導、登下校指導・安全指導、遊び指導（児童生徒とのふれ合いの時間）、児童生徒の休み時間における指導のことである。

　　 2.「朝の業務」とは、朝打合せ、朝学習・朝読書の指導、朝の会、出欠確認など（朝学習・朝読書のうち教育課程の一環として行うものは、授業に含める）

　「OECD 国際教員指導環境調査（TALIS）2018 報告書」によると、中学校教員の「指導（授業）時間」の TALIS 参加国平均は 20.3 時間に対し、日本は 18.0 時間で大きな差はない。しかし、日本の勤務時間の合計は 56.0 時間で、「指導（授業）時間」以外の業務に 38.0 時間も費やしていることがわかる。また、「指導（授業）時間」以外の「一般的な事務業務」の TALIS 参加国平均は 2.7 時間、日本は 5.6 時間、「課外活動の指導」の TALIS 参加国平均は 1.9 時間、日本は 7.5 時間といずれも TALIS 参加国の中で最も長い。

　さらに、日本の小学校教員を見てみると、仕事時間の合計 54.4 時間のうち、「指導（授業）時間」は 23.0 時間、指導（授業）以外の時間が 31.4 時間と、中学校教員と同様、指導（授業）以外の業務に多くの時間を費やしていることがわかる（表 17-11）。

表 17-11　教員の仕事時間

(単位：時間)

	日本		TALIS 参加 48 か国平均 (中学校)
	小学校	中学校	
指導（授業）	23.0	18.0	20.3
学校内外で個人で行う授業の計画や準備	8.6	8.5	6.8
学校内での同僚との共同作業や話し合い	4.1	3.6	2.8
生徒の課題の採点や添削	4.9	4.4	4.5
生徒に対する教育相談（生徒の監督指導、インターネットによるカウンセリング、進路指導、非行防止指導）	1.3	2.3	2.4
学校運営業務への参画	3.2	2.9	1.6
一般的な事務業務（教師として行う連絡事務、書類作成その他の事務業務を含む）	5.2	5.6	2.7
職能開発活動	0.7	0.6	2.0
保護者との進路や連携	1.2	1.2	1.6
課外活動の指導（例：放課後のスポーツ活動や文化活動）	0.6	7.5	1.9
その他の業務	2.0	2.8	2.1
仕事時間の合計	54.4	56.0	38.3

国立教育政策研究所(2019)『教員環境の国際比較　OECD 国際教員指導環境調査(TALIS)
2018 報告書—学び続ける教員と校長—』
(注) 1.「指導（授業）」とは、授業準備や採点、職能開発などは除く、実際の指導（授業）時間のみである。
　　 2. 最近の「通常の一週間において、以上の仕事に従事したと教員が報告した時間数の平均（1 時間＝60
　　　 分換算)」

　文部科学省が 2022 年に 10 か国（日本を含む）の小中学校教員の業務について調べ
たところ、日本の教員は 10 か国のうち最多の 35 業務に関わっており、続いてドイツ
と韓国が 29 業務、米国とオーストラリアは 19 業務、英国は 16 業務だったという。
多くの国では「登下校の時間の指導・見守り」、「校内清掃指導」、「校内巡視、安全点
検」、「学校徴収金の管理」は教員が受け持っておらず、日本の小中学校教員は幅広く
業務に携わっていることがわかる（表 17-12）。

表 17-12 諸外国における教員の役割比較

	日本	米国	英国	ドイツ	韓国
登下校の時間の指導・見守り	△	×	×	×	×
教材購入の発注・事務処理	△	×	×	×	×
給食・昼食時間の食育	○	×	×	×	○
休み時間の指導	△	○	×	○	○
校内清掃指導	△	×	×	×	○
進路指導・相談	○	△	○	△	△
健康・保健指導	△	×	×	○	○
クラブ活動・部活動	△	△	×	△	×
校内巡視、安全点検	△	×	×	△	△
国や地方自治体の調査・統計への回答	△	×	×	△	△
文書の受付・保管	△	×	×	△	×
学校徴収金の管理	△	×	×	△	×
学校広報（ウェブサイト等）	○	×	×	○	×
児童生徒の転入・転出関係事務	△	×	×	×	△
家庭訪問	○	×	×	△	△
地域行事への協力	△	○	○	×	△
地域のボランティアとの連絡調整	△	×	×	×	×

PwC コンサルティング合同会社（2022）「令和 3 年度諸外国の教員給与及び学校における
外部人材の活用等に関する調査調査研究報告書」より作成

(注) 1. 日本が○の業務に対して、他国が 7 割以上△・×がついているもの＋日本が△の業務に対して、他
国が 7 割以上×が ついているものを抜粋した。

2. 「○」は教員の担当、「△」は部分的または一部教員が担当、「×」は教員の役割ではないことを示
している。

「OECD 国際教員指導環境調査（TALIS）2018 報告書」によると、日本の教員の仕事によるストレスの背景要因は、小学校、中学校ともに「事務的な業務が多すぎること」（小学校 61.9%、中学校 52.5%）、「保護者の懸念に対応すること」（小学校 47.6%、中学校 43.5%）が高かった。また、中学校教員の TALIS 参加国平均は「事務的な業務が多すぎること」46.1%、「保護者の懸念に対応すること」32.0%と比べても、日本は高い数値になっている（図 17-4）。このことから、授業以外の業務である、事務的な業務や保護者の対応にストレスを感じていることがわかる。

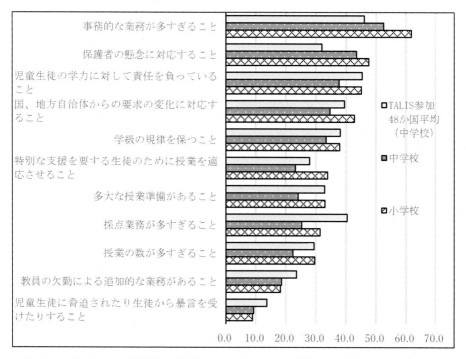

図 17-4　日本における教員の仕事によるストレスの背景要因（小学校・中学校）

国立教育政策研究所(2020)『教員環境の国際比較　OECD 国際教員指導環境調査(TALIS)
2018 報告書［第 2 巻］専門職としての教員と校長』より作成

（3）心に病を抱える教員の増加

　長時間勤務や多忙な業務から体調を崩す教員も少なくない。2022 年度の病気休職数
は 8,793 人、そのうち精神性疾患による休職者数は 6,539 人、精神性疾患による休職
者の割合は病気休職者全体の 74.37%と年々増加傾向にある（図 17-5）。学校種別に見
てみると、小学校は 3,202 人、中学校は 1,576 人、義務教育学校は 25 人、高等学校は
849 人、中等教育学校は 15 人、特別支援学校は 872 人だった。2000 年に比べ、精神
疾患性による休職者数は約 2.9 倍、病気休職者のうち精神性疾患による休職者の割合
も約 1.6 倍となった（表 17-13）。この要因として、文部科学省は、業務量の偏りや保
護者の過度な要求への対応などが背景にあると分析している（「朝日新聞デジタル」
2023 年 12 月 22 日付）。

表 17-13 教員の精神性疾患による病気休職者の推移

（単位：人）

	2000	2015	2018	2019	2020	2021	2022
在職者数(A)	930,220	920,492	920,034	920,370	920,011	919,922	918,987
病気休職者数(B)	4,922	7,954	7,949	8,157	7,666	8,314	8,793
うち精神性疾患による休職者数(C)	2,262	5,009	5,212	5,478	5,203	5,897	6,539
在職者比(B)/(A)	0.53%	0.86%	0.86%	0.89%	0.83%	0.90%	0.96%
(C)/(A)	0.24%	0.54%	0.57%	0.59%	0.57%	0.64%	0.71%
(C)/(B)	45.96%	62.97%	65.57%	67.16%	67.87%	70.93%	74.37%

文部科学省「教員の精神性疾患による病気休職者の推移」より作成

（単位：人）

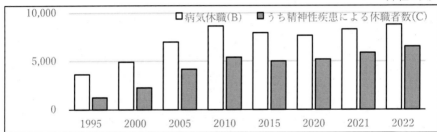

図 17-5 病気休職者数と精神疾患による休職者数の推移

文部科学省「教員の精神性疾患による病気休職者の推移」より作成

（4）「指導が不適切な教員」と「指導に課題がある教員」

　2001 年度より 47 都道府県教育委員会および 19 指定都市教育委員会を対象に、指導が適切でない教員について調査を実施している。文部科学省は「指導が不適切である」教員について、具体的には①教科に関する専門的知識、技術等が不足しているため、学習指導を適切に行うことができない場合（教える内容に誤りが多かったり、児童等の質問に正確に答え得ることができない等）②指導方法が不適切であるため、学習指導を適切に行うことができない場合（ほとんど授業内容を板書するだけで、児童等の質問を受け付けない等）③児童等の心を理解する能力や意欲に欠け、学級経営や生徒指導を適切に行うことができない場合（児童等の意見を全く聞かず、対話もしな

いなど、児童等とのコミュニケーションをとろうとしない等）としている（19 文科初第 541 号「教育職員免許法及び教育公務員特例法の一部を改正する法律について（通知）」2007 年 7 月 31 日、文部科学省）。2022 年度の文部科学省の公表によれば、指導が不適切な教員の認定者 43 人であった（表 17-14）。そのうち、小学校 22 人、中学校 14 人、高等学校 6 人、特別支援学校 1 人で、小学校が半数を占めている。また、指導が不適切な教員の認定者数等の推移を見てみると、2007 年の 371 人から年々減少傾向にある（表 17-15）。

表 17-14 2022 年度指導が不適切な教員の認定及び措置等の状況

（単位：人）

認定者総数(a)＋(b)＋(c)		43
2021 年度に研修を受けた者	(a)小計	30
	現場復帰	18
	依願退職	4
	分限免職	0
	分限休職	1
	転任	0
	研修継続	5
	その他	2
(b)研修受講予定者のうち、別の措置がなされた者		1
(c)2023 年度からの研修対象者		12

文部科学省「指導が不適切な教員の認定及び措置等の状況（令和 4 年度）」より作成

表 17-15 指導が不適切な教員の認定者数に係る推移

（単位：人）

	2007	2012	2017	2018	2019	2020	2021	2022
認定者数	371	149	95	70	－	59	47	43

文部科学省「指導が不適切な教員の認定者の状況」より作成

（注）2019 年は公表されていない。

しかし、文部科学省は「指導が不適切な教員」とは別に、2008 年「指導が不適切な教員に対する人事管理システムのガイドライン」において、「指導に課題がある教員」について言及している。「指導に課題がある教員」とは、教科等の指導に当たって一定の課題がみられるが、「指導が不適切である教員」の認定に至らない教員のことをいう。文部科学省は、各教育委員会に「指導に課題がある教員」に必要な支援策を講じ、校長等の管理職や指導主事等から指導、助言を行い、指導の改善を求めている。「指導に課題がある教員」の数は公表されていないものの、研修を実施している都道府県・政令指定都市は、2008 年は 24 県市だったが、2023 年は 56 県市と増加している。

5．学校における働き方改革の動き

2019 年 1 月に中央教育審議会において「新しい時代の教育に向けた持続可能な学校指導・運営体制の構築のための学校における働き方改革に関する総合的な方策について（答申）」（以下、「答申」という。）が取りまとめられた。これを踏まえ、文部科学省は「令和 4 年度文部科学白書」において、教師のこれまでの働き方を見直し、学校における働き改革の取組みについて言及している。具体的には、タイムカードなどによる労働時間の状況把握を、事業者（公立学校を含む）の義務として法令上明確化した。また、一年単位の変形労働時間制を選択的に活用し、休日の「まとめ取り」ができる「公立の義務教育諸学校等の教育職員の給与に関する特別措置法の一部改正する法律」が 2019 年 12 月 4 日に成立、2022 年 4 月 1 日に一年単位の変形労働時間制が施行された。さらに、答申において、「教師でなければならない業務とは何か」という視点から、これまで学校・教師が担ってきた代表的な 14 の業務の在り方に関する考え方（表 17-16）が示され、業務の適正化に向けた取組みを行っている。このように、教師の長時間勤務や多忙な業務の改善に向け、教育現場の働き改革が進められている。

表 17-16 学校・教師が担ってきた代表的な業務の考え方

基本的には学校以外が担うべき業務	学校の業務だが、必ずしも教師が担う必要のない業務	教師の業務だが、負担軽減が可能な業務
①登下校に関する対応	⑤調査・統計等への回答等（事務職員等）	⑨給食時の対応（学級担任と栄養教諭等との連携等）
②放課後から夜間などにおける見回り、児童生徒が補導された時の対応	⑥児童生徒の休み時間における対応（輪番、地域ボランティア等）	⑩授業準備（補助的業務へのサポートスタッフの参画等）
③学校徴収金の徴収・管理	⑦校内清掃（輪番、地域ボランティア等）	⑪学習評価や成績処理（補助的業務へのサポートスタッフの参画等）
④地域ボランティアとの連絡調整	⑧部活動（部活動指導員等）	⑫学校行事の準備・運営（事務職員等との連携、一部外部委託等）
※その業務の内容に応じて、地方公共団体や教育委員会、保護者、地域学校協働活動推進員や地域ボランティア等が担うべき。	※部活動の設置・運営は法令上の義務ではないが、ほとんどの中学・高校で設置。多くの教師が顧問を担わざるを得ない実態。	⑬進路指導（事務職員や外部人材との連携・協力等）
		⑭支援が必要な児童生徒・家庭への対応（専門スタッフとの連携・協力等）

文部科学省「令和 4 年度文部科学白書」p86 から抜粋

（大橋　真由美）

参考文献

① 経済協力開発機構『図表でみる教育 OECD インディケータ（2021 年版）』（明石書店）、2022 年。

② 国立教育政策研究所『教員環境の国際比較　OECD 国際教員指導環境調査 (TALIS)2018 報告書—学び続ける教員と校長—』（ぎょうせい）、2019 年。

③ 国立教育政策研究所『教員環境の国際比較　OECD 国際教員指導環境調査 (TALIS)2018 報告書［第 2 巻］専門職としての教員と校長』（ぎょうせい）、2020 年。

④ ジブラルタ生命保険株式会社「教員の意識に関する調査 2023」
https://www.gib-life.co.jp/st/about/is_pdf/20230712.pdf（2023 年 8 月 25 日）

⑤ 文部科学省「文部科学統計要覧（令和 5 年版）」
https://www.mext.go.jp/b_menu/toukei/002/002b/1417059_00008.htm
（2023 年 8 月 25 日）

⑥ 文部科学省「教員不足に関する実態調査」
https://www.mext.go.jp/content/20220128-mxt_kyoikujinzai01-000020293-1.pdf（2023 年 9 月 20 日）

⑦ 文部科学省「教員勤務実態調査（令和 4 年度）の集計（速報値）について」

https://www.mext.go.jp/content/20230428-mxt_zaimu01-000029160_2.pdf
（2023 年 9 月 20 日）

⑧　文部科学省「令和 4 年度文部科学白書」
https://www.mext.go.jp/b_menu/hakusho/html/hpab202001/1420041_0001
5.htm（2023 年 10 月 21 日）

⑨　文部科学省「令和 4 年度公立学校教職員の人事行政状況調査について」
https://www.mext.go.jp/a_menu/shotou/jinji/1411820_00007.htm（2023 年
12 月 23 日）

⑩　文部科学省「令和 5 年度公立学校教員採用選考試験の実施状況」
https://www.mext.go.jp/content/20231225-mxt_kyoikujinzai02-
000033218_2.pdf（2023 年 12 月 26 日）

⑪　文部科学省「令和 5 年度学校基本調査」
https://www.mext.go.jp/b_menu/toukei/chousa01/kihon/kekka/k_detail/202
3.htm（2023 年 12 月 22 日）

⑫　ＰｗＣコンサルティング合同会社(2022)「令和 3 年度　諸外国の教員給与及
び学校における外部人材の活用等に関する調査　調査研究報告書」
https://www.mext.go.jp/content/20220830-mxt_zaimu-100003067_1.pdf
（2023 年 9 月 26 日）

第18章　専門職としての教師
―現状と課題―

　教職の専門職（professional）としての位置づけは、教師教育の理念として師範学校制度発足の当初から胚胎していたとされる。少なくとも 19 世紀初頭のアメリカにおける師範教育の在り方を巡る議論の中では既に「教育は専門的職業である」とする主張がなされていたのである（三好、1972）。しかし、二世紀の歳月が経った今、教師が専門職としての地位を勝ち取ったとは言い難い現状にある。医師や弁護士等と比べると、とりわけ専門性と自律性が不充分といわれ、また経済的待遇や社会的評価も必ずしも高くないことから、「実態を伴わない専門職」あるいは「準専門職」とされる場合が多い。教師はそもそも伝統的な専門職には馴染まないとする考え方もあり、教職が真に専門職として確立されるためには課題が多いといわざるを得ない。本章の目的は、教師像の変遷から教職観を巡る議論を概観したうえで、教職の「専門職化」への諸課題を明らかにすることにある。

1．教職観をめぐる論争の系譜
　日本における教師像や教職観をめぐる論争は、大まかにいえば、「聖職者としての教師」から「労働者としての教師」、そして「専門職としての教師」という流れを汲む形で展開されてきたと見ることが出来る。勿論、これらは一方がもう一方を克服する形で展開したのでない。今日においてもそれらは時には対立し、時には影響し合い、また補完し合う場合が少なくない。

「教師聖職者論」の出現
　「聖職者」は、『広辞苑』では「①人を導き教える聖職に従事している人。僧侶・神官・牧師など。②特に、キリスト教で聖職にある者」と説明される。本章でいう「聖職者論」は、教師を神に仕え、神の意志を代行する聖職者として位置づけ、そのミッションに取り組む教師の精神主義的性格を強調するところに特徴がある。つまり、「聖

職者としての教師」に求められているのは、①人格的魅力と他人への模範性、②教育に対する強い使命感、③世俗の欲得にとらわれない清貧さと教育への献身的姿勢である。寺子屋の師匠に象徴されるように、聖職者は近代学校が発足する以前から庶民の教育と深く関わり、社会的に尊敬される地位にあった。この尊師の伝統は近代学校制度の普及においても受け継がれた。この傾向はタイやカンボジア、ラオスなどアジア諸国でも同様にみられる。

　近代公教育制度の普及は、新型の学校教育に従事する教師を大量に養成することから始まったが、そのために発足したのが師範学校であった。1872年の「学制」に先立って「小学校教師教導場」の設置が提案され、やがて師範学校の制度化に発展する。この師範学校制度の歴史は、実は教師に伝統的な聖職者意識を醸成させ、「純良信愛威重」の気質に象徴される国家的道徳観を背負った教師像の構築の過程でもあった。初代文部大臣森有礼は、兵式体操と寄宿制を導入し、服従と規律を絶対化する師範教育型教員養成を強力に推し進めた。森は、教師を「教育の僧侶」「教育の奴隷」「隆盛なる国家を組み立てる土台の小石」に例え、教師が私利、私欲を利滅し徹底して国に仕えることを求めた（森、1972年）。「教師聖職論」は、こうして1886年の「師範学校令」以降の師範教育と一体化して展開されたのである。1890年に「教育勅語」が公布されると、教師に与えられた「忠良なる臣民育成」の使命がより一層明確化し、聖職者として自分を顧みず全身全霊で奉仕することが要求された。「教師聖職論」は、「教師と生徒の間での物語として共有されることで、生徒の学校に対する積極的な関与を引き出すとともに教師のモラールを支え、制度的には決して恵まれているとはいえない厳しい条件のもとにありながらも、学校をスムースに、そして人間的に機能させるうえで大きな力を果たしてきた」ことは、過小評価すべきでない（越智、2000年）。勿論、この「教師聖職論」は「教師と生徒の間での物語」に止まらず、社会一般にも深く浸透したことはいうまでもない。また、これを単に権力者によって作られた虚像として一蹴することも適切でなかろう。日本の近代以前の教師像の特性として「道徳的性格」「消極的性格」「非方法的性格」「非職業的性格」が指摘されていることからも明らかなように、その背景には仏教や儒教の考え方があり、今日におけるあらゆる教職論も聖職論の主張を完全に否定して展開することが出来ないからである。また、日本の近代公教育制度の普及において師範学校制度が担った歴史的使命と役割は評価されるべきであろう。

　戦前において展開された師範教育制度と「教師聖職者論」の一体化への批判は、概

ね次の二点に集約される。

　一つは、徹底した軍事教練主義的師範教育の副産物として、聖職者意識と裏表をなす卑屈従順、融通性の欠如、偽善的かつ権威主義的態度などを特徴とする所謂「師範タイプ」と称せられる教師像への批判である。もう一つは、忠良な臣民を育成し、国家道徳の体現者として重要な職責を担うことに比して、教師が実際に置かれた社会的地位は決して高いとはいえず、経済的にも辛うじて生計を維持するに過ぎない境遇に置かれた点である。この時代の教師の困窮ぶりを描いた文学作品も少なくない。田山花袋が実在の教師をモデルとして書いた「田舎教師」（1909 年）は、人生と貧困に悩み若くして世を去った村の小学校の代用教員林清三を主人公として描いている。谷崎潤一郎の短編小説「小さな王国」（1918 年）もまた生活に苦しむ教師の姿を描いた興味深い作品である。主人公の小学校教師の貝島昌吉のクラスに東京から沼倉庄吉が転校してくる。沼倉はいつの間にか学級内に共和国を作って自ら大統領となり、共和国内に通用する紙幣を発行し、その貨幣システムを実際に機能させる。主人公もやがてこの沼倉通貨の経済圏に巻き込まれてしまう。新しく生まれた赤ん坊のミルクを買う現金も持たなかった彼は、共和国発行の紙幣でミルクを買わざるを得なかったのである。右島洋介は「聖職者論」が結果的に「教師の経済的貧困と社会的地位の低下」を招き、「国民の教師に対する尊敬と期待」が「人を欺く手段」として国家権力によって利用されたと批判した。つまり、教師を聖職者として祭り上げた所謂「教師聖職者論」は、実は教師の困窮を正当化するための欺瞞の手段に過ぎなかったという批判である。

　この「師範タイプ」の教師と「聖職者論」の欺瞞性への批判は、やがて「教師労働者論」の主張につながっていくことになる。

「教師労働者論」の台頭

　「教師も所詮、一人の人間であって聖人ではない。教師にも生活と家庭を守る権利がある」と「教師労働者論」は、主張する。「教師労働者論」は、支配者に押し付けられた「教師聖職者論」の欺瞞性を暴き、教師を「学校を職場として働く労働者」位置づけたのである。大正デモクラシー運動と 1930 年の日本教育労働者組合の結成に伴って形作られてきた労働者的職務観が、戦後の教育民主化を背景に一気に広まった。1947 年に組織された日本教職員組合が「教師の倫理綱領」（1951 年）において、「教師は労働者である」と宣言したことは最も象徴的な出来事であった。同倫理規定は次の 10 項目から構成されている。

① 教師は日本社会の課題にこたえて青少年とともに生きる
② 教師は教育の機会均等のためにたたかう
③ 教師は平和を守る
④ 教師は科学的真理に立って行動する
⑤ 教師は教育の自由の侵害を許さない
⑥ 教師は正しい政治をもとめる
⑦ 教師は親たちとともに社会の頽廃とたたかい、新しい文化をつくる
⑧ 教師は労働者である
⑨ 教師は生活権を守る
⑩ 教師は団結する

　第8条の「教師は労働者である」に関する解説では、「学校を職場として働く労働者」「上から押し付けられた聖職者意識」「労働者であることの誇り」などの文言が用いられ、労働者階級の一員としての教師の立場と自覚が表現された。教師自らが聖職者意識を放棄し、労働者への転換を宣言し、新しい教師像を主張したのである。のちに、日教組と文部省の全面対立の構図が定着していくことに伴い、聖職者か、それとも労働者かを巡る議論も二元論的論争へと泥沼化していく中、結果的には両者を包括中和する形で登場したのが「教師専門職論」であった。

2.「教師専門職論」の論理
「教員の地位に関する勧告」

　戦後初期における「教師専門職論」は、「教職は専門職であるがゆえに教師の労働基本権は制限されるべきだとする視点」、或は「教師の社会的評価や待遇をより高めようとする視点」、更には「教員組合に対抗するものとしての職能団体（専門職団体）を育成しようとするものなど、基本的には勃興しつつあった労働者的教師観に対峙する形で提起された（高橋、2000 年）。

　しかし、「教師専門職論」が本格的に議論されるきっかけを作ったのは、いうまでもなく 1966 年に ILO（国際労働機構）とユネスコによって提起された「教員の地位に関する勧告」（以下「勧告」）であった。「教師専門職論」で必ず引き合いに出されるこの「勧告」は教師を専門職と位置づけ、それにふさわしい処遇を求めたことで知られている。

　「勧告」は、教員の地位とは「教員の職務の重要性およびその職務遂行能力の評価

の程度によって示される社会的地位または尊敬、ならびに他の職業集団と比較して教員に与えられる労働条件、報酬その他の物質的給付等の双方を意味する」ものであり、教育の進歩は「教育職員一般の資格と能力および個々の教員の人間的、教育学的、技術的資質に大いに依存する」との認識を示したうえで、次のように主張している。

　「教育の仕事は専門職とみなされるべきである。この職業は厳しい、継続的な研究を経て獲得され、維持される専門的知識および特別な技術を教員に要求する公共的業務の一種である。また、責任をもたされた生徒の教育および福祉に対して、個人的および共同の責任感を要求するものである」（第 6 項）。

　「勧告」は、更に専門職としての教師の「労働条件」として「効果的な学習を最もよく促進し、教員がその職業的任務に専念することができるものでなければならない」とし、その職務の遂行にあたっては「学問上の自由を享受すべき」であり、特に教員の地位に影響する様々な要因のなかでも「給与はとくに重要視しなければならない」と主張する。「教員の地位に関する勧告」という名称からも示唆されるように、同「勧告」は教職に対する社会的尊敬、他の職能団体と同様の金銭的報酬等を含めた社会的地位の向上を主眼としたものであるが、教師を専門職と規定し、教員養成、現職教育、権利と義務、給与や労働条件、教員団体等の在り方に言及した点で画期的であった。1971 年の中教審答申「今後における学校教育の総合的な拡充整備のための基本的施策について」、更にその翌年の教育職員養成審議会の「教員養成の改善方策について」等において提案された建議からも明らかなように、「勧告」は日本の教員政策に対しても大きな影響を与えることとなった。しかし、一方、専門職の解釈、そして理念型の「専門職としての教師」と実態との乖離を巡って議論がくり返され、いまだ結論が出たとはいえない状況にある。

専門職とは何か

　教師が専門職か否かを巡る議論には、「専門職(profession)」とは何かを含め、教職は専門職であるか否か、教職専門性の中身は何か、教職は他の専門職と異なる特質を持っているか、教職の専門職化は如何にして可能か、などが含まれる。

　「専門職」の概念について、最も頻繁に引用されるリーバーマン（Lieberman, M.）の定義がある。リーバーマンは、その著書『専門職としての教育』（Education as Profession）の中で 専門職をなす要因として次の 8 つを提示している。

　　①　　ユニークかつ明確で、欠くことのできない社会的サービスであること

②　サービスを提供するうえでの知的な技能を有すること

③　長期にわたる専門的訓練を受けていること

④　個別の実践者として、また職業集団全体として幅広い自律性を持つこと

⑤　専門的自律性の範囲内で行われる判断や行為について、専門家としての個人が責任を負うこと

⑥　社会的サービスの組織やパフォーマンスは職業集団として任命されるものであるから、経済的報酬よりも社会的サービスを重視すること

⑦　包括的な自治組織を結成していること

⑧　両義性のある事象に対して明確に説明する倫理綱領をもつこと

　60 年代以降、教職の専門職性や専門職化に関する議論が活発となるが、市川は「専門職の最大公約的属性」に注目して、①職務の公共性、②専門技術性、③専門的自律性、④専門職倫理、⑤社会的評価の 5 点を提起している（市川、1975）。一方、天野は「専門職」を「①高度に体系化された専門的知識・技術に基づくサービスを顧客（client）の求めに応じて独占的に提供する職業であり、②そのサービスの提供は営利より公共の利益（public good）を第一義的に重視して行われ、③そのことによって職務活動上の大幅な自律性(autonomy)と職業団体としての一定の自己規制力を社会的に認められる職業範疇である」（天野、1986）としているが、基本的にリーバーマンの定義を踏襲しているといえよう。

　八木は、弁護士、医師、看護師、社会福祉士、教師、公務サービス労働者などに共通するのは「対自然のものづくりとは異なる人間が人間を相手とする労働」であるとし、その「人間相手の専門職」の特徴として、①労働対象が人間であるために、業務の範囲が限定されにくい無際限性、②課題達成の不確実性が仕事を困難たらしめるヒューマンサービス固有のメカニズム、③それらが誘因となって従事者の内面に引き起こされる自責性・無力感、④課題達成の不確実性にもかかわらず、実践成果についての固有の責任の在り方が問われること、を挙げている（八木、2000）。

　一方、教員政策の動向では、1957 年 7 月に採択された中央教育審議会の答申「教員養成制度の改善方策について」が、ILO とユネスコの「勧告」に先立って、「教師としての職業は、高い教養を必要とする専門職業」と位置付けたことは注目に値する。また、1972 年の教育職員養成審議会が「教員養成の改善方策について」において、専門職としての教師に求められるものとして、①教育者としての使命感と深い教育的愛情、②広い一般的教養、③教科に関する専門的学力、④教育理念、方法及び人間の成長や

244

発達についての深い理解、⑤優れた教育技術を挙げ、具体化された専門職としての教師像を描いている。このように「専門職としての教師」という視点による「教師に求められる資質能力」についての言及は、更に 1987 年と 1997 年の教育職員養成審議会の答申に受け継がれていく。例えば、1987 年の答申は「専門職としての教員の職責にかんがみ、教員については、教育者としての使命感、人間の成長・発達についての深い理解、幼児・児童・生徒に対する教育的愛情、教科等に関する専門的知識、広く豊かな教養、そしてこれらを基盤とした実践的指導力が必要である」とし、1997 年答申では「今後特に教員に求められる具体的資質能力」として、「地球的視野に立って行動するための資質能力」「変化の時代を生きる社会人に求められる資質能力」「教員の職務から必然的に求められる資質能力」に分けて例示している。

　2011 年に改訂された厚生労働省の「職業分類表」には、労働市場や各種の職場で使用されている約 17,200 種の職業名が採録されているが、教師は「専門的・技術的職業」の中の「教育の職業」として分類されている。さらに、2012 年の中教審の答申は「高度専門職業人」として「学び続ける教師像」の確立の基本理念に挙げ、2022 年には「令和の日本型教育」を担う「多様な専門性を有する質の高い教職員集団の形成」を今後の改革の方向性としている。

　このように、教職の専門職としての位置づけの方向性がほぼ定まりつつあるといえるが、課題は依然少なくない。例えば、前述の専門職の一要件とされる自律性を一つ取り上げてみても実に多くの課題を抱えているのである。専門職と呼ばれるためには専門的自律性が求められるが、教育に関しては「一億総評論家」という言葉に象徴されるように、教職には自律性を強調しにくい側面がある。また、「住民の学校経営参加」「学校評議員制度の普及」「学校における外部人材の活用」「開かれた学校づくり」など、教育改革の趨勢はむしろ教師の職業としての自律性を弱体化させる方向へと進んでいるようにも見える。

3．教師専門職化の制度的課題
動態的過程としての専門職

　前述したように、教師が専門職として定着するためには多くの課題が残されているが、そもそも専門職の定義に完全に合致する職業など存在しないと見ることも不可能ではない。従って、教師の専門職化を考える上で「現実の専門職は理想型を目指すという意味で、実態としてではなくプロセスとして捉えられるべきである」とした指摘

は、示唆に富む（今津、1996）。

　専門職化（professionalization）とは、一つの職業が「理念型」としての専門職の持つ重要な諸特質を獲得、形成していく動態的な過程をいう。「理念型」とは、M.ウェーバーが用いた類型概念で、多様かつ流動的な事象を無前提的に把握することが困難なため、複雑な事象の中から本質的に知るに値する部分を取り出し、研究者の価値理念に基づいて構成された「思想像」である。「理念型」は特定の観点を一面的に強調し、研究対象から知るに値するものを多く採り、他の対象からは少し採るか、或は全く採らないといった取捨選択的に作り上げた、現実に存在しない概念である。こうした意味から「教師専門職化」を教職が理念型の専門職の持つ諸特性を獲得し形成していく過程と見ることが出来る。

　「神の宣託（profess）」が語源とされる「専門職（profession）」に初めは牧師や神父、やがて大学教授（professor）」、医者と弁護士が加わって古典的な専門職が形成されたが、専門分化が進むにつれそれ以外の職業が専門職の特性を獲得していくことで専門職の範疇も拡大された。以下では、「教職専門職化」の課題を教員養成段階における専門性の育成と新しく市民権を獲得しつつある「反省的実践家」としての教師像に焦点を絞って検討したい。

教師の専門性育成の課題

　ILOとユネスコの「勧告」が教師に求めた「専門的知識および特別な技術」は、長期にわたる教育と訓練、そして持続的な研修と研究活動によって獲得されるが、ここでは「専門的知識および特別な技術」を獲得する主要な手段としての教員養成の課題を取り上げる。

　1957年の中央教育審議会による答申「教員養成制度の改善方策について」は、「専門職業としての教員に要請される高い資質の育成のためには、教員の養成を大学において行うという方針を堅持すると同時に、開放的制度の下におけるこれらの欠陥についてはすみやかにこれに改善を加え教員の育成のための体制の整備を図り、その教育基準を確立しなければならない」と述べている。

　専門職としての教師に求められる専門的知識とは何か、それは如何に獲得されるかは必ずしも明らかではない。医学や法学のような専門性や方法論が確立したとはいえないからである。学部の1、2年次にマス・プロの講義で履修させる教職専門科目、短い実習期間、オプションで獲得できる教員免許、そして国家レベルの資格制度も資格

審査と監督の機能を持つ専門家協会も存在しないことを考えると、教師の専門性が制度的に保証されているとはいえない。例えば、看護師、管理栄養士、社会福祉士などの資格制度と比較してみると、教職課程修了時に授与される教員普通免許状というものは、他の領域でいえば単に国家資格試験への受験資格に過ぎないのである。

　一般大学や学部において教職課程を履修する学生のほとんどが免許状取得のみを目的とし、実際には教職に就かない。教員免許状保持者の約 8 割を占める、所謂「ペーパーティーチャー」415 万人の存在を、厳しい資格審査と厳格な質保障のシステムにおいて行われた専門性育成の結果といえるだろうか。教師の専門職化の最大の課題は、先ずここにあるといえよう。

4．「反省的実践家」論が示唆すること

　今日の複雑化し高度化した社会が教師に求める「幅広し教養と高い専門的見識」、そして「学校の危機的現象の複雑さと深刻さ」から、教科内容、教育原理及び教育心理を中心に規定されてきた「技術的熟達者」としての教職の専門性は、「反省的実践家」をモデルとして再構築すべきとする主張がある（佐藤、2013）。

　新たな専門家像として「反省的実践家」（reflective practitioner）を提唱したのはショーンであるが、佐藤自身ショーンの理論の紹介に大きく寄与している。ショーンが「次第に我々は、複雑性、不確実性、不安定さ、独自性、価値葛藤という現象を抱える現実の実践の重要性に気づいてきた」と記述しているように、「反省的実践家」が提唱された背景には、現代社会が抱える諸問題の解決において露呈された「技術的合理性」（technical rationality)の限界があった。近代以降の専門職は、近代科学によって基礎づけられた「技術的合理性」を基本原理として成立し、その実践はまた科学技術の合理的適用の過程であったが、現代社会が抱える諸問題は複雑かつ不確実的であるため、厳格な原理によって細分化された専門的知識と技術技能の応用だけでは解決に至らない場合が多い。「技術的合理性」の視点からは、専門家の実践は問題の「解決」（solving）の過程とされる。選択や決定という問題は、すでに確立された目的にとって最適な手段を選択することで解決される。ここでは「問題の解決」が強調され、「問題の設定」は無視される。つまり、ショーンによると、「技術的合理性」の原理は問題解決のモデルを提示することができても、「問題を認識し、問題を設定する」ことはできないのである。問題状況を問題として認識し、対処法のデザインへと転換することは技術の問題ではないからである。

実践において、問題は実践者にとって所与のものとして出されているわけではないので、不確かな問題状況の中から問題を構成しなければならない。「技術的合理性」が機能するための前提条件は、予め目的が存在することである。「目的が固定し明らかであるならば、行為の決定は手段の問題となる。しかし目的が交錯し葛藤している時には、解決すべき問題はまだ存在しない」ことになる。こうして、ショーンは医師や弁護士のように実証的研究により権威づけられた「メジャーな専門家の知」に対して、教師や看護師のような「マイナーな専門家」の実践の中に埋め込まれ、科学的裏付けが困難なインフォーマルな知が持つ意義を明らかにし、その正当性を主張したのである。

　ショーンによると、教師や看護師の専門性は実践の過程における知と省察それ自体にある。つまり、教師や看護師は、その行為をなすことに有能であり、行為の中での反省的な洞察を通して自らの行為から学び、有効な方法と手段を選択し行使することが出来る「反省的な実践家」なのである。「反省的実践家」の知は、「行為の中の知（knowing in action）」「行為の中の省察（reflection in action）」「状況との対話（conversation with situation)」という三つの概念で構成される（ショーン、2007）。

　教師は専門職としての可能性を内在しているものの、内実を伴わない準専門職の扱いをされてきた中で、「反省的実践家」としての位置づけは教職の専門性の構築に新しい道筋を提供したといえよう。つまり、学術的原理と技術を教育実践に適用することを前提とする「技術的熟達者」としての教師が、より多くの原理と技術の修得を専門性向上の方策としたのに対して、「反省的実践家」としての教師は、実践の中で直面する個別的で具体的な問題状況の意味を思索し、自らの行為を省察しながら問題に立ち向かう実践的な思考力に専門性の基礎を置いているのである。

　一方、佐藤は教職の専門職化を推進する上で、教職の知識基礎（knowledge base）としての専門的知識や技術が医師や法曹の専門家教育に比べて「不確実性」が支配的であることを考慮すべきと主張する。現場の教師はこの「不確実性」に対して自他の経験から学び（reflection）、経験で培われた暗黙知（tacit knowledge）を総動員し、カンとコツを大切にする。佐藤はこれを「職人性（craftsmanship）」と呼び、専門的知識や技術や理論による「専門職性（professionalism）と区別し、専門家としての教師はその双方を兼ね備えることの必要性を強調した（佐藤、2015）。これらは、アンディとマイケルらが主張する「専門職としての教師」の「三つの資本」（①人的資本、②社会関係資本、③意思決定資本）の考え方と相通じるところがある。「人的資本」が

教師個人の知識・スキル等の力量を、「社会関係資本」が教師としての同僚性やネットワークなどをさすのに対して、「意思決定資本」は明白なエビデンスが存在せず、マニュアルが通用しない現場において「自由裁量の判断を実行する能力」を指し、いずれも集団として獲得することが有効であること、歳月をかけた経験の蓄積が不可欠であることを強調している。特に「意思決定資本」は「専門職の本質」と位置付けられている（アンディら、2022）。

　こうした反省的専門家論は、専門職の知識構成、専門家養成及び現職教育のカリキュラムに対して改革を迫る方向性を示唆するものといえよう。

　教職が専門職化は実に多くの課題を抱えているといわざるをえない。それを端的に物語るのは蔓延的「教員不足」と「教師志望者の激減」であろう。文科省の調査（2021年）によると、公立学校で年度はじめに不足している教師数は全国で約 2,500 人、学校数では約 1,900 校だという。2023 年度には教員不足の状況が更に「悪化した」と答えた地域が 4 割を超え、深刻な教員不足の状況が続いている。特に注目したいのは、教員志望の学生が激減した理由である。複数回答で最も多かったのは、「長時間労働など過酷な労働環境」で 94%、次に「部活顧問など本業以外の業務が多い」が 77%、「待遇(給料)が良くない」が 67% と続いた。教職の専門職化の議論が机上の空論に終わらないようにするためには、何よりも先ず社会全体で問題意識を共有し、有効で実行可能な施策を打ち出すことが先決となろう。

（金　龍哲）

参考文献

①　三好信浩著（1972）『教師教育の成立と発展』東洋館出版社。

②　森有礼（1972）「埼玉県尋常師範学校ニ於テノ演説」『森有礼全集』(1) 宣文堂書店。

③　市川昭午（1975）『教育行政の理論と構造』教育開発研究所。

④　天野正子「専門的職業」日本教育社会学会編『新教育社会学辞典』東洋館、1986年。

⑤　佐藤学「教師文化の構造─ 教育実践研究の立場から」稲垣忠彦・久冨善之編『日本の教師文化』東京大学出版会，1994 年。

⑥　今津孝次郎『変動社会の教師教育』名古屋大学出版会，1996 年。

⑦　越智康詞「『制度改革』のなかの教師」永井聖二・古賀正義編『《教師》という

仕事＝ワーク』学文社、2000年。

⑧　高橋庄造「教師の在り方」岡田正章、笠谷博之編『教育原理・教職論』酒井書店、2000年。

⑨　八木英二『ヒューマンサービスの教育』三学出版、2000年。

⑩　ドナルド・ショーン著、佐藤学・秋田喜代美訳『専門家の知恵―反省的実践家は行為しながら考える』ゆるみ出版、2007年。

⑪　佐藤学著『専門家としての教師を育てる―教師教育改革のグランドデザイン』岩波書店、2015年。

⑫　アンディ・ハーグリーブズ、マイケル・フラン著（木村優、篠原岳司、秋田喜代美監訳）『専門職としての教師の資本―21世紀を革新する教師・学校・教育政策のグランドデザイン』金子書房、2022年。

執筆者一覧

熊谷　圭二郎　　　日本大学生物資源科学部　教授（第1章、7章）

後藤　泰博　　　　東京福祉大学保育児童学部　教授（第2章、4章）

金　龍哲　　　　　東京福祉大学教育学部　教授（第3章、18章）

垣崎　授二　　　　東京福祉大学教育学部　特任教授（第5章）

深沢　和彦　　　　神奈川県立保健福祉大学保健福祉学部　教授

　　　　　　　　　（第6章、8章、15章）

安次嶺　隆幸　　　東京福祉大学教育学部　専任講師（第9章）

八重樫　節子　　　東京福祉大学教育学部　教授(第10章)

阿部　裕子　　　　東京福祉大学教育学部　専任講師（第12章）

郡　吉範　　　　　帝京平成大学人文社会学部　教授（第13章）

渡部　恭子　　　　聖徳大学幼児教育専門学校保育科　助教授（第14章）

茂木　隆資　　　　東京福祉大学教育学部　特任教授（第15章）

大橋　真由美　　　東京福祉大学留学生教育センター　特任講師（第17章）

編著者紹介

金 龍哲（JIN Longzhe）
<ruby>金<rt>ジン</rt></ruby> <ruby>龍哲<rt>ルンジョ</rt></ruby>

　1982 年 10 月中国政府派遣留学生として来日、1988 年 3 月広島大学大学院教育学研究科博士課程修了（教育学博士）、同年 4 月帰国、中国教育部中央教育科学研究所副教授、比較教育研究センター副主任、学術委員。1995 年 4 月来日後、広島大学大学院教育学研究科准教授、2003 年神奈川県立保健福祉大学教授、保健福祉学部学部長、地域貢献研究センター長を経て、2021 年 4 月より東京福祉大学教育学部教授（比較教育学、教育人類学専攻）。

（主な著書）

『東京大学』（【単】湖南教育出版社、1992）、『国際教育縦横』（【共】人民教育出版社、1994）、『中国少数民族教育政策文献集』（【編訳】大学教育出版、1998）、『義務教育投資国際比較』（【共】人民教育出版社、2003）、『結婚のない国を歩く─中国西南のモソ人の母系社会』（【単】大学教育出版、2011）『東方女人国の教育─モソ人の母系社会における伝統文化の行方』（【単】大学教育出版、2011）、『教育と人間と社会』（【編著】協同出版、2012）、『職業としての教師』（【編著】大学教育出版、2014）、『教科とその本質』（【共】教育出版、2020）。他論文多数。

深沢 和彦（FUKASAWA Kazuhiko）
<ruby>深沢<rt>ふかさわ</rt></ruby> <ruby>和彦<rt>かずひこ</rt></ruby>

　1990 年山梨大学教育学部卒業後、公立小学校教諭として 28 年間勤務。在職中、2007 年に都留文科大学大学院文学研究科臨床教育実践学（心理学領域）専攻博士前期課程修了、2014〜2016 年早稲田大学非常勤講師、2021 年に早稲田大学大学院教育学研究科教育基礎学専攻博士後期課程修了（博士（教育学））。2018 年より東京福祉大学教育学部准教授、2023 年より神奈川県立保健福祉大学保健福祉学部教授。公認心理師。

〈主な著書〉

『イラスト版教師のためのソーシャルスキルトレーニング』（【共】合同出版、2013）、『開かれた協働と学びが加速する教室』（【共】図書文化、2022）、『インクルーシブ教育を推進する小学校の学級経営のあり方 -通常学級担任教師の指導行動と指導意識に注目して-』（早稲田大学リポジトリ、2021）。他論文多数。

教師の仕事

2024年4月1日　　初版発行

編著者　　金　龍哲
　　　　　深沢　和彦

発行所　　株式会社　三恵社
〒462-0056 愛知県名古屋市北区中丸町2-24-1
TEL 052 (915) 5211
FAX 052 (915) 5019
URL http://www.sankeisha.com